W0087754

LAURIE PENNY wurde 1986 in London geboren und wuchs im Internet auf. Sie studierte am Wadham College Englische Literatur. Im Jahr 2010 wurde ihr Blog »Penny Red« auf die Shortlist für den Orwell Prize für politische Schriften gesetzt. Sie schreibt u. a. für den *Guardian, The New York Times*, den *New Statesman,* den *New Inquiry* und berichtet regelmäßig über Protestbewegungen und soziale Initiativen. Außerdem hat sie Kolumnen unter dem Titel *Penny Red: Notes from a New Age of Dissent* (2011) veröffentlicht sowie *Discordia: Six Nights in Crisis Athens* mit Illustrationen von Molly Crabapple (2012).

Bei Edition Nautilus erschien 2012 ihr Buch *Fleischmarkt. Weibliche Körper im Kapitalismus* sowie 2016 *Babys machen & andere Storys*.

Auf Twitter hat sie derzeit 150 000 Follower. Wenn sie nicht gerade über dem Laptop brütet, treibt sich Penny gern in Goth Clubs herum oder trinkt Tee mit Gestrauchelten.

LAURIE PENNY

UNSAGBARE DINGE

SEX, LÜGEN UND REVOLUTION

AUS DEM ENGLISCHEN ÜBERSETZT VON ANNE EMMERT

EDITION NAUTILUS

Die Originalausgabe des vorliegenden Buches
erschien unter dem Titel
Unspeakable Things. Sex, Lies and Revolution
bei Bloomsbury, London 2014.
© Laurie Penny 2014
Diese Übersetzung von *Unspeakable Things*
wurde von Laurie Penny in Übereinstimmung
mit Bloomsbury Publishing Plc publiziert.

Edition Nautilus GmbH
Schützenstraße 49 a · D - 22761 Hamburg
www.edition-nautilus.de
Alle Rechte vorbehalten © Edition Nautilus 2014
Deutsche Erstausgabe Februar 2015
Umschlaggestaltung: www.majabechert.de
Porträt der Autorin Seite 2: Jon Cartwright
Druck und Bindung:
CPI – Clausen & Bosse, Leck
4., neu durchgesehene und
korrigierte Auflage September 2016
Print ISBN 978-3-89401-817-7
ePub ISBN 978-3-86438-173-7

Für Roz Kaveney
und
für G. E. B. und E. K. P.

»Halt mal meine Tasche, ich kämpfe mit der Engelsgestalt,
die wie eine Henne in der Ecke meines Lebens nistet.
Sie beugt sich zu mir und lächelt mich geziert an – willst du
dich denn nie ändern, Mädchen?
Du kannst diese merkwürdige Welt nicht ändern. Warum
nicht Ehefrau sein?«

Sophia Blackwell, »Wrestling the Angel«,
Into Temptation

»Fuck heroes, fight now«

Graffiti, Athen 2011

Einleitung

Dies ist kein Märchen.

Dies ist eine Geschichte darüber, wie Sex, Geld und Macht Mauern um unsere Fantasie errichten. Sie handelt davon, wie unser Geschlecht unseren Träumen Zügel anlegt. Die wichtigsten politischen Schlachten der Menschheitsgeschichte wurden auf dem Gebiet der Fantasie geschlagen, und welche Geschichten wir uns zu erzählen erlauben, hängt davon ab, was wir uns vorstellen können.

Wie jede unterdrückte Klasse lernen Frauen, den eigenen Zorn zu fürchten. Unser Zorn ist furchterregend, und das hat seinen Grund. Wir wissen, wenn er sich je Bahn brechen sollte, werden wir womöglich verletzt oder, schlimmer noch, verlassen – ein zuverlässiges Maß für soziale Privilegiertheit ist, wie viel Zorn man äußern kann, ohne einen Rauswurf, Verhaftung oder soziale Ächtung fürchten zu müssen. Deshalb schlucken wir unseren Zorn hinunter, bis er wie verdorbenes Essen in uns gärt und uns krank macht.

Dies ist ein feministisches Buch. Es ist keine heitere Anleitung für den Umgang mit dem modernen Patriarchat, Augenzwinkern, Daumen hoch. Es ist kein kuscheliges Wohlfühlbuch über Sex, Shopping und Schuhe. So etwas kann ich gar nicht schreiben. Ich kann mir für euch kein Lächeln abringen. Als Leitfaden zum Glück in einer abgefuckten Welt taugt dieses Buch nicht.

Es ist aber auch keine wissenschaftliche Abhandlung, sondern eine Polemik, gestützt auf Studien, Erfahrungen und Jahre des Schreibens und des politischen Agitierens in der queeren und feministischen Szene in Großbritannien, den USA und im Netz. Ich habe genug Frauen kennengelernt, die an den Pranger gestellt wurden, weil sie offen über Vergewaltigung gesprochen, die mit dem Tode bedroht wurden, weil sie eine Abtreibung vorgenommen hatten; genug Männer, die mit Schlägen und Schikane in den Selbstmord getrieben wurden, weil sie nicht straight genug auftraten; genug Menschen beider Geschlechter, die daran verzweifelten, dass sie einem stereotypen Erfolgsideal nicht gerecht werden konnten, obwohl sie es sich doch nie ausgesucht hatten.

Dieses Buch handelt von Liebe und Sex in Zeiten staatlicher Sparmaßnahmen, von Gender und Neoliberalismus. Der Begriff »Neoliberalismus« bezeichnet den Versuch, Gesellschaft und Staat auf der Basis »des Marktes« zu organisieren. Der Neoliberalismus betrachtet die Logik der Wirtschaft und des Geldes als die optimale Determinante für menschliches Glück. Man könne den Menschen nicht trauen, so heißt es, daher müsse der Markt diktieren, was die Menschen wollen. Jede Kategorie menschlicher Interaktion – von der öffentlichen Hand bis hin zum intimsten Liebes- und Lustabenteuer – müsse wie ein Markt funktionieren, mit eingebauten Wettbewerbsmechanismen und einer Kostenkontrolle. Alle persönlichen Entscheidungen, auch demokratische, seien der Logik des Marktes zu unterwerfen – sogar das Fleisch lässt sich zum Zwecke der Gewinnoptimierung modifizieren.

Das sei Freiheit, erklärt man uns. Der Neoliberalismus errichtet, um mit den Worten David Friedmans zu sprechen, ein »Räderwerk der Freiheit«, in dem Menschen in erster Linie ökonomische Wesen sind.[1] Alles, was wir tun, habe der »Nutzenmaximierung« zu dienen, sei es in einer Beziehung, im Beruf oder im sozialen Umgang. Das Selbst sei nur ein unternehmerisches Projekt, der Körper nur menschliches

Kapital, eine Ansammlung von Ressourcen – Gehirn, Brüste, Bizeps –, die der Generierung von Einkommen dienen können.

Das betrifft alle – am meisten aber Frauen. Frauen verrichten häufiger als Männer Arbeit, die gesellschaftlich notwendig, aber gering oder gar nicht bezahlt ist, und sie sind auch häufiger auf staatliche Hilfe und Fürsorge angewiesen. In der angeblich freieren und gleichberechtigteren Welt arbeiten Frauen am Ende mehr für weniger Lohn und stehen stärker unter Druck, Gendernormen zu entsprechen.

Der Neoliberalismus rühmt »Karrierefrauen« und verunglimpft arme Frauen, Women of Colour, Sexarbeiterinnen und alleinstehende Mütter als Schmarotzer, Schlampen und Schwindler. Die »Karrierefrau« ist die neoliberale Heldin: Sie feiert marktkonform ihre Triumphe, ohne Hierarchien anzutasten.

Die »Karrierefrau« ist allerorten das neue Idealbild für junge Mädchen: Sie ist der wandelnde Vorzeigelebenslauf, sie wertet mit Make-up und Schönheitsoperationen ihr »erotisches Kapital« auf, um damit ihr Einkommen oder das ihres Chefs zu maximieren. Sie ist immer schön, ausnahmslos weiß und fast völlig fiktional. Dennoch hat ihre Freiheit Vorfahrt, denn rund um den Erdball kürzen die Staaten Leistungen und Hilfen für arme Frauen und setzen alles daran, »mehr Frauen in die Vorstände« zu bekommen.[2] Der Neoliberalismus kolonisiert unsere Träume. Er frisst unsere Freiheitsideale und spuckt sie als Strategien der Sozialkontrolle wieder aus.

Dieses Buch ist insofern feministisch, als es als Gegenmittel gegen die Kolonisierung unserer wichtigsten Leidenschaften durch Geld und Hegemonie eine feministische Politik propagiert. Es kommt auch privater Schmuddelkram vor. Wenn ihr euch dafür interessiert, blättert gleich vor zu den Seiten 248ff.

Ich begann dieses Buch während der Studentenunruhen in Großbritannien zu schreiben, mit dem Laptop auf den Knien in einem besetzten Haus auf dem Boden kauernd, umgeben von angeschlagenen, erschütterten jungen Leuten, deren Freunde verprügelt, gefesselt und abgeführt worden waren, weil sie es gewagt hatten, vor ihrem Parlament eine bessere Zukunft einzufordern. In Wohnungen mir fremder Menschen kritzelte ich in Kladden, während unter mir auf den besetzten öffentlichen Plätzen, in den verwüsteten Traumhöllen des Neoliberalismus Polizei und Demonstranten aufeinanderprallten. Ich erlebte, dass naive junge Frauen und Männer aus der Mittelschicht des 21. Jahrhunderts plötzlich begriffen, wie es um die Welt, in der sie leben, wirklich bestellt ist. Das alles beobachtete ich, und ich glaube, es gibt Hoffnung. Ich glaube, wenn uns in dieser strapaziösen konfusen Zukunft etwas retten kann, so ist es die Wut von Frauen und Mädchen, Queers, Freaks und Sündern. Ich glaube, die Revolution wird feministisch sein, und wenn sie da ist, wird sie intimer und schockierender sein, als wir es uns bisher vorzustellen wagen.

Dieses Buch hilft euch nicht dabei, einen Mann zu finden, eure Frisur zu richten oder euren Job zu behalten. Dieses Buch handelt von Liebe und Sex, Schönheit und Ekel, Macht, Leidenschaft und Technik. Es handelt vom intimen Terrain des Aufruhrs. Ich schrieb es in fremden Städten, im Gespräch mit halbwüchsigen Ausreißer_innen, radikalen Feminist_innen, Anarchist_innen, Hipster_innen, Sexarbeiter_innen, verrückten Künstler_innen, verurteilten Kriminellen, transsexuellen Aktivist_innen und traurigen jungen Kleinstadtbewohner_innen, die sich nach Abenteuern sehnten.

Ich richte mich in diesem Buch an die anderen, als eine dieser anderen, eine derer, die sich nie zufrieden geben, denen es nie gut genug, denen es nie frei genug ist, wenn nur ein paar gleichberechtigt sind. Dieses Buch ist für die Unsäglichen, die Unnatürlichen, die, die andere verschrecken. Die nicht tun, was man ihnen sagt. Die den Mund aufmachen, wenn sie es nicht sollen, und die nicht auf Knopfdruck lächeln. Die schräg sind und immer zu viel wollen. Wenn ihr so jemand seid oder sein könntet, dann ist dieses Buch für euch.

Was wollt ihr denn noch?

Warum bleibt der Mainstream-Feminismus so lau und feige?

Dass der Feminismus wichtig ist und noch viel zu tun hat, ist keine Minderheitenmeinung mehr. Nach Jahrzehnten des zaghaften Sichfügens erheben Frauen, Mädchen und ihre Verbündeten in aller Welt wieder die Stimme, um einen besseren Deal einzufordern, nicht nur nach dem Gesetz, sondern in der Praxis. Sie lehnen sich auf gegen die Vergewaltigungskultur, gegen das öffentliche Bloßstellen angeblicher Schlampen, gegen sexuelle Gewalt. Sie kämpfen für reproduktive Gerechtigkeit und gegen systembedingte Armut, die Frauen und insbesondere Mütter am schwersten trifft.[3] Als nach dem Beinahezusammenbruch der Weltaktienmärkte 2008 der Finanzkapitalismus ins Wanken geriet, wurde die Behauptung, alle Frauen würden innerhalb eines Marktes, der ihnen ihre Ziele und ihre Autonomie zugestehe, eines Tages selbstmächtig entscheiden können, als zwanzig Jahre altes Märchen entlarvt.

Die Art Feminismus, die seit Jahren in den Medien eine Rolle spielt und die Schlagzeilen beherrscht, nützt in erster Linie den heterosexuellen, gut verdienenden weißen Frauen der Mittelschicht und der oberen Mittelschicht. Öffentliche »Karrierefeministinnen« sind damit beschäftigt, »mehr Frauen in die Vorstände« zu bringen, dabei besteht das

Hauptproblem darin, dass es schon viel zu viele Vorstandszimmer gibt und keins von ihnen brennt.

Es hieß, die Geschlechterbefreiung würde wie der Wohlstand nach unten »durchsickern«.[4] Das ist natürlich völliger Blödsinn. Feminismus sickert wie Wohlstand nicht nach unten durch, und während sich eine kleine Zahl extrem privilegierter Frauen Gedanken über die gläserne Decke macht, füllt sich der Keller mit Wasser, und Millionen von Frauen und Mädchen sind samt ihren Kindern da unten eingesperrt und starren nach oben, während ihnen das Wasser in die Schuhe läuft, um die Knie schwappt und langsam zum Hals steigt.

Gerade an der Stelle, wo er besonders radikal sein müsste, hat sich der »öffentliche Feminismus« zunehmend schmallippiger Quengelei befleißigt und statt des Sexismus lieber den Sex zum Problem erhoben. Die feministischen Kampagnen, die sich der größten Beachtung erfreuen und die meisten Spenden erhalten, befassen sich mit dem Kampf gegen die Pornografie, mit der Abschaffung der Prostitution und des Verkaufs anzüglicher T-Shirts.[5]

Dieser Diskurs behandelt Frauen als Opfer, nicht nur der zugegebenermaßen abgefuckten Erotikkultur, sondern des Sex selber, ohne das Wesen der kommerziellen Sexualität oder der Objektifizierung zu durchblicken. Sexismus ist offenbar nicht das Problem: Das Problem ist Sex, sein Wesen und der Umfang, in dem er abseits moralisierender Blicke vollzogen wird, manchmal gegen Geld.

Man hat uns angelogen. Frauen meiner Generation wurde erklärt, wir könnten »alles haben«, solange »alles« Ehe, Babys, eine Karriere im Finanzwesen, ein Schrank voller schöner Schuhe und völlige Erschöpfung war und solange wir reich, weiß, hetero und artig waren. Für einen solchen Lebensstil braucht man natürlich eine Armee von Kindermädchen und Putzfrauen, und niemand hat sich bisher die

Mühe gemacht zu fragen, ob auch sie »alles haben« können.

Wir können alles haben, was wir wollen, solange wir ein Leben wollen, in dem wir kräftezehrende Arbeit verrichten, die für die meisten von uns nicht genug Geld einbringt, Sachen kaufen, die wir nicht brauchen, und soziale und sexuelle Regeln befolgen, die unter den dicken Schichten aus Kitsch und Werbung so starr sind wie eh und je.

Jungen Männern dagegen wurde vorgegaukelt, sie lebten in einer schönen neuen Welt der wirtschaftlichen und sexuellen Chancen, und wenn sie zornig oder eingeschüchtert seien, wenn sie sich von den widersprüchlichen Erwartungen eingeengt oder verunsichert fühlten, wenn sie unter dem Druck litten, sich maskulin zu geben, Geld zu machen, dominant zu sein, viele schöne Frauen zu vögeln und gleichzeitig ein anständiger Mensch zu bleiben, dann seien an ihrer Not Frauen und Minderheiten schuld. Diese habgierigen Frauen, diese Homosexuellen, diese Schwarzen hätten ihnen die Macht und die Zufriedenheit gestohlen, die einst das Geburtsrecht der Männer waren. Wenn wir unzufrieden seien, so lernten wir alle, sei es unsere Schuld oder die Schuld derer, die uns am nächsten stehen. Wir seien irgendwie falsch konstruiert. Wir hätten es einfach nicht geschafft, uns anzupassen. Tragen wir unsere Not nach außen, brauchen wir wahrscheinlich Medikamente oder eine Haftstrafe, je nach sozialem Stand. Strukturelle Probleme gibt es nicht, nur individuelle Fehlanpassung.

Die Welt hat sich für Frauen und Queers so weit verändert, wie es nur ging, ohne die gesellschaftlichen Grundstrukturen anzutasten, die immer noch sexistisch, homophob und misogyn sind, weil sie sich weiter auf sexuelle Kontrolle, soziale Ungleichheit und die unbezahlte Arbeit von Frauen und Mädchen stützen. Für einen weitergehenden Wandel müssen wir mehr Ehrgeiz aufbringen, als man es uns bislang zugestanden hat. Für einen weitergehenden Wandel müssen wir das Unausgesprochene aussprechen und uns weigern, die Welt zu akzeptieren, wie sie ist. Wir müssen die großen provozierenden Fragen stellen, die Fragen zu Arbeit und Liebe, Sex und Politik, und darauf gefasst sein, dass die Antworten anders ausfallen, als wir es erwartet haben. Das versucht dieses Buch zu tun.

Ich bin siebenundzwanzig Jahre alt; ich kenne nicht alle Antworten. Aber ich glaube, ich kenne einige Fragen, und die Fragen interessieren mich mehr.

Fragen zu stellen ist das Privileg der Jugend, und es ist das erste, was Mädchen verboten wird. Melde dich nicht im Unterricht, die Jungs schreien dich sonst nieder. Gib deinen Lehrern, deinen Eltern, der Polizei keine Widerworte. Fragen sind gefährlich.

Über 40 000 Jahre lang ordnete die Biologie Männer und Frauen Geschlechtsklassen und starren Geschlechterrollen zu. Dann, vor zwei oder drei Generationen – ein kurzer Moment im langen Traum der Menschheitsgeschichte – erlaubte der medizinische Fortschritt den Frauen die Flucht aus den Beschränkungen der Fortpflanzungsbiologie, kurz nachdem Frauenbewegungen in aller Welt das Recht erkämpft hatten, dass Frauen vor dem Gesetz als vollwertige Bürgerinnen gelten. Die sexuelle Revolution wurde zu einer sozialen Revolution, und die Beziehungen unter den Menschen veränderten sich nachhaltig. Das lässt sich nicht ungeschehen machen. Frauen kehren nicht kampflos in die sexuelle und politische Unterwerfung zurück. Aber manch ein Mann trägt noch eine unerklärliche Wut über diesen dramatischen sozialen Wandel in sich und hängt uns bei jedem Schritt unseres langen langsamen Marsches hin zur Geschlechtergleichheit plärrend an den Füßen. Wir sind noch nicht angekommen.

Eine Gegenrevolution ist im Gange, und sie richtet sich gegen die vielen Errungenschaften, die Frauen im Lauf von

Jahrhunderten unter großen Verlusten, unter Gegenwehr, Gewalt und Gespött erkämpften. Es ist eine soziale, eine ökonomische und eine sexuelle Gegenrevolution. Wir befinden uns in einem neuen Kulturkrieg, und er ist viel größer als der taktische »Krieg gegen Frauen«, von dem vor den US-Präsidentschaftswahlen 2012 kurz berichtet wurde, als republikanische Abgeordnete einen moralischen Sturm im Wasserglas entfachten und in der Diskussion um Vergewaltigung, Verhütung und Abtreibung kollektiv den Verstand verloren.[6]

Dass diese Gegenrevolution nie endgültig Erfolg haben wird, heißt nicht, dass sie nicht manch ein Leben ruiniert, manch einen Fortschritt zerstört und dass die übermächtige Botschaft derer, die die sozio-sexuelle Entscheidungsfreiheit von Frauen im 21. Jahrhundert beschneiden wollen, doch durchdringt. Diese Botschaft lautet: Bis hierher und nicht weiter.

Feminismus ist für alle da

Alle paar Monate, so scheint es, entdecken die Medien den Feminismus wieder neu und finden ihn schick genug, um ihn in Form von Büchern und Zeitschriften unter die Leute zu bringen, solange er den Leserinnen und Lesern nur keine Angst einjagt, nur ihren Lebensstil nicht infrage stellt. Feminismus, der sich verkauft, ist ein Feminismus, der so gut wie allen gefällt und niemandem weh tut, ein Feminismus, der beruhigt, der sich an die Mittelschicht richtet und für sie spricht, der auf sozialen Aufstieg ausgerichtet ist, der von Schulen, Shopping und zuckerfreien Snacks faselt und sich nicht etwa mit armen Frauen, queeren Frauen, hässlichen Frauen, transsexuellen Frauen, Sexarbeiterinnen, alleinstehenden Müttern oder anderen befasst, die nicht ins Schema passen. Diese Art Feminismus interessiert mich nicht. Sollen andere darüber schreiben. Sollen andere einen anspruchslosen Feminismus zusammenbasteln, der um den kleinsten gemeinsamen Nenner kreist.[7] Die jungen Frauen von heute wissen viel besser als ihre etwas älteren Schwestern, die in den schlappen 1990er Jahren erwachsen wurden, wie viel Arbeit noch vor uns liegt und wie unglamourös sie überwiegend ist. Sie wissen, wie verdammt wichtig es ist, über Macht, soziale Klasse, Arbeit, Liebe, Hautfarbe, Armut und Genderidentität zu reden.

Dieses Buch steht am Beginn einer solchen Diskussion, und wenn diese Diskussion nur Frauen anspricht, die eine ähnliche Vorgeschichte haben wie ich, dann lohnt sie sich nicht. Ich bin mir aber auch bewusst, dass ich nicht alles wissen kann. Dass ich als bürgerliche Weiße in einem englischsprachigen Land zur Welt kam und Beziehungen überwiegend, wenn auch nicht ausschließlich, mit Männern habe, beeinflusst natürlich mein Denken, mein Schreiben und mein Leben. Ich schreibe nicht wie das durchschnittliche Mädchen, weil es das nicht gibt.

Zu viele feministische Autorinnen, die ihre Theorie von Gender und Macht »als Bombe« hochgehen lassen und die Welt verändern wollen, stellen gleichzeitig ihrem Werk einen Disclaimer voran, in dem sie erklären, über Frauen, die nicht weiß, hetero, reich und cisgender sind,[8] die nicht Mutter sind und nicht als Autorin in London oder New York leben, könnten sie nichts sagen. Sie haben ihre Erfahrungen, und für andere können sie nicht sprechen, das heißt, sie brauchen sich auch nicht die Mühe zu machen, mit anderen zu reden oder zu lesen, was andere geschrieben haben, es sei denn, die anderen sind auch hetero, weiß, reich, verheiratet und berufstätig.

Hey, Mädels, wir sind doch alle gleich, oder?

Die Vorstellung, dass es so etwas gibt wie das durchschnittliche Mädchen, die »typische« Frau, die für jede andere mit einer Vagina ausgestattete Person auf diesem Planeten sprechen kann, ist eins der größten sexistischen Märchen unserer Zeit. Das Patriarchat neigt dazu, alle Frauen gleichzumachen; ihm wäre es am liebsten, wenn wir alle austauschbar wären, reiche, hübsche, weiße, kinderkriegende Mädchen, deren Probleme sich darum drehen, wie sie den besten Blowjob hinbekommen und wo sie Diätpillen kaufen können. Von keinem Mann würde man je erwarten, dass er für alle Männer dieser Welt spricht, nur weil er zufällig einen Schwanz hat. Die ursprüngliche feministische Aussage, nach der das Persönliche politisch ist,[9] wurde in der Medienbranche, die noch immer im Besitz und unter der Leitung mächtiger Männer ist, in beharrlicher Wiederholung dahingehend abgewandelt, dass sich jegliche Frauenpolitik auf das rein Persönliche reduzieren lässt.[10]

Wer immer wir auch sind: Unser Verständnis von Gender, Politik und Feminismus wird von unseren Erfahrungen in der Liebe und im Sex beeinflusst, vor allem, wenn wir hetero sind. Wenn wir vom Kampf gegen den Sexismus sprechen, ist, bewusst oder unbewusst, unser gebrochenes Herz mit von der Partie, der verletzte Stolz, die grauenhaften sexuellen Zurückweisungen, Enttäuschung, Einsamkeit und Sehnsucht, die Erinnerung an Verrat, der Schmerz unserer Kindheit. Mit von der Partie ist auch die begierige Inbrunst unseres Verlangens, die Leidenschaft für unsere Freunde, Partner und Kinder, die Erfahrung, dass ein geliebter Mensch uns sanft die Hand auf die Seele legt und sie tröstet, an einer Stelle, von der wir gar nicht wussten, dass sie schmerzt. All das und mehr, das alles auf einmal ist mit von der Partie, denn Genderpolitik ist persönlich ebenso wie politisch, aber das heißt nicht, dass sich das Politische aufs Persönliche beschränken muss.

Reden wir nicht über Jungs und Mädchen, als hätte das was zu bedeuten

Frauen. Männer. Jungs und Mädchen. Die Wörter verändern sich nicht, der Nachklang aber schon, und im 21. Jahrhundert bedeutet das eine oder das andere etwas völlig anderes als im letzten oder im nächsten Jahrhundert. Eine Frau zu sein oder ein Mann zu sein, erfordert Mühe, Aufmerksamkeit, das Unterdrücken von Teilen der Persönlichkeit und das Herausstellen anderer. Als Simone de Beauvoir sagte, man »wird nicht als Frau geboren, man wird dazu gemacht«, traf sie damit ins Schwarze; noch besser gefällt mir Bette Davis' Ausspruch in dem Film *Alles über Eva*: »Denn die Karriere, die alle Frauen einmal machen müssen, ist die, eine Frau zu sein, ob wir wollen oder nicht. Früher oder später kommen wir alle einmal dahin, gleichgültig, was wir sonst erreicht haben oder erreichen wollen.«[11]

Genderidentität ist Arbeit, performative Arbeit, es ist ein Job, den wir unfreiwillig an dem Tag übernehmen, an dem uns jemand in die Luft hält und unserer noch keuchenden Mutter erklärt: Es ist ein Mädchen. Besonders wir Frauen müssen Weiblichkeit als Teil unserer Arbeit verrichten, wenn wir bezahlt oder beschützt werden oder die Würde und den Status bewahren wollen, den wir der rauen Oberfläche der Gesellschaft, in der wir feststecken, abknapsen konnten. Eines sei klar gesagt: Wenn ich von »Frausein« oder »Mannsein« spreche, dann meine ich nicht das biologische Geschlecht, sondern die soziale Rolle. Von Geburt an und in ihrer gesamten Kindheit werden die Menschen nach Geschlecht aufgeteilt und dazu gebracht, einander zu misstrauen. Das Einhalten von Normen der Männlichkeit und der Weiblichkeit, was wir anziehen, wen wir küssen, welche Mannschaftssportart wir ausüben: All das wird erzwungen, oft unter körperlicher Gewalt, und wer sich nicht einfügen kann oder will, muss eben allein zurechtkommen.

Nicht jeder Mensch identifiziert sich mit dem Geschlecht, das ihm bei der Geburt zugeteilt wurde. Eine nicht unerhebliche Minderheit von Menschen ist transsexuell, transgender, genderqueer oder intersexuell, und ihre Geschlechtererfahrung wurde aus dem Mainstream-Feminismus ausgeschlossen oder gar gezielt von ihm attackiert. Und schließlich: Nicht jeder Mensch empfindet sich stark als Mann oder als Frau, und nicht alle, die das tun, verspüren den Drang, sich auf eine bestimmte Art zu kleiden oder zu verhalten, um toleriert, respektiert, zu Hause belohnt und in der Öffentlichkeit befördert und beschützt zu werden.

Wer als Mädchen zur Welt kommt oder zur Frau wird, steckt allerdings in einem besonderen Dilemma, und genau dieses Dilemma prägt die Absolutheit der Geschlechterunterdrückung. Es ist sehr wichtig, dass jede und jeder begreift, wie Sexismus Frauen beeinträchtigt und sich somit auf alle Menschen auswirkt. Frauen unterliegen strengeren Verhaltensregeln: Ihnen wird vorgegeben, was sie tun, was sie sagen, was sie wollen sollen. Was sie anziehen, was sie essen, wo sie einkaufen, wie sie sich bei der Arbeit verhalten sollen und wann sie ihm besser nicht auf eine Textnachricht antworten, wann sie vögeln, wie sie vögeln, welche Farbe sie sich ins Haar schmieren sollen, wenn er sie verlässt. Wenn man aus den »Fraueninhalten« der Mainstream-Medien die Werbung abzieht, bleiben im Grunde nur Regellisten übrig. Es ist schwer, ein Mann zu sein in dieser Welt, und es ist noch schwerer, der sozialen Klasse der Frau anzugehören, die all die Gewalt und die Traumata, die Männern von der Gesellschaft auferlegt werden, und dann auch die Folgen dieser Traumata tragen soll, die den Männern die Sorgenfalten von der Stirn streicht, den Schwanz lutscht und mit sanfter Unterwürfigkeit die geschlechtsspezifische Gewalt erduldet, wie sie es von Geburt an gelernt hat.

Das Geschlecht ist eine Zwangsjacke für die menschliche Seele.[12] Das Geschlecht macht uns fix und fertig, es verwandelt die, die wir lieben sollten, in Feinde, und Frauen setzt es am meisten zu. Für uns ist die Biologie nicht nur Schicksal: Sie ist eine Katastrophe.

Wir sind immer noch nicht glücklich, Frauen nicht und Männer nicht, und die einen sagen, das liege am Feminismus, die anderen, es sei trotz des Feminismus so. Ich würde behaupten, es liegt daran, dass der Kampf gegen das kapitalistische Patriarchat gerade erst begonnen hat, aber mit Sicherheit wissen wir, dass die Genderrollen, Mann und Frau, Junge und Mädchen, etwas an sich haben, das die Menschen furchtbar unglücklich macht. Wir wissen das, weil das Geschlecht noch immer die wichtigste Sprache ist, in der wir existenzielle Krisen bereden.

Frauen sind deprimierter als Männer, ängstlicher als Männer, schlucken zweimal so viele Psychopharmaka und unternehmen dreimal so oft einen Selbstmordversuch wie Männer, die allerdings doppelt so häufig dabei sterben.[13] Bei Männern bleibt ein emotionales und psychisches Trauma eher unbehandelt; ein Mann erträgt es schweigend im stillen Kämmerlein, bis plötzlich der Punkt erreicht ist, an dem das Herz es nicht mehr aushält und er schließlich die Gewalt gegen sich richtet, mit einem Seil, einem Messer oder Vaters Gewehr. Die meisten kulturellen Narrative, die sich mit der psychischen Gesundheit befassen, drehen sich heute um Genderfragen, und Forscher und Sozialtheoretiker erforschen, ob Männer oder Frauen größere Not leiden und wessen Schuld es wohl ist. Wer nun eigentlich abgefuckter ist, Jungs oder Mädchen, ist noch nicht ausgemacht, aber dass wir das unbedingt wissen wollen, offenbart doch zumindest eine Wahrheit: Mit dem Geschlecht hat es etwas auf sich, das zutiefst beunruhigt auf einer intimen Ebene, über die selten geredet wird. Rund um das Frausein und das Mannsein oder den Versuch, eine Frau oder ein Mann zu sein, herrscht im 21. Jahrhundert eine tiefe Verunsicherung, und sogar in den wenigen Räumen, in denen sie es dürfen, fällt es den Menschen schwer, darüber zu reden.

Haben wir etwa die natürliche Ordnung gestört?

Die unnatürliche Frau

Immer wenn Menschen verhindern wollen, dass sich die Welt allzu sehr verändert oder überhaupt verändert, behaupten sie, diese und jene Veränderung sei »unnatürlich«. Echte Gleichheit für Frauen am Arbeitsplatz ist »unnatürlich« – die Natur will, dass sich Frauen aus dem öffentlichen Leben ausklinken, wenn sie Kinder bekommen, und wenn sie keine Kinder bekommen, dann muss das unnatürlich sein. Ehrgeizige und unabhängige Frauen sind unnatürlich. Frauen, die aktiv sexuelles Verlangen äußern, sind unnatürlich. Frauen, die sich nicht für Männer hübsch machen, sind unnatürlich. Frauen, die Respekt und Sicherheit fordern, ohne hübsch und jung zu sein, sind unnatürlich. Abtreibung ist unnatürlich. Verhütung ist unnatürlich. Lust um der Lust willen ist unnatürlich.

Unnatürlich ist so gut wie alles, was Spaß macht.

Aber Vergewaltigung, ja, die ist natürlich. Männliche Gewalt gegen Frauen ist natürlich. Homophobie ist natürlich. Diskriminierung queerer Frauen, armer Frauen, dicker Frauen, hässlicher Frauen, Transgender-Frauen, Women of Colour und weiblicher Männer ist natürlich. Armut ist natürlich, vor allem, wenn die Armen männerlose Mütter mit kleinen Kindern sind. So ist die Welt nun einmal.

Tod im Wochenbett ist natürlich. Dass Frauen für sexuelle Lust einen höheren Preis zu bezahlen haben, ist natürlich. Sexuelle Doppelmoral ist natürlich. Frauen haben seit Jahrhunderten weniger Freiheit und Macht, werden stärker ausgebeutet als Männer, und vielleicht gab es da kleine Fortschritte, aber mehr sollten wir nun wirklich nicht einfordern. Mehr einzufordern wäre unnatürlich. Schlampen sollten wissen, wo sie hingehören.

Die Frage ist selbstverständlich: Warum, zum Teufel, sollte irgendjemand natürlich sein wollen?

Seit fünfzig Jahren predigt das Patriarchat den Frauen, sie sollten wieder in die Küche gehen, erst mit echter Wut, dann in einem ironischen, scheinbar witzig gemeinten Krypto-Sexismus: Geh wieder in die Küche, und schmier uns ein Brot, Liebes. Die Männer, die so darauf aus sind, dass Frauen und Mädchen wieder in die Küche gehen, sollten sich mal überlegen, was wir da drin womöglich anzetteln könnten. In der Küche kann man sich ziemlich schlimme Sachen ausdenken. Da bewahren wir auch die Messer auf.

Die Wahrheit ist, dass daran, was es bedeutet, heutzutage ein Mann oder eine Frau zu sein, nichts »Natürliches« ist. Genderidentität ist performativ, und sie wird dargeboten, um Gewinn zu machen, sei es sozial, finanziell oder persönlich. Diese Darbietung ist eine Anpassungsstrategie, die hilft, sich in einem mehrheitlich feindlichen Gebiet zurechtzufinden. Nun müssen wir uns wieder anpassen. Und das ist Feminismus: Anpassung. Evolution.

Der Feminismus hat keine festen Regeln. Er will nicht den Männern Rechte wegnehmen, denn es gibt keine begrenzte Menge an Freiheit. Freiheit steht uns im Überfluss zur Verfügung, wenn wir den Mut haben, sie für alle zu ergreifen. Feminismus ist eine soziale Revolution und eine sexuelle Revolution, und Feminismus gibt sich keinesfalls mit der Missionarsstellung zufrieden. Im Feminismus geht es um Arbeit und um Liebe und um die Abhängigkeit des einen vom andern. Feminismus heißt, Fragen zu stellen und immer weiter Fragen zu stellen, auch wenn sie unbequem werden.

Ein Beispiel: Die Frage, ob Männer und Frauen für dieselbe Arbeit dasselbe Geld bekommen sollten, führt zu der Frage, was unter derselben Arbeit eigentlich zu verstehen ist, wo doch die Haus- und Fürsorgearbeit überwiegend ohne Bezahlung von Frauen verrichtet wird, oft neben einem Vollzeitjob. Die Antwort wirft gleich mehrere weitere Fragen auf, welche Arbeiten bezahlt und welche einfach aus Liebe und Pflichtgefühl getan werden sollten, und schon beginnt man das Wesen der Liebe zu hinterfragen, und an dieser Stelle wird es richtig ungemütlich.

Die Einengung der Frauen auf die häusliche Umgebung war nie nur ein Mittelschichtsphänomen. Doch schon die frühen Vertreterinnen des Feminismus der zweiten Welle, beginnend mit Betty Friedans *Der Weiblichkeitswahn*,[14] befassten sich schwerpunktmäßig mit der Not der Ehefrau und Mutter in der Vorortsiedlung, ihrem Frust, ihren Neurosen und der Sehnsucht, dem endlosen Einerlei aus Abwasch, Abendeinladungen und Tratsch in die männliche Welt von Arbeit und Macht zu entfliehen, die ihr verschlossen war. Ihr Schmerz, die Qualen der bürgerlichen Hausfrau, die sich nach einem Bürojob sehnt, hat zwei Generationen lang das allgemeine Verständnis vom Sinn des Feminismus und den Wünschen der Frauen geprägt. Dass außerhalb der weißen Vororte Frauen immer für Geld arbeiten mussten, spielt in dieser zweckdienlichen Fiktion keine Rolle. Damit Frauen gleichberechtigt und zufrieden sind, müsse, so die Fiktion, allen Frauen eine bezahlte Arbeit zugestanden werden; ihren häuslichen Pflichten kämen sie natürlich weiterhin nach, ein anstrengendes Programm der Selbstverleugnung, für das wir

heute den Begriff »alles haben« verwenden. »Alles haben«
bedeutet Beruf, Kinder, einen Ehemann, eine anständige
Föhnfrisur – und das war's.

Auch die Arbeit selber wurde zur Frauenemanzipation
umgemünzt. So unbefriedigend und schlecht bezahlt der Job
auch sein mag: Wenn du einen hast, bist du frei, Baby. Wer
schon einmal einen Tag lang richtig malocht hat, weiß, dass
das eine gigantische Lüge ist. Dennoch wurde die Frauenemanzipation umdefiniert als die völlige Anpassung an die
zeitgenössischen Weiblichkeitsnormen, eine Anpassung, die
bestenfalls unendlich viel Arbeit und ständigen Frust mit
sich bringt, gewiss aber kein Garant für Gesundheit und
Glück ist, nicht einmal für die, die über die Mittel verfügen,
diesen Weg zu gehen. Moderne Superfrauen sind dermaßen
erschöpft und überdreht, dass sie mittlerweile dämliche kleine Muffins backen und in Fifties-Blümchenkleidern durchs
Haus schweben, als brächte ihnen das die Zeit zurück, als
die Frau noch einkaufte, kochte, Babys wickelte, und wenn
sie Glück hatte und hübsch war, einen Mann dazu überreden
konnte, das alles zu bezahlen. Je weiter wir uns davon entfernen, desto attraktiver wirkt diese Möglichkeit auf uns.

Die Vergangenheit ist ein fremdes Land: Dauernd erhebt
jemand im Namen der einen oder anderen Ideologie Anspruch darauf, ohne Rücksicht auf die Menschen, die tatsächlich dort leben. Der jüngsten Geschichte bemächtigte
man sich mit der Behauptung, frühere Frauengenerationen
seien nicht frei gewesen, weil sie nicht gegen Bezahlung
arbeiten durften. Das heutige Bild der 1950er Jahre zeigt
Frauen, die an das Haus gekettet waren, an den Spülstein,
den Jägerzaun, den Ehemann und die Kinder. Viele er-
schöpfte Frauen von heute fänden diesen vergoldeten Mär-
chenkäfig wahrscheinlich sehr reizvoll: Den ganzen Tag lang
im Haus herumwuseln und den Kindern beim Aufwachsen
zusehen: Das hat ja wohl kaum weniger Würde, als Tag für

Tag ins Büro zu schlappen und einen Job zu machen, der nicht einmal die Miete für eine Zweizimmerwohnung einbringt. Wenn der Feminismus uns nicht mehr gebracht hat als das Recht auf Lohnarbeit, so kommt durchaus zurecht das Gefühl auf, dass es mit der Emanzipation nicht weit her ist und dass die Frauen, die sich für den attraktiven Prinzen und die Hausfrauenrolle entschieden, vielleicht doch die richtige Wahl trafen.

Das derzeitige Konzept von Weiblichkeit ist eng mit Unternehmergeist und Wettbewerb verknüpft: Möchtegern-Sozialtheoretikerinnen wie Catherine Hakim sprechen völlig ohne Ironie vom »erotischen Kapital« der Frauen.[15] Das ist abstoßend, denn damit wird laut und deutlich ausgesprochen, was uns Eltern, Lehrer und Freundinnen nur zuflüstern: Deine Weiblichkeit ist eine Marke, deine Erotik dein Aktienpaket, das du halten und zu Geld machen musst, wenn es am meisten wert ist. Deine Genderidentität, einer der intimsten Bereiche, die dich zu dem machen, was du bist, steht vollständig zum Verkauf. So erklärt sich auch, warum sich Frauen und besonders junge Frauen so gut auf die Anforderungen der sozialen Medien und der Kapitalisierung des sozialen Bereichs einstellen, die von ihnen erwarten, dass sie die Logik der Markenbildung auf ihr Leben anwenden, damit sie möglichst viele Anhänger und Freunde bekommen. Weiblichkeit soll für uns ein Teil unserer Marke sein, ein Brandzeichen, das uns schon bei der Geburt ins Fleisch gebrannt wurde.

Was wollt ihr wollen?

Das Mädchen in Grün in der letzten Reihe meldet sich seit einer Viertelstunde. Der Arm ist schon ganz lahm, und sie muss ihn mit der anderen Hand abstützen. Sie kann nicht älter als zwanzig sein. Sie hat das blassblonde flauschige Prinzessinnenhaar, das ich mir als Kind immer gewünscht habe und das man am liebsten anfassen würde, um zu fühlen, ob es wirklich so weich ist, wie es aussieht, Haar, das beim Rennen wie ein Schleier hinterherweht, das Haar eines Mädchens, von dem nicht erwartet wird, dass es irgendwo hinrennt. Wir sitzen in einem Vorlesungssaal einer deutschen Universität, denn man hat mich eingeladen, über Gender und Begehren zu reden, als hätte ich eine Ahnung davon.

Das Mädchen mit dem Prinzessinnenhaar hat den rosigen Teint, über den Männer sehnsüchtig schreiben, weil er gleichzeitig Jugend und Scham ausdrückt. Schriftsteller und Schriftstellerinnen beschreiben solche Mädchen ausführlich, ohne sich je die Mühe zu machen, sie anzuhören. Solche Mädchen sitzen in der letzten Reihe, warten, bis sie dran sind und ihre Frage stellen dürfen, und beschweren sich nicht, wenn sie nicht dran kommen. Sie aber kommt dran, und ihre Frage lautet:

»Was will ich?«

Ich bitte sie, die Frage noch einmal zu wiederholen. Ich bin mir nicht sicher, ob ich sie recht verstanden habe.

»Meine Frage ist: Was will ich wirklich? Sie reden darüber, was Frauen wollen und was man ihnen sagt, dass sie wollen, als gebe es da einen Unterschied. Ich weiß, tief in mir, dass ich frei und unabhängig sein will. Aber ich will auch schön sein und einen Freund haben und es meinen Eltern recht machen und tun, was in den Zeitschriften steht. Woher weiß ich, ob ich das, was ich will, wirklich will? Und was sollte ich wollen?«

Ist das nicht die Frage? Was sollen wir wollen? Und was sollten wir wirklich wollen, als Mädchen, als Jungen, als Menschen, die um Identität und Macht ringen, wo man doch von uns erwartet, dass wir den von der Biologie sauber gezogenen Verhaltensrichtlinien folgen? Was wollen wir voneinander und von unserem Leben?

Begehren ist eine soziale Vorstellung. Ich musste erst aus dem offiziellen Teil meiner Jugend hinauswachsen, um überhaupt zu begreifen, was ich wollen will.

Ich kann euch sagen, was wir wollen sollen: schwere Arbeit, schale Schönheit und romantische Liebe, gefolgt von Geld, Ehe und Kindern: Diese Definition von völliger Freiheit hat Besitz von unserer Fantasie ergriffen und lässt keinen Raum für andere Lebensweisen. Aber was ist, wenn wir etwas anderes wollen? Ist das überhaupt noch erlaubt?

Was, wenn wir Freiheit wollen?

Meuterei in unserer Zeit?

Es kommt eine Zeit, da müssen wir entscheiden, ob wir uns ändern, um in die Geschichte zu passen, oder ob wir die Geschichte ändern. Es erleichtert die Entscheidung ein wenig, wenn wir begreifen, dass die Weigerung, das eigene Leben und die Persönlichkeit den Konturen einer ungerechten Welt anzupassen, der beste Weg zur Schaffung einer neuen ist.

Es kommt eine Zeit, da müssen wir entscheiden, was wir uns zu wollen erlauben.

Da wir gerade dabei sind: Ich will eine Meuterei. Ich will, dass Frauen und Queers und alle anderen, die unter den Gender-, Macht- und Eigentumsstrukturen leiden – und das sind die meisten von uns –, nicht weiter darauf warten, dass sie für ihr Wohlverhalten belohnt werden. Golddukaten sind nicht zu erwarten, und gute Jobs gibt es nur noch wenige. Selbst wenn wir die richtigen Kleider kaufen und unsere Arbeit gut machen und uns jeden Tag mit zusammengebissenen Zähnen dasselbe Lächeln aufs Gesicht zwingen, haben wir keine Garantie, dass man uns in Ruhe alt werden lässt, bis die Flut einsetzt.

Vergesst es. Es ist vorbei. Die soziale Revolution, die stockend durch das vergangene Jahrhundert stolperte, die feministische Gegenwehr, die sexuelle Revision, das Zerschlagen alter Normen zu Hautfarbe, Klasse und Geschlecht, diese soziale Revolution muss neu beginnen, diesmal mit uns allen, nicht nur mit den reichen Weißen, die sie am wenigsten brauchten. Deshalb muss es Meuterei sein.

Es muss Meuterei sein. Nur so geht es. Früher war ich nicht so kompromisslos. Ich ging wählen, unterschrieb Petitionen und plädierte für einen Wandel innerhalb des Systems. Ich blieb die ganze Nacht auf, als Obama gewählt wurde; ich jubelte den Liberaldemokraten in London zu. Ich dachte, wenn wir kleine Veränderungen einfordern – eine andere Haltung zur Körperbehaarung, ein leichtes Anheben des Mindestlohns, vielleicht die Schließung einiger Pornoläden und die Zulassung der Homo-Ehe –, dann würde man uns am Ende ein bisschen Freiheit geben, wenn es nicht zu viel Umstände machte.

Das war einmal. Wohlverhalten bringt uns nicht weiter. Die freundliche Bitte um Veränderungen bringt uns nicht weiter. Wir brauchen Meuterei. Eine Klassenmeuterei, eine Geschlechtermeuterei, eine Sexmeuterei, eine Liebesmeuterei. Es muss die Meuterei unserer Zeit sein.

Oft heißt es, wir sollen doch bitte Verständnis haben für die, die traditionell die Macht in unserer Gesellschaft innehaben – Männer, Weiße, Heterosexuelle, die Oberschicht – und die gnädig ein kleines bisschen ihrer Privilegien abgeben, winzige Fetzen, die wir anderen unter uns aufteilen sollen. Man erklärt uns, Gleichheit auf dem Papier, Gleichheit vor Gericht reichten aus, und das in einer Gesellschaft, deren Gesetze seit jeher ungerecht umgesetzt und ungleich durchgesetzt werden. Vor allem sagt man uns, es sei nun wirklich genug. Es könne keine bessere Welt geben als die, in der wir heute leben. Gleichheit, soziale Chancen, persönliche und sexuelle Freiheit seien ein Luxus, den sich die Gesellschaft nicht leisten könne. Aber das stimmt nicht. Freiheit kann nicht nur vor Gericht ausgehandelt werden. Die sexuelle Revolution ist nicht vorbei und erledigt, wie man es uns weismachen will. Der Feminismus ist hier nicht zu Ende. Er beginnt hier.

Vielleicht täusche ich mich ja auch. Vielleicht kann es wirklich nicht besser werden. Vielleicht war 1989 wirklich das Ende der Geschichte,[16] und wir müssen uns mit dem Stand der Dinge abfinden. Vielleicht geben wir uns zufrieden damit, dass so viele Mädchen mit Angst und Missbrauch aufwachsen, dass so viele Frauen gezwungen sind, sich zu ritzen und sich zu zügeln, schön und still zu sein, bis die Männer keine Verwendung mehr für sie haben, dass sich so viele Männer und Jungs eine Kiste aus Gewalt und Trägheit bauen, in die sie ihren Schmerz und ihre Wut einsperren und deren Tür sie leise von innen verschließen. Vielleicht haben wir etwas in uns, dem es so lieber ist.

Folgendes schlage ich vor: Ich werde euch nicht sagen, wie ihr eine bessere Version derer sein könnt, die ihr schon seid. Ich werde euch nicht noch ein Regelwerk vorsetzen, das euch beibringt, euch zu benehmen, immer schön nachzugeben und das bravste Mädchen der Welt zu werden. Und ich schwöre euch, ich verspreche hoch und heilig, ich sage euch nicht, ob ihr euch das Schamhaar wegrasieren sollt, und ich beurteile euch nicht nach dem Zustand eurer Achseln. Mir ist eure Körperbehaarung scheißegal.

Dieses Buch gehört auch nicht zu der Flut der Ratgeber, die euch bei der Navigation durch die heimtückische Maschine des Patriarchats hilft, wo wir die Maschine doch zerstören und mit möglichst vielen Freunden die Fabrik verlassen müssen. Die Welt braucht keinen weiteren Leitfaden dafür, wie wir uns in Würde in eine Welt fügen, die uns in den Selbsthass treibt. Besonders Frauen und Mädchen brauchen keine weiteren Regeln dafür, wie sie leben, arbeiten, sich pflegen, lieben sollen.́ Es gibt schon zu viele Regeln, und oft widersprechen sie einander. Seit meinem fünften Lebensjahr lese ich neben Bergen feministischer Theorie auch die rosaroten Ratgeber, und trotzdem habe ich keine Ahnung, wie ein braves Mädchen aus mir werden soll, und wenn ich es wüsste, würde ich es euch nicht sagen.

Ich will euch nicht vorgeben, wie ihr Feministinnen werdet oder ob ihr überhaupt welche werden sollt. Ich bezeichne mich als Feministin, um Leute ins Bett zu kriegen und mir in der Bar die Widerlinge vom Hals zu halten, aber Feminismus ist keine Identität. Feminismus ist ein Prozess. Nennt euch, wie ihr wollt. Wichtig ist, wofür ihr kämpft. Fangt jetzt an.

1

Abgefuckte Mädchen

»Sie werden mich lieben für das, was mich zerstört.«
Sarah Kane, *4.48 Psychose*

Der Teppich hat die Farbe von Rotz und stinkt nach Bleiche. Ich weiß das, weil ich mein Gesicht hineinpresse. Ich liege reglos da, damit mich die Krankenschwestern nicht finden, auf dem schaurig schnodderfarbigen Boden, aus dem der Schmutz menschlicher Schädel herausgeschrubbt wurde, bis in die tiefste Faser, wie überall auf der Station. Kein Staubkrümel, kein Fettfleck ist in diesem Krankenhaus erlaubt, in dem sogar die Freundlichkeit klinisch rein ist und mich erstickt wie eine desinfizierte Zudecke. Ich bin siebzehn Jahre alt und verstecke mich unter dem Bett.

Es ist das Jahr 2004, und ich müsste mich in der Schule auf meine Prüfungen vorbereiten. Stattdessen bin ich auf einer psychiatrischen Station für Menschen mit lebensbedrohlicher Magersucht und verwende meine gesamte Energie darauf, mich immer wieder vor den Krankenschwestern zu verstecken, die Tag und Nacht alle zehn Minuten vorbeikommen und nachsehen, ob wir unser Proteinpulver ausgekotzt oder eine CD zerbrochen und mit den Splittern wütende Worte tief, sehr tief in das Fleisch unseres Unterarms geritzt haben. Beides ist in den vergangenen Wochen vorgekommen. Ich weiß es noch, weil das mit dem Ritzen meine Zimmergenossin war und sie meine Sleater-Kinney-CD dafür benutzt hat. Ich habe nichts so Groteskes vor. Ich will nur mehr als zehn Minuten am Stück allein sein mit meinem Notizbuch, allein mit meinen Gedanken, irgendwo, wo mich niemand ansehen kann.

So liege ich zitternd unter dem Bett. Auf meinem Rücken wächst ein feiner weicher Flaum; das geschieht, wenn du in einem kalten Land lebst und gefährliches Untergewicht hast. Der Körper versucht sich auf jede erdenkliche Weise warm zu halten. Deshalb kauerst du, hemmungslos schlotternd, an einer Heizung und bemühst dich erfolglos, gegen die Kälte anzukommen, die dir mit eiskalten Fingern in die Knochen stochert. Deine Persönlichkeit rinnt davon. Du bist zu einer Kreatur geworden, die hungert, scheißt, kotzt und zittert, und das war's auch schon. Du kannst nicht klar denken. Dein Äußeres verschreckt deine Freunde und deine Familie. Wegen des Nährstoffmangels treibt dich nur noch das Adrenalin an, du wirst zu einem primitiven Ding, das, ohne es zu wollen, jeder Art von Nahrung nachjagt, Mülleimer durchwühlt, sich mit den Händen Müsli in den Mund stopft, um es gleich darauf in Panik wieder zu erbrechen. Du bist ein Häuflein Elend. Die Haare werden dünn und fallen aus. Du machst zwanghaft Sit-ups und Liegestütze, rennst mehrere Kilometer am Tag, obwohl du nicht mehr als ein paar Löffel dünnen Haferschleim im Magen hast.

Du machst das nicht um der Schönheit willen. Du weißt, du siehst grauenhaft aus. Du tust es, weil du verschwinden willst. Du willst nicht mehr angeschaut werden. Du bist es leid, angesehen und beurteilt und für mangelhaft befunden zu werden. Du willst nicht erwachsen werden, fülliger werden, dich auf gesunde und positive Weise auf Sex einlassen. Vor allem bist du es leid, beobachtet zu werden. Du hast das dir Mögliche getan, artig zu sein, und trotzdem hast du versagt, und nun bist du eins dieser abgefuckten weißen Mädchen, die den Bach runtergehen.

Abgefuckte weiße Mädchen. Die Buchauslagen und Zeitschriftenständer in den Städten quellen über von Geschichten über abgefuckte weiße Mädchen, schöne kaputte Püppchen, die mit der Freiheit und den Chancen, die sie geerbt haben, nicht zurechtkommen, die armen Dinger. Wir fetischisieren diese Mädchen, fotografieren sie, retuschieren ihren geblähten Bauch und ihre spitzen Knochen, legen Glanz auf die matte Haut und die starren Gesichtszüge und bleichen sie mit dem Blitzlicht der klickenden Kamera, gerade so, als stimmte der alte Aberglaube und die käferschwarzen Geräte raubten einem Menschen mit jedem Schnappschuss die Seele. Das Scheitern ist zu einem Modeaccessoire geworden, einem Luxus. Dem Leben nicht gewachsen zu sein, ist cool. Das Koksen, das Saufen, die Essstörungen, die hauchdünne transzendente Schönheit einer jungen Frau, die reich genug ist, um sich im Falle eines Zusammenbruchs eines Unterstützungssystems gewiss sein zu können: Das ist mittlerweile ein fester Bestandteil des neoliberalen Weiblichkeitsmythos, und der Konsum – das junge Mädchen, in den Wahnsinn getrieben, beginnt, sich selbst zu konsumieren, Knochen zehren Muskeln auf, die sich ihrerseits von Drogen und Narzissmus nähren, eine prachtvolle Neurose –, dieser Konsum ist der Gipfel und die Verkörperung dessen, was Frauen sein sollen, was das moderne Leben sein soll: Wir essen uns von innen heraus auf. Wir streben nach Perfektion und sind kreuzunglücklich dabei. Alles zu haben, schließt die Selbstverwirklichung nicht unbedingt ein. Dafür sind ja die Läden da.

Das elegante Sichauflösen ist das Spiel des reichen Mädchens, das Spiel des weißen Mädchens, das Spiel des Modemädchens. Das macht uns jedenfalls die Klatschpresse weis. Natürlich ist das Schwachsinn. Wenn man der Sache auf den Grund geht, bis auf das Fleisch, den Rotz und die Knochen, interessiert sich absolut niemand für das Innen-

leben des abgefuckten Mädchens, ihre unglamourösen alltäglichen Zusammenbrüche, das echte Bemühen, sich auf
den Druck, die Widersprüche und die täglichen Demütigungen einzustellen, aus denen die weibliche Realität im Westen des 21. Jahrhunderts besteht, nicht nur in Chelsea und
der Upper West Side, sondern überall. Im richtigen Leben
erwischt es Mädchen verschiedenster Herkunft, in Vorstädten und in Gettos, in Provinznestern und auch auf der Süd-
halbkugel; sie schlucken ihre Wut hinunter und lassen sie an
ihrem Körper aus, und überall wird es schlimmer.[17] Nicht
zufällig wird auch eine andere klinische Diagnose Frauen
viel öfter gestellt als Männern: Anpassungsstörung.[18] Du
hast es eben nicht geschafft, dich angemessen den sozialen
Erwartungen anzupassen.

Raum einnehmen

Acht Jahre später. Frühling in New York City. Das Mädchen,
das mir am Tisch gegenübersitzt, macht seltsame Sachen
mit einem Sandwich. Sie hat es in vier gleich große Teile ge-
schnitten und nimmt jetzt mit spitzen Fingern jedes Viertel
auseinander, als wäre es eine Bombe, die gleich explodiert;
sie wischt die Mayonnaise mit einer Serviette vom Brot, sta-
pelt Schinken und Salat sorgfältig zu gleich großen Häuf-
chen, gibt auf jedes einen winzigen Tupfer Senf und isst sie
dann hastig und mit zitternden Händen. Man sollte meinen,
dass das den anderen Leuten im Café auffällt, aber wir sind
in New York, wo der Anblick hungriger, hohläugiger, rituell
fastender Frauen zur Gewohnheit geworden ist.

Ich betrachte das Spiegelbild des Mädchens im Fenster
des Cafés. Ich habe nichts mit ihr gemein, außer, dass ich
zufällig dieselbe Person bin. Oder besser gesagt waren wir
dieselbe Person, vor einer Ewigkeit, damals, als ich mit

Magersucht in die Klinik kam. Es ist drei Jahre her, seit ich wieder vollständig genesen bin, doch hin und wieder, immer um diese Jahreszeit, schleichen sich die alten bizarren Gewohnheiten wieder ein: Essen wird zum Feind, jeder Spiegel zum Verräter. Ich weiß nicht genau, was mit der mageren unglücklichen Siebzehnjährigen, die ich einst war, geschehen ist. Ich glaube fast, ich habe sie aufgegessen in den langen Monaten, in denen ich gelernt habe, dass es in Ordnung ist, wenn ich Raum einnehme. Aber in den Straßen der größeren Städte sehe ich jeden Tag Menschen wie sie, Geistermenschen, die ins Leere starren, mit spindeldürren Gliedern, angetrieben von manischer Energie, dick eingepackt gegen die Kälte, gegen die sie nicht ankommen, Frauen aller Altersstufen, und mindestens 15 Prozent sind Männer.

Essstörungen gelten nach wie vor als typische Erkrankungen hübscher junger weißer Frauen, und das erklärt wohl, warum nach den vielen Jahren, in denen »ein Bewusstsein dafür geschaffen« wurde, jede Menge Glamour und eine rätselhafte Aura diese tödlichste aller psychischen Krankheiten umgeben, aber herzlich wenig Erkenntnisse dazu vorliegen. Auch nach Tausenden dramatischer Zeitschriftenartikel, die praktischerweise mit Fotos halbnackter traurig dreinblickender Models illustriert werden können, nimmt die Zahl der Erkrankungen noch zu, und wir sind der Lösung eines der großen Rätsel des modernen Lebens keinen Schritt näher gekommen: Warum hungern sich eigentlich so viele der klügsten und besten jungen Menschen langsam zu Tode?

Ein besserer Schuldiger als »die Zeitschriften« fällt uns dazu nicht ein. Das sagt mehr darüber aus, welche Gedanken die Gesellschaft im Kopf weiblicher Teenager vermutet, als über die Ursache einer Epidemie, die jedes Jahr Tausende junger Menschen umbringt und unzählige weitere dazu bringt, in einem Leben dahinzuvegetieren, in dem die schönsten Träume auf die Größe eines Tellers geschrumpft sind.

Über Essstörungen sollte man vor allem eines wissen: Hungern, Sich vollfressen, Abführen und Erbrechen sind nicht die Ursachen des Elends. Es sind die Symptome. Die Krankheiten stecken voller Widersprüche. Der Hunger nach Nahrung, nach Ruhe, nach Spaß, nach Sex, nach Freiheit wird unterdrückt, obwohl sich die Kranke bis zur Schwelle des Todes danach verzehrt.[19] All diese Krankheitsbilder prägt ein kompliziertes Wechselspiel aus Aggression und Konformität. Essstörungen treten auf, wenn sich jugendliche Rebellion kannibalisiert.

Und sie lassen sich leichter verbergen als die meisten anderen psychischen Krankheiten, zumal in einer visuellen Kultur, in der wir uns an den Anblick extrem unterernährter junger Menschen gewöhnt haben. Erkrankungen, die nicht unbedingt zu extremem Gewichtsverlust führen, wie die Bulimie und das *Binge Eating*, das sich durch Essattacken auszeichnet, lassen sich relativ leicht geheim halten – zumindest eine Zeit lang. All diese Krankheiten fordern von Gehirn und Körper kurz- und langfristig einen schrecklichen Tribut, da die Betroffenen mit allen nur möglichen gefährlichen und grotesken Methoden ihr Gewicht zu regulieren versuchen, vom Aderlass über Drogenmissbrauch und übermäßigen Sport bis hin zum Erbrechen, das mit der Zeit die Wangen anschwellen und durch die Magensäure die Zähne verfaulen lässt. Das ist nicht hübsch. Es ist das garstige Geheimnis hinter einem Gutteil der modernen Schönheitskultur, und das größte Geheimnis lautet: Es ist überhaupt nicht geheim.

Nichts davon ist geheim. Viele junge Menschen tun ihrem Körper rituell Gewalt an. Essstörungen, chronisches Ritzen und andere, weniger sichtbare Formen der Selbstverletzung wurden in den letzten zehn Jahren in einer explosionsartig ansteigenden Zahl diagnostiziert, besonders bei Mädchen, jungen Queers und allen, die unter besonderem Druck stehen, sich anzupassen.

Es gilt, die Fassade zu wahren, auch wenn sich dahinter ein wutschnaubendes Wrack verbirgt. Wir wissen, dass »gutes« Aussehen für eine Frau Opfer, Schwäche, harte Arbeit, Krankheit, ja den Tod bedeuten kann. Die Schönheits- und Konformitätsrituale sind anstrengend, und wenn eine Frau zufällig von Natur aus aussieht wie ein Laufstegmodel, wird ihr vorgeworfen, sie habe gemogelt. Die dünne, elende Frau, die für die Kontrolle über ihren Körper Gesundheit, Glück und Geld opfert, hat mehr soziales Kapital als die dicke Frau, die Wichtigeres im Kopf hat.

Von allen weiblichen Sünden ist Hunger die unverzeihlichste; Hunger egal wonach, nach Essen, Sex, Macht, Bildung, ja Liebe. Wenn uns nach etwas verlangt, haben wir dieses Verlangen zu verbergen, zu bändigen, uns zu beherrschen. Wir haben Objekte des Verlangens zu sein, nicht verlangende Subjekte. Wir brauchen kein Essen: Wir sind Essen, dressierbares Fleisch, Lämmer, die sich nach Bratensoße anstellen. Wir konsumieren nur das, was man uns sagt, vom Lippenstift bis zur Lebensversicherung, und auch nur das, was uns konsumierbar macht, auf dass wir besser zerkaut und verschluckt werden können von der Maschine, die unsere Arbeit, unser Geld, unsere Sexualität in mundgerechten Happen verschlingen will.

Auch Männer erleben natürlich die Überwachung ihres Körpers, und für Übergewicht hagelt es echte Strafen. Allerdings sind diese Strafen meist nicht so existenziell; von sehr wenigen Berufen einmal abgesehen, können Männer davon ausgehen, dass sie zuerst als Seele und dann als Körper beurteilt werden. Die Körperlichkeit gilt bei Männern nicht als alles, was sie einzubringen haben. Selten muss sich ein übergewichtiger oder ungepflegter Mann anhören, dass er bestimmt einen einsamen Tod sterben wird. Ungeachtet der Bemühungen der Kosmetikindustrie, die Männer vom Gegenteil zu überzeugen, brauchen sie für »Schönheit« nach wie vor kaum mehr als eine Rasur, etwas Haargel und ein sauberes T-Shirt. Für Frauen dagegen bedeutet »Schönheit«, dass sie, um sich überhaupt in vertretbaren Rahmen zu bewegen, schon Leid und Geld investieren müssen. Unser Körper ist das Wichtigste an uns, und wenn wir ihn sich selbst überlassen, verrät er uns, wird dick und unkontrollierbar.

In Italien gibt es die Tradition des *sciopero bianco*, des weißen Streiks. Auf Deutsch würde man »Dienst nach Vorschrift« sagen: Angestellte, die nicht streiken dürfen, wehren sich gegen ihren Chef, indem sie buchstabengetreu nur noch ihren Arbeitsvertrag erfüllen. Krankenschwestern gehen ab 17.01 Uhr nicht mehr ans Telefon. Bahntechniker führen so strenge Sicherheitskontrollen durch, dass die Züge stundenlang Verspätung haben. Bei Essstörungen und anderen Formen der gefährlichen Selbstverletzung wird der weiße Streik auf die Spitze getrieben: Frauen, Angestellte in prekären Arbeitsverhältnissen, junge Leute, die, völlig erschöpft vom modernen Leben, in akute Not geraten und für soziale Normkonformität einen hohen Preis zu zahlen hätten, setzen sich zur Wehr, indem sie nur noch tun, was sie tun müssen, und zwar aufs Extremste. Arbeite hart, iss weniger, konsumiere wie wahnsinnig; sei dünn und perfekt und nett, sei fügsam und folgsam, verlange dir alles ab, bis du zusammenbrichst. Es ist kein Zufall, dass Essstörungen häufig mit zwanghafter Überarbeitung und Perfektionismus in der Schule, am Arbeitsplatz oder zu Hause einhergehen. Wir haben alle Regeln befolgt, scheinen die Betroffenen zu sagen – und nun seht, wozu ihr uns getrieben habt.

In der Schule und im Beruf sind Mädchen leichter zu steuern als Jungs. Sie sind eher bereit, für Prüfungen auswendig zu lernen, Anordnungen zu befolgen, Pflichten zu erfüllen,[20] und als Belohnung werden sie oder Mädchen wie sie auf der Titelseite der örtlichen Zeitung abgebildet, wie sie im knappen Top, mit guten Noten und knackigem Hintern in die Luft springen, in der Hand das Diplom, mit dem sie den begehrten Marketing-Job an Land ziehen werden.

Mädchen rebellieren seltener als Jungen. Zu viel steht für sie auf dem Spiel. Wir wissen, dass man uns nicht nachgibt, wenn wir zornig werden, man hat uns beigebracht, unsere Wut nach innen zu richten, eher uns weh zu tun als anderen. Wir folgen dem Stereotyp, nach dem rebellische junge Männer andere verletzen, durchgedrehte junge Frauen dagegen sich selbst, zwanghaft, gefährlich. Essstörungen und Selbstverletzung, Fressattacken, Erbrechen, Hungern, Ritzen und Brennen – das alles wird zu einer wortlosen Sprache der weiblichen Not. Wenn ihr es in eurer Jugend nicht auch gemacht habt, kennt ihr sicher jemanden. Wir erfahren dieses Trauma am eigenen Leib. Es ist körperlich. Es tut verdammt weh.

Work it, Baby

Der »Neue Feminismus«, wie er sich nannte – das war, ehe der Begriff den Frauenmagazinen zu brisant wurde –, predigte Frauen und Mädchen hingebungsvoll, sie könnten selbstermächtigt, unabhängig, politisch und trotzdem schön sein. Oder zumindest könnten sie sich, wenn sie nicht schön seien, den sozial vorgegebenen Ritualen der Schönheit hingeben. Bis heute befassen sich Zeitschriftenartikel und Fernsehsendungen in diesem Bereich mit den prosaischsten und intimsten Fragen: Darf sich eine selbstermächtigte Frau die Beine rasieren? Kann ich Feministin sein, wenn ich gern Lippenstift und neckische Kleider trage? Dieser Blödsinn ist zu einem Gutteil noch als Reaktion auf das abgehalfterte Stereotyp zu verstehen, nach dem Feminismus unschön ist, und unschön zu sein – also hässlich – ist das Allerschlimmste, was einer Frau passieren kann.

Dieses Stereotyp reicht zurück zu den Feministinnen der zweiten Welle in den 1970er und 1980er Jahren, die zum Teil tatsächlich Hosen trugen und sich nicht rasierten – doch in den USA gab es neben Andrea Dworkin im Overall auch Gloria Steinem, die wie eine klassische Sexbombe aussah und so undercover als Playboy Bunny in Hugh Hefners New Yorker Playboy Club gelangen konnte; sie verfasste einen vernichtenden Text über den Umgang mit Frauen in dieser bizarren Welt. Und da war Germaine Greer mit Beinen bis zu den Ohrläppchen, die auf einem Titelbild der Londoner Untergrundzeitschrift *Oz* halbnackt als völlig neuartiges Sexsymbol ihre markanten Wangenknochen, die schlanken gespreizten Oberschenkel und eine ungenierte Libido zur Schau stellte.

In Wahrheit soll das Stereotyp der BH-verbrennenden Feministin mit den behaarten Beinen suggerieren, dass Feminismus, ja dass Politik eine Frau hässlich macht. Dass die Frauenemanzipation eine Gefahr darstellt für die traditionelle Vorstellung von Weiblichkeit und von der sozialen Rolle einer Frau. Was natürlich so ist und schon immer so war.

Die Furcht der Frauen, nicht als schön zu gelten, ist durchaus begründet. Wie jüngste Studien nachweisen, sind sich die meisten von uns schon in ihrer Jugend tief und schmerzhaft bewusst, dass sich die Abweichung von der Norm dessen, was unsere Gesellschaft als »schön« betrachtet, für jede Frau und jedes Mädchen negativ auswirkt. Frauen und Mädchen, die im Erscheinungsbild, im Gewicht, im Stil, in der Hautfarbe oder in der Gender-

Präsentation von gängigen Schönheitsnormen abweichen, erleben Diskriminierung am Arbeitsplatz und messbare Hürden bei Lohnerhöhung und Beförderung. Die Definition von »Schönheit« ist heutzutage dermaßen eng, überhöht und verwestlicht, dass ihr im echten Leben fast keine Frau gerecht werden kann, selbst wenn sie das Glück hat, von Natur aus mit einem Gesicht und einer Figur gesegnet zu sein, die sie für eine Modelkarriere prädestinieren. Und genau das ist der Zweck der Sache.

Sehr viele Frauen sind zudem der Schönheitskultur alternativlos ausgeliefert; das trifft besonders diejenigen, die in prekären Arbeitsverhältnissen beschäftigt sind und immer mehr Zeit, Mühe und Energie darauf verwenden müssen, Kunden schöne Augen zu machen, sie zu bedienen, ihnen Wärme, Sicherheit und Geborgenheit zu vermitteln. Weil ich zu Hause arbeite, sitze ich ungeschminkt mit zurückgekämmtem Haar am Schreibtisch, doch wäre ich so zu meinem Job als Verkäuferin in Camden Market erschienen, wäre ich schneller gefeuert worden, als ich hätte »Doppelmoral« sagen können. Allerdings sollte, wer am Arbeitsplatz, aber auch anderswo ernst genommen werden will, auch wieder nicht zu hübsch sein.

Hübsche Mädchen sind Anfeindungen von anderen Mädchen gewöhnt. Sie sind aber nicht der Feind. Wer mit einem unvorteilhaften Äußeren aufwächst, mag schnell zu einer solchen Ansicht gelangen. Ich hatte früher eine Heidenangst vor den Mädchen, denen das Mädchenhafte nur so zuzufliegen schien, den umwerfenden anmutigen Wesen, die flirtend und SMS schreibend hinten im Schulbus saßen. Ich brauchte Jahre, bis ich begriff, dass das Privileg, hübsch zu sein, auch so seine Probleme mit sich bringt. Auch die hübschen Mädchen müssen sich mit Schikane und Gewalt arrangieren, mit dem Druck, Fleisch und Verlangen zu drosseln, mit dem Gefühl, abgeurteilt und abqualifiziert zu werden.

Eine hübsche junge Frau ist ein Widerspruch in sich, denn sie entfacht gleichzeitig Begierde und Abscheu. Sie hat eine Macht, die angeblich alle Frauen haben wollen, die einzige Macht, die sie haben darf, nämlich zu gefallen und bei Männern sexuelle Beachtung zu finden – und daher ist es unabdingbar, ihre Macht in die Schranken zu weisen. Wer in dem Hübsches-Mädel-Spiel Erfolg hat, und sei er noch so kurzlebig, ist dem Misstrauen und den Anfeindungen anderer Frauen ebenso ausgesetzt wie der schmachtenden Verachtung der Männer. Das hübsche Mädel gilt als belanglos, intellektuell uninteressant; sie ist nur zum Vergnügen der anderen da. Bestenfalls ist sie eine Muse, faszinierend und rätselhaft. Verborgene Tiefgründigkeit gesteht man ihr zu, solange sie genau da bleibt – im Verborgenen.

Mädchen und erwachsene Frauen werden angehalten, um jeden Preis schön zu sein und mit anderen Frauen um Liebe, um Aufmerksamkeit, um die wenigen Trostpreise zu buhlen, die die bekommt, die sich am meisten anstrengt. Hübschen Mädchen und hässlichen Mädchen wird beigebracht, einander zu fürchten: Wenn Macht ein Produkt des »erotischen Kapitals« ist, kann es zwischen denen, die sich um die Trostpreise reißen, schließlich keine Solidarität geben. Du kannst nicht gewinnen. Wenn sich eine Frau dazu entschließt, ein politisches Statement abzugeben, indem sie weniger Zeit auf die Körperpflege verwendet, wird sie ins Lager der BH-verbrennenden Emanzen mit Haaren an den Beinen gesteckt, doch wenn sie sich konventionelle Schönheitsstandards zu eigen macht oder einfach nur Gefallen daran findet, gilt sie als oberflächliche manipulative Schlampe.

Interessanterweise wird das Wort »hässlich« Frauen noch immer entgegengeschleudert, um sie abzuqualifizieren und zum Schweigen zu bringen. Ein Mann, der nicht auszusprechen wagt, dass eine Politikerin ihre Macht nicht verdient hat und ihr einziger Zweck als Frau es wäre, das andere

Geschlecht zu betören und anzutörnen, schimpft sie gern als hässlich und unfickbar.[21] Ich habe aufgehört zu zählen, wie oft Männer – gelegentlich auch Frauen – mir im Internet oder persönlich schon erklärt haben: »Halt den Mund, du hässliche Schlampe«, wenn ihnen nicht gefiel, was ich sagte oder dass ich als junge Frau überhaupt etwas sagte. Anfangs geriet ich in Panik, tauchte mit Lippenstift und in meinen engsten schwarzen Lederklamotten bei Vorträgen und Diskussionsrunden auf – aber wenn wir auch nur einen Funken Mut, Ehrgeiz oder Wut in uns haben, schafft es auch noch so viel Lippenstift nicht, dem Patriarchat die Worte, die aus unserem Mund kommen, angenehmer zu machen.

Das Attribut »fett« ist noch augenfälliger. Du bist zu dick, du nimmst zu viel Raum ein, geh mir aus den Augen. Männer, die eine Machtposition innehaben, dürfen natürlich Fett ansetzen, dürfen das Interesse an ihrem Äußeren verlieren, dürfen nach einer Nacht des Netzwerkens unrasiert, aufgedunsen, ausgelaugt zu einem Termin erscheinen: Der Platz am Kopf des Tisches ist immer für sie reserviert.

Dieses System des Verurteilens, des Ausschließens durchdringt alle Gesellschaftsschichten. Naomi Wolf sprach in *Der Mythos Schönheit* völlig zu Recht von der »Schönheitsarbeit« – Arbeit, Geld und Mühe, die Frauen investieren, um ihr Äußeres »instand zu halten« und ihr körperliches Selbst an das enge Stereotyp konventioneller Schönheitsstandards anzupassen; dies sei, so Wolf, eine neue »dritte Arbeitsschicht« neben der »zweiten Schicht«, die Frauen traditionell mit der Hausarbeit und der Kindererziehung ableisten.[22] Es entbehrt nicht einer gewissen Ironie, dass Wolf, als sie *Der Mythos Schönheit* im Alter von neunundzwanzig Jahren veröffentlichte, Prügel von Männern und Frauen gleichermaßen bezog, weil sie nach konventionellem Maßstab schön war und ist.

Gleichzeitig bekommen wir zu hören, wir seien schwach und dumm, wenn wir uns darum kümmern. Die Teilhabe an der traditionellen Schönheitskultur sei gewissermaßen eine Kapitulation, eine fundamentale Unsicherheit in uns oder in anderen. Frauen, die mit Lippenstift und High Heels auf der Arbeit zu erscheinen haben – erst kürzlich wurde eine britische Gewerkschaftsinitiative gekippt, die es Arbeitgebern untersagen wollte, Frauen zum Tragen von Stilettos zu zwingen[23] –, werden oft bestraft, wenn sie es nicht tun, aber nur selten ernst genommen, wenn sie es tun.

Es ist ein abgekartetes Spiel. Du kannst nicht gewinnen, weil niemand gewinnt. Wenn du keine Diät machst, dir nicht die Haare stylst, nicht dein letztes Geld in Kosmetik und modische Kleidung investierst, giltst du als unzulänglich, unprofessionell – aber wenn du das alles tust, bist du ein dummes Flittchen. Hier ist übrigens die Antwort auf die ermüdende Frage, ob eine Frau, die sich die Beine rasiert oder die Schamhaare entfernen lässt, eine Feministin sein kann: Natürlich kann sie. Das ist gar keine Frage, und wir sollten endlich aufhören, Artikel darüber zu schreiben.

Natürlich können wir uns die Beine rasieren, die Haare glätten, Stilettos tragen, mit rosa Glitter und Make-up spielen. Das meiste mache ich auch, wenn ich mich zum Mädelsabend mal richtig in Fummel schmeiße.[24] Zweck des Feminismus ist es nicht, Frauen vorzuschreiben, was sie anziehen dürfen und was nicht. Umgekehrt ist nicht jede Kleiderwahl unproblematisch oder befördert gar eine sexuelle Revolution. Der Sturz des Patriarchats wird wahrscheinlich nicht davon abhängen, ob eine Frau einen Netztanga trägt oder sich die Achselhaare wachsen lässt, also bleibt locker. Trefft bewusste Entscheidungen, spielt mit Geschlechterrollen, tragt, was ihr tragen wollt. Feminismus ist mehr als der Klamottenstreit erwachsener Mädels, und es gibt wahrlich Wichtigeres.

Das Geschlecht prägt unsere Fantasien. Gute kleine Jungs sollen davon träumen, die Welt zu verändern, gute kleine Mädchen sollen davon träumen, sich zu verändern. Aus dem Märchen erfahren wir, dass Schönheit Schicksal ist, und wenn wir größer werden, bringt man uns bei, dass dieses Schicksal in unserer Hand liegt. Wenn wir klug konsumieren, damit wir schön und schick sind, können wir uns komplett verändern.

Wenn Schönheit zur Pflicht wird, ist sie kein Spaß, kein Spiel mehr. Wisst ihr noch, wie lustig das war, als wir uns verkleidet, Geschlechterrollen ausprobiert, stümperhafte Zöpfe geflochten und bei dem Versuch, uns zu schminken, den Lippenstift unserer Mutter halb aufgegessen haben? Und wisst ihr noch, wie Schluss war mit dem Spaß? Wie jedes Spiel macht auch das Spiel der Frauen keinen Spaß mehr, wenn man spielt, um zu gewinnen, zumal dann, wenn man gewinnen muss: gewinnen oder sich lächerlich machen, gewinnen oder unsichtbar werden, abgeblitzt und abgewimmelt. Als ich in der Klinik war, galten für junge Frauen langes Haar, hübsche Kleider, Make-up und ein Faible fürs Einkaufen als Kennzeichen für psychische Gesundheit. Die Stationsärzte, Psychiater mittleren Alters mit gemütlicher Wampe, waren sich in diesem Punkt völlig einig: Um gesund zu werden, mussten wir »unsere Weiblichkeit annehmen«. Jüngsten Theorien zufolge wollen die erkrankten jungen Frauen mittels ihrer Essstörung den Belastungen der modernen Weiblichkeit entfliehen.[25] Anorexia nervosa, so die Logik, unterbricht den traumatischen Vorgang des Frauwerdens, denn wenn ein Mädchen aufhört zu essen, wenn es von 600 auf 400 auf 200 Kalorien pro Tag reduziert, setzt die Periode aus, Busen, Hüften und wabbeliger Speck verschwinden, und die Kranke kehrt zu einem künstlichen vorpubertären Zustand zurück, mitsamt den

Stimmungsschwankungen, den musikalischen Spleens und dem überwältigenden Impuls, im Laden um die Ecke Haargummis zu klauen. Junge Frauen und eine zunehmende Zahl junger Männer verhielten sich so, heißt es, weil sie die Geschlechterrolle, in die sie gepresst werden, fürchten und hassen. Dass sie für ihre Angst und Wut verdammt gute Gründe haben könnten, darauf ist die psychiatrische Zunft noch nicht gekommen.

Spielboykott

Auf der Station für die Umerziehung böswilliger Nichtesserinnen war Sex-Talk nicht erlaubt. Fluchen war nicht erlaubt. Als zwei andere Mädchen und ich in der obligatorischen Kunsttherapie, in der wir unsere Gefühle ausdrücken sollten, riesige behaarte Schwänze, Mösen und vulgäre Sexszenen aufs Papier brachten, stellte man uns zur Rede, warum wir so stur seien und nicht nach Plan vorankämen. Wenn wir uns morgens zum Wiegen anstellten, flüsterten wir uns *Möse* und *Fotze* zu, immer lauter, um auszutesten, wann uns die Krankenschwestern den Mund verbieten würden. Wir hatten uns zu benehmen. Wir hatten brave Mädchen zu sein, wenn wir da je wieder rauskommen wollten.

Um diese Klinik durch den Haupteingang zu verlassen, und zwar nicht horizontal mit den Füßen voran, mussten wir uns an die Regeln halten. Wir mussten lächeln und aufessen. Wir mussten brave Mädchen sein. Ein braves Mädchen ist eins, das keine Hosen trägt, sich die Haare wachsen lässt, so bald wie möglich einen Freund findet und lernt, sich das Haar zu stylen und einen sauberen Kajalstrich zu ziehen. Ein braves Mädchen kauft verschiedene Kleider für verschiedene Anlässe, macht sich so zurecht, dass es die begehrlichen Blicke der Männer auf sich zieht, und lernt Manieren: den

Kopf neigen und »Bitte« und »Danke« sagen und »Nein, für mich keinen Kuchen, ich habe diese Woche schon genug gesündigt«.

Das war die erwünschte Weiblichkeit, die heterosexuelle Weiblichkeit, Weiblichkeit als Kontrolle, als großes Entqueeren. Es war das ultimative Umstyling, und wir halfen uns gegenseitig, verkleideten einander wie überkandidelte Barbiepuppen, sogar ich – ich ganz besonders, denn ich hatte, als ich in die Klinik kam, kurze Haare und Hosen getragen und vom Mädchenküssen gefaselt, und hatte daher am meisten darüber zu lernen, was eine Frau eigentlich ist. Wir spielten das Spiel gemeinsam, vor allem, wenn eine von uns die Station verlassen durfte. Dann kleideten wir sie an, schminkten sie, polierten ihr die Nägel, machten ihr das Haar und schickten eine gesunde normale Frau hinaus in die Welt, nicht das verletzte empfindliche Wesen, das Monate zuvor zu Fuß oder im Rollstuhl mit nacktem Herzen auf die Station gekommen war.

Mach dich schön. Mach dich neu. Spiel das Frauenspiel, und spiel es besser als deine Freundinnen. Du bestehst nur aus Oberfläche, da machst du die Oberfläche am besten interessant, modern und frisch, denn darunter ist ja nur eine Frau mit ihren läppischen Problemen und ihren faden Gefühlen. Sogenannte Makeover-Shows, die sich der Selbstvervollkommnung verschrieben haben, von den *Top-Model*-Formaten bis hin zu Schönheitsshows wie *The Swan – Endlich schön!* und Abnehmshows wie *The Biggest Loser,* zählen zu den erfolgreichsten Produktionen der letzten beiden Jahrzehnte. Das ist kein Zufall.

Für moderne Frauen ist in diesen angstbesetzten Zeiten das Umstylen ein Ritual der Gesundheit, der Hingabe und der sozialen Konformität. Es ist der zentrale Umgestaltungsmythos der modernen Weiblichkeit und ein lukrativer dazu. Das Frauenspiel, das Spiel um Trickserei und Selbstvernichtung, ist ein ernsthaftes Geschäft. Einer jüngeren Umfrage des Teleshopping-Senders QVC zufolge gibt die Durchschnittsbritin jährlich über 2600 Euro oder 11 Prozent des Durchschnittseinkommens einer in Vollzeit arbeitenden Frau für Pflege und Verschönerung ihres Äußeren aus. Männer dagegen verwenden nur 4 Prozent ihres Einkommens auf ihr Äußeres, und zwar überwiegend auf die Rasur und das Fitnessstudio.[26] Hochglanzfrauenzeitschriften leiten zur Selbsttransformation an: So modelt ihr euren Körper für den Sommer um, so die Garderobe für den Winter, so geht ein Smokey-Eye-Make-up, so eins, das glitzert, und so ein natürliches – für das ihr deshalb nicht weniger Farbe braucht. Schönheitskliniken kleistern öffentliche Verkehrsmittel mit dem Versprechen zu, dass sie nicht nur den Körper optimieren, sondern auch die Psyche, durch »Selbstvertrauen« zum Beispiel. In Modemagazinen wird uns geraten, Geld, das wir nicht haben, in Kostümröcke oder Handtaschen zu »investieren«. Wir sollen uns nicht nur schön kleiden und stylen, um uns zu gefallen, nein, wir sollen dabei immer die finanzielle Zukunft im Blick haben. Der Rock ist in Wahrheit eine Investition in ein Eine-Frau-Unternehmen, dessen Produkt wir selber sind, nur schicker. Macht, Gesundheit und Erfolg sind für die moderne, emanzipierte Frau genau das: unendliche Erschöpfung und ein mit teuren Kostümen vollgestopfter Kleiderschrank.

Weiblichkeit, Fügsamkeit und Hübschsein – das lebenslange Bemühen, auszusehen wie ein untergewichtiges kaukasisches Mädchen Anfang zwanzig mit ebenmäßigen Gesichtszügen – sind die Eintrittskarten für eine ganze Reihe von Jobs, in denen nur wenige richtig groß werden, die meisten aber scheitern.

Doch sie haben uns angelogen. Die Zeitschriften haben gelogen, die Filme haben gelogen, unsere Mütter haben gelogen. Wenn ein Mädchen schön ist, wird nicht alles besser.

In Wahrheit wird so gut wie nichts besser, sondern wir bekommen nur andere Probleme, wie jede Frau bestätigen kann, die wie ich nach der Schule vorübergehend hübsch war. Kleine Mädchen lernen, dass Schönheit der einzige sichere Weg zu Liebe, Glück und Freiheit ist, und wenn sie schön zur Welt gekommen sind, macht es auch nichts, wenn sie arm zur Welt gekommen sind. Der heutige Schönheitsmythos unterscheidet sich kaum von dem jahrhundertealten Märchen vom schönen Mädchen, das eines Tages den Prinzen heiratet, nur dass der Prinz heute nicht mehr die einzige Eintrittskarte in die angeblich erstrebenswerte Welt ist, sondern zu dem Paket aus Ruhm, Geld und Bewunderung als mögliche Zugabe dreingegeben wird. Auf die endlose Liste der reichsten, mächtigsten und beliebtesten Frauen der Welt haben es die meisten durch Schönheit, durch die Eheschließung mit einem mächtigen Mann oder durch beides geschafft. Hillary Rodham Clinton mag US-Außenministerin gewesen sein, aber sie wird immer noch danach beurteilt, wie fickbar sie ist und ob sie im Hosenanzug eine sexy Figur macht. Die einzige Ausnahme bildet die englische Queen, in deren Fall es völlig egal ist, ob sie Botox gespritzt hat oder nicht, weil ihr grimmiges Konterfei Briefmarken ziert und ihr die Hälfte der Antarktis gehört.

Schönheit hängt schon seit jeher eng mit der sozialen Schicht zusammen. Vor Jahrhunderten waren die wegweisenden »Schönheiten« ihres Zeitalters die Vorzeigefrauen und Glamourtöchter reicher Männer, die es sich leisten konnten, dass »ihre« Frau nichts arbeitete und sich in unpraktischen Fummel warf. Wenn wir heute beruflich Karriere machen wollen, sollen wir bitteschön so reich aussehen, als müssten wir gar nicht arbeiten. Zeit, Geld und Energie, die Frauen zusätzlich in ihr Äußeres stecken, nehmen jedes Jahr zu und sind überraschend unabhängig von wirtschaftlichen Krisen:[27] als hätten wir schon mit der Muttermilch aufgesogen, dass Schönheit überlebensnotwendig ist. Was ist das Erste, das wir einem Baby mit Schleifchen im Haar sagen? »Was für ein hübsches Mädchen!«

Eines lernen Frauen und Mädchen von klein auf: Egal, was sie mit ihren siebzig Jahren auf diesem Planeten anstellen, wie mutig, klug und gebildet sie sind, egal, wie viele Millionen Euro sie verdienen, wie viele Menschenleben sie retten – das alles zählt nicht, wenn sie nicht schön sind. Ja, wir müssen schön sein, wenn wir geliebt werden wollen, wenn wir mächtig und erfolgreich sein wollen. Die wenigen Frauen, die nicht mit den Maßen einer halbwüchsigen sibirischen Turnerin in die Öffentlichkeit treten, seien sie Akademikerinnen oder Außenministerin, werden in Zeitungen und Zeitschriften, im Fernsehen und online wegen ihres Äußeren gnadenlos zusammengestaucht und lächerlich gemacht, werden ausschließlich danach beurteilt, wie attraktiv sie auf Männer wirken. Wir dürfen nie vergessen: Wir müssen eine heiße Mieze sein – das ideale Subjekt –, sonst schlägt uns Hohn und Spott entgegen.

Schon kleine Mädchen lernen das alles, weil sie nie die Wünsche hinterfragen sollen, die man von ihnen erwartet: wer sie einmal sein wollen, mit wem sie das Leben teilen und was sie in die Welt einbringen wollen. Setz nicht zu früh Kinder in die Welt, das machen die armen Mädchen, aber denk dran, du musst Kinder bekommen, sobald du dir ein Kindermädchen leisten kannst. Und wenn du das Kindermädchen bist? Dann zieh dir ein hübsches Kleidchen an und lächle und hoffe darauf, dass du noch rechtzeitig von der Arbeit nach Hause kommst, um deine Hausaufgaben zu erledigen oder deine eigenen Kinder ins Bett zu bringen. Was, schon die Vorstellung macht dich müde? Es schüttelt dich bei dem Gedanken an vierzig Jahre gnadenlose Konformität, daran, was es an Zeit und Geld kostet, an Hunger, Selbsthass und Selbstaufopferung, und das alles nur, um vielleicht eines Tages behütet und geliebt zu werden? Hast du Angst, dass du nie genügen wirst?

Diese Angst ist durchaus berechtigt. Natürlich werden wir nie genügen. Wir können nie genügen. Nur perfekte, schöne Frauen haben Liebe und Erfüllung verdient. Wir aber sind schwach, hässlich, faul und fett. Wenn wir nicht glücklich sind, sind wir selber schuld. Wir hätten uns eben mehr anstrengen müssen. Wir hätten weniger essen und außerdem Geld für die Nasen-OP beiseite legen müssen. Wir hätten klüger sein müssen, dünner, netter, größer, weißer, hübscher, wir hätten unser grauenhaftes Selbst besser im Griff haben müssen. Die Sorge, nicht genug zu haben, ist immer noch männlich besetzt, obwohl Armut nach wie vor überwiegend eine weibliche Erfahrung ist.[28] Männer wollen Objekte; Frauen sind Objekte. Männer wollen genug haben und genug erreichen; Frauen wollen einfach nur genügen. Männer wollen; Frauen werden gewollt. Und für Frauen ist es nach wie vor eine echte existenzielle Gefahr, wenn sie nicht begehrt werden. Frauen, die nicht stereotyp attraktiv, jung und gesund sind, sagen oft, sie fühlten sich »unsichtbar« – als gebe es sie gar nicht.

Unsäglicher Hunger

Je mächtiger wir Frauen werden, desto stärker wird uns suggeriert, dass unser Körper völlig unzumutbar ist. Viele der einflussreichsten Frauen der Welt, von Popstars bis hin zu Medienmanagerinnen, tragen in aller Öffentlichkeit Schlachten mit ihrem Gewicht aus, die die Regenbogenpresse nur allzu gern ausbreitet und aufbauscht. Andere, besonders Politikerinnen, werden wegen des angeblich skandalösen Fleischüberschusses an ihrem völlig normalen Bauch oder Gesäß öffentlich der Lächerlichkeit preisgegeben.

Einem kürzlich im *Journal of Applied Psychology* erschienenen Studienbericht zufolge steigen Gehalt und Einfluss weiblicher Versuchsgruppen in Amerika und Deutschland, je weiter ihr Gewicht unter dem gesunden Durchschnitt liegt, auch wenn man andere Einflussfaktoren für Gewicht und Bezahlung berücksichtigt.[29] Bei Männern ist umgekehrt ein höheres Gewicht ein Indikator für finanziellen Erfolg, und erst bei extremer Dickleibigkeit müssen Männer beruflich Abstriche machen.

Ein Kausalzusammenhang lässt sich immer schwer nachweisen. Auch die gründlichste Studie kann unmöglich abschließend klären, ob die Frauen abgenommen haben, weil ihr Gehalt stieg, oder ob ihr Gehalt stieg, weil sie abgenommen hatten. Eines ist allerdings sicher: In Europa und in Amerika entspricht die Angst vor weiblichem Fleisch der Angst vor weiblicher Macht, und die Inszenierung des Ekels vor dem normal großen weiblichen Körper ist in der westlichen Gesellschaft eine zutiefst politische Angelegenheit. Sogar am oberen Ende der Nahrungskette muss der Hunger der Frauen um jeden Preis gezügelt werden, damit es so weitergehen kann wie bisher. Dis hierhin und nicht weiter, und wenn du schon mal da oben bist, wäre es nett, wenn du mal eben mit dem Staubsauger durchgehst.

Diese Studie belegt in aller Deutlichkeit, was die meisten Frauen, die auch nur einen Funken persönlichen oder beruflichen Ehrgeiz in sich haben, instinktiv schon lange wissen: dass sich unser Erfolg im Leben und im Beruf umgekehrt proportional zur Anzahl der Zentimeter Fleisch auf unseren Knochen bemisst und dass ein normaler gesunder Körper in Machtpositionen nicht erwünscht ist. Auch nach einem Jahrhundert Feminismus dürfen nur wenige Frauen eine Machtposition in Unternehmen, Medien und Politik einnehmen – und dort sollen sie möglichst wenig physischen Raum beanspruchen. Wenn es einen Typ Frau gibt, den die Medien nicht leiden können, so ist es das politische Schwergewicht.

Das alles ist allerdings harmlos im Vergleich zu dem Horror, den die Gesellschaft für korpulente und dazu auch noch arme Frauen bereithält. In den westlichen Industriestaaten, in denen die Quantität der Nahrung weniger Probleme bereitet als die Qualität, ist Übergewicht oft sogar ein Symptom der Armut, und diese Fehlernährung hat den unverhohlenen Ekel der kulturellen Rechten vor Frauen der Arbeiterklasse, die zu viel Raum einnehmen, lediglich zementiert.

Vom Vorstandszimmer bis in die Gosse gilt: Das Bestreben der Frauen, den Body-Mass-Index so niedrig wie möglich zu halten, gründet auf der berechtigten Angst, dass wir bestraft werden, sobald wir den patriarchalen Raum betreten. Kein Wunder, dass so viele von uns hungern.

Wer verhindern will, dass Mädchen etwas erreichen, zwingt sie am besten dazu, alles zu erreichen. Während sich Feministinnen früher über die »zweite Schicht« beschwerten, die Frauen jenseits des Arbeitsplatzes mit Hausarbeit und Kindererziehung übernahmen, hat heute die Verpflichtung zur bedingungslosen Leistungsbereitschaft sämtliche Lebensbereiche infiziert: Wir müssen akademisch erfolgreich sein, gesellschaftlich gewandt, körperlich attraktiv, sexuell verführerisch, aber nicht zu »nuttig«, ehrgeizig, aber bitte nicht »penetrant«.

Eines der ersten Dinge, die Mädchen erfahren, ist ihre Machtlosigkeit. Ich meine damit die körperliche Machtlosigkeit: dass Jungs stärker und fitter sind und es auch immer sein werden, ob das nun stimmen mag oder nicht. Ein paar Monate vor den Olympischen Spielen stellte die Zeitschrift *Grazia* Trainingsübungen der Top-Leichtathleten vor – präsentiert von Models in Designermode, die aussahen, als seien sie kaum in der Lage, die Requisiten zu stemmen, die sie in der Hand hatten.[30] Körperlich starke

Frauen beeindrucken die Werbeleute nicht, daher befanden sich die Bilder der Athletinnen und Athleten ganz klein unten auf der Seite. Frauen sollen nicht aussehen, als könnten sie ihre Gegner in die Knie zwingen. Hauen dürfen wir höchstens ein Kissen, vorzugsweise in Dessous vor laufender Kamera, da bremst nicht einmal das Patriarchat, das Kissenschlachten durchaus zugetan ist.

Die Kämpfe, die junge Mädchen unter dem Spätkapitalismus ausfechten, sind die Kämpfe unseres Zeitalters, und es geht um Würde, Gender und Identität. Das junge Mädchen, dessen Unterwürfigkeit zu seinem Charme gehört, sollte doch besser wissen als jede andere, dass sie an ihrem Elend nur selbst schuld ist. Sie spürt, dass sie sich zu einer Ware macht, zu Fleisch, das in eine Kunststoffform gepresst wird, doch wenn ihre Seele rebelliert, schließt sie daraus, dass sie als Ware noch nicht gut genug ist, und so strengt sie sich noch mehr an, ihre peinlichen und unangenehmen Ecken und Kanten abzuschleifen.

Also arbeitet sie. Alle Mädchen arbeiten. Wir geben Geld aus, das wir nicht haben, um ein inneres Selbst zum Ausdruck zu bringen, das wir gern hätten, ein gutes und schönes Wesen, das es verdient, gerettet zu werden. Wir wissen alle, jeder arbeitende Mensch, der sich Filme ansieht, weiß es, dass unser wahres Selbst reich, hübsch und beliebt ist und wir nur die richtigen Kleider anziehen und uns bewähren müssen, um genau so zu werden. Erfüllung ist eine individuelle, keine strukturelle Angelegenheit, und vermittelt wird sie durch strenge Konformität, die uns natürlich am besten zu einem Individuum macht, genau wie alle anderen auch.

Einer der grausamsten Streiche, den man der Generation meiner Mutter spielte, war wohl die Mär, dass das Recht, jeden schlecht bezahlten Knochenjob zu übernehmen, den sonst Männer verrichten, die einzige und ultimative Errungenschaft der Frauenbewegung sei. Stimmt, in den meisten westlichen Ländern haben Frauen heute für eine Arbeit, die auch ein Mann tun kann, ein gesetzliches Anrecht auf gleiche Bezahlung, auch wenn sie den Job erst einmal bekommen müssen.

In der Praxis jedoch sind Frauen am oberen Ende der Gehalts- und Beschäftigungsskala nicht gerade üppig vertreten. Überrepräsentiert sind wir dafür wie eh und je in schlecht bezahlten, unterbezahlten und unbezahlten Jobs, in Haushalts- und Pflegeberufen und anderen Tätigkeiten, die in Sachen Bezahlung und gesellschaftliches Ansehen in der sozialen Hierarchie weit unten angesiedelt sind, eben weil diese Arbeit traditionell von Frauen verrichtet wird. Mit dem Irrglauben, wir befänden uns am Zielpunkt des feministischen Fortschritts, muss dringend aufgeräumt werden, und zwar schnell.

Perfekte Mädchen

Die Gesellschaft weiß schon, dass junge Mädchen abgefuckt sind. Das gehört ja zu ihrem Charme. Sie sind nicht nur Objekte, sie sind erbärmlich, hoffnungslos überfordert mit den Schwierigkeiten des Erwachsenenlebens, mit der verwirrenden Vielfalt von Möglichkeiten, die die moderne Gesellschaft für sie parat hält, von chirurgischer Unterleibspolitur bis hin zum Dienstleistungsjob. Eine Frau ist in der kollektiven Wahrnehmung des Westens so etwas wie ein Kleinkind im Bonbonladen: dermaßen überfordert von der großen Auswahl, dass das undankbare Ding einen Tobsuchtsanfall bekommt und auf den Boden kotzt. Aus abgefuckten Mädchen werden unglückliche Frauen. Eine Studie nach der anderen weist nach, dass Frauen und Mädchen unglücklich sind wie eh und je, überarbeitet, erschöpft, tablettenabhängig; ihnen werden dreimal so viele Rezepte ausgestellt wie Männern.[31] Von den Titelseiten der Promimagazine kreischt uns ein Chor erfolgreicher Frauen entgegen, die am Rande des psychischen und physischen Zusammenbruchs stehen. Dieser Star hungert, jene Schauspielerin hat Depressionen, eine dritte trinkt nachts bis zur Bewusstlosigkeit, bis ihr die Kinder weggenommen werden. Den Mächtigen gefällt dieser Mythos: Frauen haben jetzt Gleichheit und Chancen und so weiter, aber sie kriegen es nicht auf die Reihe. Vielleicht hätte man es ihnen von Anfang an nicht geben dürfen.

Erwachsenwerden ist schwer, leichter ist es, sich dem Aufwachsen zu entziehen und einfach nur ein Mädchen zu bleiben. Das will schließlich auch die Familie so. Sie will, dass wir hübsch und nett sind und nie Ärger machen. Das liegt nicht etwa daran, dass sie uns nicht mögen und uns kleinhalten wollen. Nein, sie wollen nur unser Bestes, und wer die Welt objektiv beobachtet, sieht doch, dass hässliche und lästige Mädchen eher Probleme bekommen, eher zu einem Problem werden, und niemand will doch, dass wir ein Problem sind. Unser Freund auch nicht. Er ist so aufgewachsen, dass er in einer Beziehung kein echtes menschliches Wesen erwartet, sondern eine Hilfskraft, eine Wasserträgerin, eine Fleisch gewordene Wichsfantasie. Unser Chef genauso. Er oder sie will, dass wir das Spiel mitspielen. Sei ein gutes Mädchen. Lächle, schau, dass die anderen sich wohlfühlen; finde dich mit schlechter Bezahlung, Überstunden, gelegentlichen Grapschereien auf dem Flur ab, buhle mit den anderen jungen Frauen darum, wer die hübscheste, die gefügigste, die fleißigste ist, das Mädchen, das alle lieben. Nimm dir aber nie vor, mehr zu sein als das.

Ein Mädchen zu sein, *das* Mädchen zu sein, ist einfach, wenn wir weiß und durchschnittlich hübsch sind. Da ist nichts weiter dabei. In diesem Fall müssen wir die unerwünschten Bestandteile unserer Persönlichkeit nicht einmal völlig ablegen, das Schlaue und Schwierige, das Lärmende und Wütende, das Maskuline, Selbstständige und Ehrgeizige. Wir brauchen sie nur ein wenig zu dämpfen, bis sie nicht mehr sind als ein Hintergrundrauschen und das männliche Ohr sie nicht mehr wahrnimmt, und schon bald hören wir sie selber nicht mehr. Wir fahren sie herunter, schlingen sie hinunter wie die Mahlzeiten, die wir nicht essen dürfen, denn *das* Mädchen muss schlank und zerbrechlich bleiben, wenn es schön und geliebt sein will. Und wir wollen doch schön und geliebt sein.

Das ist vor allem ermüdend. Es ist ermüdend, ständig der Perfektion hinterherzuhecheln, sich Erholung zu versagen, sich um den Schlaf zu bringen, überall besser sein zu wollen. Perfekte Mädchen wissen, dass sie sich ständig weiter optimieren müssen. Perfekte Mädchen sitzen nicht auf dem Sofa und essen Kekse, nicht einmal, wenn ihre Lieblingssendung läuft. Perfekte Mädchen arbeiten unablässig: Wenn sie nicht in der Schule oder auf der Arbeit sind, treiben sie Sport, und wenn sie keinen Sport treiben, machen sie ehrenamtliche Arbeit, gehen einkaufen, organisieren ihr Privatleben wie ein Start-up-Unternehmen. Der größte Bär, der ihnen als Kind schon aufgebunden wurde, lautete: »Auf die inneren Werte kommt es an.« Es sind aber nicht die inneren Werte, auf die es ankommt. Perfekte Mädchen haben nie frei. Figuren, die überwiegend fiktiv sind, können sich nicht einfach so freinehmen.

Und perfekte Mädchen können noch so manches andere nicht:

Sie können keinen Geburtstagskuchen essen, ohne den Fettgehalt zu berechnen. Sie können nie an erster oder auch nur an zweiter Stelle an sich denken. Sie können keine Fehler machen, und das bedeutet, dass sie nie richtig erwachsen werden können, also können sie nur alt werden, und das ist für Kindmädchen etwas Furchtbares. Sie können nie ungepflegt das Haus verlassen oder im Park Purzelbäume schlagen, nur weil es Spaß macht.

Und wenn sie versagen, wenn sie es vermasseln, wird ihnen nicht verziehen.

Deshalb finden Mädchen leichter als junge Männer in der beschissenen Dienstleistungsbranche einen der mies bezahlten Jobs, die jungen Leuten überall in Europa und Amerika angedreht werden. Andere bedienen und ein hübsches Lächeln aufsetzen können Mädchen besser, auch wenn sie innerlich kreischen. So ist das eben, wenn man ein Mädchen ist.

Dass Mädchen in dieser Arbeit, die oft als »Emotionsarbeit« bezeichnet wird, besser sind, liegt nicht daran, dass ihnen das von Natur aus im Blut läge, sondern dass sie von Geburt an dazu erzogen werden. Wir werden dazu erzogen, uns um das Wohl anderer zu kümmern. Wir werden dazu erzogen, den Kaffee zu servieren, Formulare auszufüllen, Partys zu organisieren und hinterher den Tisch abzuwischen. Wir werden dazu erzogen, wenn nötig beherzt zu sein, aber nicht stark. Quirlig, aber nicht witzig. Nie darf es den Anschein haben, dass wir normale menschliche Körperfunktionen hätten, einen Körper, der pisst, pupst, scheißt, schwitzt und schwächelt. Schmücke das Gefängnis deines Körpers. Mach dich nützlich. Halt den Mund und lächle.

Das Privileg der Rebellion

Gregory Corso, Dichter der Beat Generation, antwortete auf die Frage, warum unter den überkandidelten, umjubelten, bekifften, sexuell experimentierfreudigen Dichtern der 1950er Jahre keine Frauen waren: »Es gab Frauen, sie waren da, ich kannte sie, ihre Familien steckten sie in die Anstalt, und sie bekamen Elektroschocks. In den Fünfzigern konntest du ein Rebell sein, wenn du ein Mann warst, aber wenn du eine Frau warst, hat dich deine Familie einsperren lassen. Es gab Fälle, die kannte ich; eines Tages wird jemand darüber schreiben.«[32]

Wer geistig gesund ist, entscheidet immer noch die Gesellschaft, und für Mädchen ist Rebellion besonders riskant. Mindestens so wichtig wie die eigenen Gefühle ist das Auftreten. Auch wenn wir innerlich auf dem Zahnfleisch gehen: Alles ist gut, solange wir unser Make-up auflegen und den Chef oder die Lehrerin anlächeln können. Andersherum wird ein etwas versponnenes Mädchen, das im Alltag zwar gut zurechtkommt, dessen Vorlieben aber zufällig nicht der Norm entsprechen, ruckzuck mit Psychopharmaka vollgepumpt, als Gefahr für die Gesellschaft eingestuft oder in die geschlossene Anstalt eingewiesen, je nachdem, wo sie zu Hause ist.

Geistige Gesundheit wird von der Gesellschaft definiert, und für Frauen und Mädchen liegt die Latte der Normalität beängstigend hoch. Wer sie überspringen will, muss trainieren. Das soll nicht heißen, dass kein Leid da wäre. Im Gegenteil: Oft entsteht Leid, eben weil es so anstrengend ist, normal zu wirken, eben weil jede für sich eine so aufreibende existenzielle Leistung erbringen muss, um das perfekte Mädchen zu sein, denn nur dieses, so hören wir es immer wieder, findet Liebe und Glück.

Wir können unser Leben lang ein perfektes Mädchen sein, nie erwachsen, nur nach und nach widerwillig alt werden. Sich für das Erwachsenwerden zu entscheiden, ist mühsam, zumal wir ja wissen, dass ein Mädchen nichts Schlimmeres tun kann, als eine erwachsene Frau zu werden. Werd nicht älter. Widersprich nicht. Denk nicht so viel nach, das macht hässliche Falten auf der Stirn. Bleib hübsch, perfekt, brav, stumm. Du kannst alles haben, was du willst, solange es nicht zu viel ist: Lass die Zeitschriften und die Werbung entscheiden, was du dir wirklich wünschst, füge dich deinem Freund, deinen Lehrern, deinem Chef. Wir wissen besser, was du willst, und wenn du ein Problem damit hast, können wir dir für dein Leiden eine Pille geben.

Gegen alles, was mit dir nicht stimmt, gibt es ein Mittel: dagegen, dass dein Körper dicker und älter wird, dass deine Sexualorgane auslaufen und bluten und an deinem Körper sichtbar werden, dass dein Herz müde wird und vor Angst schreit. Wir können dich konservieren, als perfektes Mädchen, als perfekte Konsumentin, als perfekte Arbeiterin, als Oberfläche, ausgestattet mit dezenten Schlitzen für die leichtgängige Penetration. Das Altern kann und muss mit Pasten und Pillen, mit Spritze und Skalpell bekämpft werden; sämtliche Anzeichen dafür, dass dein Körper bewohnt wurde, lassen sich weghungern oder wegbrennen.

Das perfekte Mädchen ist ein unbeschriebenes Blatt, mit gerade so viel Persönlichkeit, dass einer sie für interessant genug hält, mit ihr ins Bett zu gehen. Seit Generationen behandeln männliche Autoren, Arbeitgeber und Liebhaber die Persönlichkeit eines Mädchens als Schmuck und nicht als Ausdruck ihrer Handlungsfähigkeit. Persönlichkeit ist für das perfekte Mädchen ein gut gewähltes Accessoire, das sie diskret einsetzt, um damit ihre ansprechendsten Eigenschaften herauszustreichen.

Das perfekte Mädchen interessiert sich kaum für die Welt. Sie hat auch kein Innenleben, über das Minimum hinaus, das sie braucht, um das Interesse eines Mannes zwischen einer zufälligen Begegnung und dem Schlafzimmer wachzuhalten. Sie ist weder ein innerliches noch ein äußerliches Wesen; vielmehr besteht das perfekte Mädchen nur aus Oberfläche. Auf die Oberfläche kommt es an.

Natürlich gibt es das perfekte Mädchen gar nicht.

Siebzehn Jahre alt, eingerollt unter dem Krankenhausbett wie ein Komma, wie ein unfertiger Satz, Gestammel. Das nervige Flurlicht, das nie ausgeschaltet wird, erhellt im Dunkel meiner Höhle den rotzfarbenen Teppich. Ich zittere. Ich komme von allem runter. Ich weigere mich immer noch zu essen, aber mein Widerstand wird mürbe. Ich klettere von der Klippe, auf der alles klar und eindeutig war, auf der das Todesversprechen prangte wie das Schulabzeichen auf dem Blazer der Schuluniform, der um mein Skelett hängt. Als mich die Ärztin an diesem Morgen zwingen wollte, ein ekelhaftes Proteingetränk zu schlucken, erklärte ich ihr, dass ich es nicht wollte, und sie fragte mich, was ich denn wollte?

Die Antwort hakt in meinen Zähnen wie ein Schluchzen – ich will nichts. Ich will nichts. Nicht Essen Wasser Luft Aufmerksamkeit eine neue Weltordnung. Ich will nicht fünfzig Jahre alt werden, in denen ich nie genug bin, nie genug tue, nie genug arbeite. Ich will nicht einmal, dass Sie mich zum Sterben allein lassen. Bleiben Sie hier, sehen Sie verdammt nochmal zu, wenn Sie wollen, ist mir doch egal.

Ich will nichts. Ich flüstere es in meine Hände, sage es dann lauter, immer wieder, stundenlang, bis die leidgeprüfte Nachtschwester, die so eine gequirlte Scheiße gewohnt ist, zu mir ins Zimmer kommt und sagt, ich solle den Mund halten und schlafen. Sie findet es gut, dass ich nichts will, aber sie will bitte gern eine ruhige Nacht haben.

Auf der Station bin ich so etwas wie eine Anomalie. Ich kam mit kurz geschorenem Haar, vollgesogen mit Henna und Riot Grrl Rock, gekleidet wie ein Junge, offensichtlich queer. Erst später erfahre ich, dass ein Viertel bis die Hälfte der jungen Leute, die wegen Essstörungen in die Klinik eingewiesen werden, schwul, lesbisch oder genderqueer ist. Die jungen Frauen, die schon hier sind, sehen aus wie kaputte Modepüppchen; wir kommen alle aus derselben grotesken, ausgemergelten Gussform, können kaum aufrecht stehen, haben alle dieselben lila Schnittnarben, eingekerbt wie Barcodes in verborgene Stellen der Haut.

In einer Ecke kauert Ballerina-Barbie, so abgemagert, dass sie für Erwachsenentrikots zu winzig ist. Wir haben Babydoll-Barbie und Hiphop-Barbie und Cheerleader-Barbie und sogar die tiefgläubige Muslima-Barbie, die eine Woche nach mir kommt, im Hidschab, den sie, kaum dass ihre Eltern gegangen sind, abwirft, um den Rest ihres stationären Aufenthaltes im rosa Trainingsanzug ketterauchend auf der Treppe zu sitzen. Ich wäre wohl Punk-Dyke-Barbie, der Lesbenpunk, 2004 die wohl unbeliebteste Barbie, und mein Modus operandi ist Misstrauen. Die anderen auf Station sehen aus wie die Mädels, vor denen ich immer Angst hatte. Ich lebe in ständiger Erwartung, dass eine von ihnen mir Orangensaft in den Rucksack gießt, wenn ich gerade nicht hinsehe. Es ist schlimm genug, in einer geschlossenen Station eingesperrt zu sein, aber musste man mich ausgerechnet mit einem Haufen hohler Modepüppchen zusammenpferchen? Offenbar haben sich diese Mädchen bis zum Zusammenbruch heruntergehungert, weil sie hübsch sein wollen; ich dagegen habe absolut vernünftige, intellektuelle Gründe für mein Verhalten. Wir werden nie Freunde sein. Wir haben nichts gemein.

Diese Sichtweise hat ziemlich genau achtzehn Stunden Bestand, bis zum ersten planmäßigen Nachtessen. Wir kauern alle auf billigen Krankenhaussofas und versuchen, uns zwei mickrige Kekse in den Mund zu schieben, und dabei haben wir das Gefühl, in der eigenen Haut gekocht zu werden. Ich starre in den Fernseher und zwinge mich, nicht zu weinen. Cheerleader-Barbie, die zehn Jahre älter ist als ich und ihre eigene Geschichte hat, rückt näher und legt mir einen knochigen Arm um die Schultern.

»Ist gut«, sagt sie. »Du schaffst das.«

Ich lasse mich festhalten. Ich nehme einen Keks in die Hand. Und etwas verändert sich.

In den Wochen und Monaten meines Klinikaufenthaltes werden diese Mädchen meine besten Freundinnen sein. Ich werde mit siebzehn Jahren lernen, wofür manche Menschen Jahrzehnte brauchen: dass hübsche Mädchen, die dem Patriarchat in die Hände spielen, und hässliche Mädchen, die zu keiner Party eingeladen werden, gleichermaßen leiden. Dass uns allen derselbe böse Streich gespielt wird. Das Perfekte-Mädchen-Spiel kann man nicht gewinnen. Ich weiß das. Wir alle wissen das. Und mit dem Wissen kommt die Wut. Wut darüber, dass wir versucht haben, uns auszuhungern, auszubrennen, auszubluten.

Cindy ritzt sich, wie jedes Mädchen, das von den Menschen verletzt wurde, die sie lieben müssten. Weil sie gern großes Theater macht, weil sie sich im Flur kreischend die Arme aufritzt, weil sie im Laden Make-up und Schmuck klaut und nach dem Essen kotzt, glauben ihr die Krankenschwestern und Ärzte nicht so recht, als sie erzählt, dass ihr Vater sie missbraucht hat. Dass sie nicht mit ihm allein sein will, wenn er zu Besuch kommt. Dass ihre Mutter und die Lehrer davon wussten und nichts unternahmen. Sie ist ein wütendes asiatisches Mädchen mit Akzent: Sie müsste doch Respekt haben vor ihren Eltern, offensichtlich ist sie verrückt, die nimmt man besser nicht ernst. Medikamente und Psychotherapie könnten ihr helfen; von der Justiz ist keine Rede.

Das Ritzen beruhigt Cindy und beunruhigt alle anderen, was meiner Ansicht nach besser ist, als wenn sie still und leise in ihrem Schmerz und Zorn ersticken würde, obwohl es mir lieber wäre, sie würde nicht gerade meine CD kaputt machen. Mir wäre es lieber, sie würde es überhaupt nicht tun. Mir wäre es lieber, sie müsste es nicht tun. Mir wäre es lieber, ich könnte sie in die Arme nehmen und wiegen, bis sie alles Schlimme, das ihr je zugefügt wurde, vergessen hat.

Weil die Hälfte der Mädchen auf Station sich ritzt, gibt es hier weder scharfes oder spitzes Besteck noch zerbrechliches Geschirr. Der Körper muss bestraft und eingesperrt werden, und das geht letztendlich am besten so. Es gibt Wörter, die unaussprechlich sind und stattdessen in die Haut geritzt werden. Man könnte meinen, mir ginge es gut, aber das stimmt nicht. Wenn wir älter werden und merken, dass wir in einem Körper festsitzen, der zur Gewalt offenbar geradezu einlädt, einem Körper, der alles zu sein scheint, wozu wir gut sind, einem Körper, der plötzlich und in alle Ewigkeit das Wichtigste an uns ist, so hat es eine makabre Logik, wenn wir versuchen, uns aus ihm heraus zu schneiden. Ihn zu bestrafen und zu beherrschen. Den Körper, der Schmerzen und Hunger hat und unablässig etwas will. Den Körper, der uns verrät.

Ein braves Mädchen zu sein kann uns umbringen. »Frauen haben nicht nur das Problem, dass sie herausfinden müssen, was im Persönlichen politisch und was im Politischen persönlich ist«, schreibt M. Sandovsky in ihren »Letters to L.«. »Sie müssen vor allem lernen, in einem Widerspruch zu leben.«[33] Früher sagte man uns immer, die Welt liege uns zu Füßen, solange wir nur hart arbeiteten, ein bisschen Busen durchblitzen ließen und immer schön lächelten. Wir merkten, dass das eine Lüge war, gerade rechtzeitig, damit einige von uns sich noch fangen konnten, ehe sie abrutschten.

Man gelangt an einen Punkt, an dem man entscheiden muss, was man für das Überleben opfern will. Es ist jetzt zehn Jahre her, und mittlerweile ist so viel passiert, dass ich nicht mehr weiß, wann genau ich beschlossen habe, es mit dem Leben zu versuchen, nur so als Experiment, um zu sehen, ob ich es schaffe. Vielleicht war es nach der langen Nacht, in der ich geheult hatte, dass ich nichts wollte; als ich unter dem Bett hervorkrabbelte, gegen das grelle Licht des Flurs blinzelnd in die kleine Stationsküche schlurfte und zum ersten Mal ohne Widerstand einen Toast aß. Ich erinnere mich nur an den knusprigen gebutterten Toast und die Angst, dass ich, wenn ich die Niederlage meines Hungers zuließ, nie aufhören würde zu essen, dass ich essen und essen würde, bis ich die Welt verschlungen hätte. Der Hunger eines jungen Mädchens ist etwas Fürchterliches.

Vielleicht war es auch Monate später, als ich das Krankenhaus verließ, im neuen Kleid und mit Lippenstift, den ich aufgetragen hatte, um die Stationsschwester davon zu überzeugen, dass ich endlich ein gesundes Mädchen war, das ein gesundes Leben führen wollte. Ich hatte mir den Gesichtsausdruck aufgemalt, den wir Frauen einzusetzen lernen, wenn wir der Welt vorgaukeln wollen, dass wir glücklich sind. Durch das Fenster des Taxis, das mich weiß der Teufel wohin brachte, nur nicht nach Hause, winkte ich meinen Freundinnen zu. Ich wusste, dass ich nie wieder nach Hause zurückkehren würde. Ich wollte das Krankenhaus verlassen und mein Studium fortsetzen, ich wollte die Welt bereisen, mich in schrillen Bars betrinken, jede Menge Jungs vögeln und jede Menge Mädchen küssen, ich wollte in Berlin und New York leben und bei Nacht nur mit Rucksack, Pass und Laptop über den Ozean fliegen. Ich wollte die Nacht barfuß durchtanzen und viele Bücher lesen, und eines Tages wollte ich auch Bücher schreiben.

Ein braves Mädchen, ein perfektes Mädchen zu sein, kann uns schnell umbringen oder auch langsam umbringen und alles Wertvolle in uns, die besten Träume unseres Lebens trist und gleichförmig machen. Mit siebzehn beschloss ich, es mit einem anderen Leben zu probieren, und das war beängstigend, es war zu viel, und das ist es immer noch, aber es war auch nicht schlimmer, als mit einem aufgemalten Lächeln zu Hause zu bleiben. Ich sehe jeden Tag Frauen, die diese Entscheidung treffen, Teenager, Frauen mit zwanzig, sechzig und siebzig, und in dieser schönen neuen Welt, in der *Empowerment*, Selbstermächtigung, bei Frauen gleichgesetzt wird mit teuren Schuhen und der Frage, ob sie für den Chef die Beine breit machen, in einer solchen Welt ist diese Entscheidung die einzige, die wirklich zählt. Wer sie trifft, wird eine egoistische Schlampe geschimpft, Freak, Nutte, Fotze, Hure, einigen gelten wir auch als rebellisch, entartet, renitent, manchmal sind wir polizeibekannt. Wir sind die, die zu laut lachen und zu viel reden und zu viel wollen und für sich arbeiten und eine neue Welt sehen, die knapp außer Reichweite ist, die am Rand der Sprache darum ringt, ausgesprochen zu werden. Und manchmal, zu später Nachtstunde, nennen wir uns Feministinnen.

2

Verlorene Jungs

»Patriarchalische Männlichkeit
entfremdet Männer von ihrem Selbstsein.«
bell hooks, *All About Love*

Einige meiner besten Freunde sind weiß, männlich und hetero. Das ist nicht ihre Schuld. Sie haben nicht um dieses besondere Privileg gebeten, denn so läuft das nicht mit Privilegien, und jetzt wissen sie nicht, was sie damit anfangen sollen, und tun eben so, als wäre es nicht da. Aber um die Prinzipien von Gender, Macht und Begehren zu begreifen, müssen wir über Männer reden.

Wo ist die Macht, die man den jungen Männern von heute versprochen hat? In den fünf Jahren der Finanzkatastrophe und der Jugendarbeitslosigkeit habe ich zahllose junge Männer, die mir zum Teil sehr nahestanden, still und leise untergehen sehen. Die Rezession war auch für junge Frauen kein Disneyland, aber wir haben uns in mancherlei Hinsicht als emotional robuster erwiesen. Mädchen gehen oft schon von ihrer Erziehung her nicht davon aus, dass eine würdevolle Arbeit oder finanzielle Sicherheit identitätsstiftende Bestandteile ihrer Zukunft sind, und den meisten wurde beigebracht, sich im Beruf und anderswo auf Ausbeutung einzustellen. Das ist genau die Haltung, die Arbeitgeber heute suchen.

Ziel des Feminismus ist ja nicht nur, dass sich Frauen

von Männern emanzipieren, sondern dass sich alle Menschen aus der Zwangsjacke geschlechtsspezifischer Unterdrückung befreien. Männer und Jungen beginnen erst jetzt kollektiv zu begreifen, wie furchtbar vermurkst Männlichkeit heute ist – und sie fragen, wie sie das ändern können.

Männlichkeit beschäftigt die Politik, und Männer beschäftigen den Feminismus. Das gilt für ihre Gewalt und auch für ihre Angst, eine kollektive, artikulierte Angst, dass sie in dieser Gesellschaft, die sich gegen sie verschworen zu haben scheint, auch noch die letzten Fetzen ihrer Privilegien einbüßen, die bislang ihr kollabierendes Selbstwertgefühl gestützt haben. Wie sollen sich Männer und Jungen verhalten, wenn männliche Privilegien nicht automatisch mit Macht verbunden sind?

Rock and Roll kann uns heutzutage auch nicht mehr retten. Das wird mir klar, als ich im Jahr 2009 eines Tages vom Einkaufen nach Hause komme und im Flur fast in die Eingeweide einer blauen Gitarre trete, ein wilder Wirrwarr aus Saiten und zersplittertem Holz. Die blaue Gitarre ist völlig zerstört, nicht mehr zu reparieren, Hals und Wirbel gebrochen. Die Luft riecht nach Gras und Traurigkeit.

In der Küche sitzt mein bester Freund; er blutet im Gesicht.

Ich stelle die Einkaufstüten ab und setze Teewasser auf, weil man das in so einer Situation eben macht. Mein bester Freund sitzt reglos auf dem einzigen Küchenstuhl, der noch alle vier Beine hat, und betupft sich das Gesicht mit nassem Klopapier, und der Tee ist heiß und süß und gut gegen den Schock. Wieder mal ein schlimmer Tag im Jobcenter.

»Er hat sich die Gitarre am eigenen Schädel zerschlagen«, erzählt mir unsere Mitbewohnerin, als er ins Bad geht. »Er ist von dem Gespräch nach Hause gekommen, und da hat er sich die Gitarre auf den Kopf gehauen und geschrien, dass er zu nichts taugt.«

Wir sind seit Jahren befreundet, seit wir uns in der College-Mensa kennengelernt haben, vor dem großen Crash, vor dem ganzen Mist, damals, als wir neunzehn waren und die Welt noch mit Kunst retten wollten. Schräge Leseratten aus der bürgerlichen Vorstadt, die die Nächte durchmachen und schreiben und sich Ärger einhandeln wollten. Wir schrappten durch unsere Prüfungen und schlürften unsere Tage wie billigen Wein, berauschend in ihrer schuldbewussten Vorhersagbarkeit. Vier wunderbare Sommer.

Und dann war das College vorüber, und die Wirtschaftskrise schlug zu, und die Musik wurde düsterer und wütender und brachte nicht mehr genug Geld für die Miete ein. Und das einzige Vorstellungsgespräch, das einem Geisteswissenschaftler, dessen Familie nicht das Geld für ein Praktikum aufbringen konnte, angeboten wurde, war das für einen Sachbearbeiterposten im Jobcenter, und die Zukunft öffnete sich vor ihm wie ein großer schwarzer Rachen.

Zu viele Nächte in der Notaufnahme. Nicht genug Geld für den Pub. Es wird klar, dass Liebe und harte Arbeit nicht genug sind, und Rock and Roll kann dich auch nicht retten. Das war vielleicht einmal. Diese Zeiten sind wie Punk und Sozialhilfe verschwunden.

Wir füllen Formulare aus und betteln auf dem Amt um Geld, um uns Essen zu kaufen, Geld, das erst nach einem Monat kommt, das bedeutet einen Monat lang trocken Brot, und wir schreiben wütende politische Songtexte und laden sie auf die Band-Website hoch, aber es nützt nichts. Frei nach Woody Guthrie: *This Machine Does Not Kill Fascists.* Wir probieren es aus, indem wir mit der Band die ganze Nacht laut Nick-Cave-Songs spielen, um den Mann von der British National Party zu ärgern, der ein paar Häuser weiter wohnt: Er erfreut sich offenbar auch weiter unverschämter Gesundheit.

Und dann, eines Tages, hörte die Musik einfach auf.

Ich hätte meinen besten Freund gern vor der Verzweiflung gerettet, hätte ihn gern für große Taten begeistert. Doch ich habe kläglich versagt und dabei uns beide verletzt und ausgelaugt. Wenn ich heute Freundinnen, Liebhaberinnen, Partnerinnen trauriger, verlorener junger Männer sehe, die es trotzdem versuchen, würde ich sie am liebsten an der Schulter packen, kräftig schütteln und anschreien: Die Jungs sind nicht zu retten. Zumindest nicht so.

Das Leben wird viel einfacher, wenn ihr einseht, dass ihr sie nicht retten könnt, die verlorenen Jungs und die jungen Leute, die entschlossen sind, nicht auffindbar zu sein, weil sie Angst davor haben, was die anderen finden würden. Ihr könnt sie nicht mit Liebe retten, egal, wie viel ihr davon habt. Ihr könnt euch vor sie hinstellen und euer Herz auswringen, aber es wird nie ausreichen, um sie in eine bessere Welt zu schwemmen. Und ich weiß, ihr würdet es tun, wenn ihr könntet. Genau das bedeutet Liebe, zumindest wenn man jung und pleite ist und es nicht besser weiß.

Diese Generation ist reich an verlorenen Jungs, und wenn wir einen von ihnen lieben, bedeutet das, dass wir uns aushöhlen, um Platz zu schaffen, damit er sich verkriechen kann. Also machen wir das, weil Mädchen das eben machen und weil es guttut, gebraucht zu werden. Nur ein Weilchen. Nur bis der Freund einen Job findet und der Kumpel sich nicht mehr umbringen will.

Ich habe die Wahrheit mit zweiundzwanzig kapiert: Wir können die Welt nicht Mann für Mann retten.

Wenn ich mir ansehe, wie diese jungen Männer in eine völlig andere Welt hineinwachsen als die, die man ihnen versprochen hat, ist meine erste Reaktion immer Mitleid. Es ist erstaunlich einfach, Mitleid zu haben. Und zwar aus zwei Gründen.

Erstens ist unsere Kultur auf Mitleid mit weißen bürgerlichen Cis-Männern ausgerichtet, weil sie in so gut wie jeder Geschichte die Heldenrolle bekommen. Wir sind nicht gehalten, uns im gleichen Ausmaß in das Leid von Frauen oder Armen einzufühlen. Sie sind anders als wir, sogar wenn sie wir sind, diese Leute, die von Vorurteilen und der Sparpolitik der Regierung ausgegrenzt werden und am Rande dessen, was als relevanter Diskurs gilt, um eine Stimme kämpfen.

Und zweitens ist die Enttäuschung junger weißer Jungs so schrecklich intensiv. In ihrer Jugend wurde ihnen suggeriert, sie würden die ganze Welt auf einem Silbertablett serviert bekommen, und jetzt können sie sich, nicht selten aus Bequemlichkeit, nicht einmal ein Brot schmieren. Das höre ich zumindest von den anonymen Männern im Internet, die mir sagen, ich solle doch in die Küche gehen und ihnen eins machen.³⁴

Wenn man Macht und Bequemlichkeit erwartet und beides nicht bekommt, brennt das wie eine schallende Ohrfeige.

Oft ist die Rede von den jungen Erwachsenen, die um den Fall der Berliner Mauer herum geboren wurden, der »verlorenen Generation«, deren Wohlstandsträume von der globalen Wirtschaftskrise zerschmettert wurden. Aber machen wir uns eins klar: Wenn wir von den jungen Menschen reden, die erwachsen wurden, nachdem der Traum von der immerwährenden neoliberalen Expansion geplatzt war, nachdem die Jobs verschwunden und die finanziellen Mittel versiegt waren, nachdem die Polizei aus der City in die Ränder der Hauptstädte gekommen war, um dort Köpfe einzuschlagen, wenn wir über Leute reden, die unter dem Druck unerfüllter Erwartungen leiden, unter ihm zusammenbrechen, dann meinen wir Männer. Wenn wir von der »verlorenen Generation« reden, meinen wir Männer.

Im Fokus des Interesses stehen die geplatzten Träume der Männer. Und es ist die gekränkte Wut der Männer, die ihre Enttäuschung so furchtbar macht.

Kein Nimmernimmerland mehr

Für Menschen, die von klein auf fest mit Privilegien rechnen, ohne auch nur einen weiteren Gedanken daran zu verschwenden, ist der plötzliche Verlust dieser Privilegien wie ein Faustschlag, der sie eines sonnigen Tages mitten in den Magen trifft – ein Schlag, den sie nicht erwartet haben. All das, von dem sie annahmen, dass es in einem bestimmten Alter eben kommt wie Schamhaare oder Steuerrückerstattungen, bleibt einfach aus. Dass sie zur dominanten Hälfte der menschlichen Rasse gehören, dass sie auf der Geschlechter- und Gesellschaftsleiter über den Frauen stehen, dass sie immer die ersten sind, die einen Job oder eine Beförderung bekommen, dass sie im Beruf und zu Hause ernst genommen werden, dass man sich ihre Ideen anhört, eben weil sie Männer sind – das alles ist nicht fest kodiert. Es wird nicht genetisch vererbt. Und es kann wieder entzogen werden.

Wie sollen Männer mit diesem Machtverlust fertig werden in einer Gesellschaft, in der nur der als Mann gilt, der möglichst viel Macht an sich reißt, der reich ist und extreme Gewalt ausüben kann, der andere Männer physisch und Frauen sexuell und emotional beherrschen kann? Sie sollen gar nicht damit fertig werden. Ohne die Macht über andere, besonders über Frauen, sollen Männer wild um sich schlagend im Chaos einer Identitätsimplosion kollabieren, die nur ominösen Matsch auf dem Teppich zurücklässt. Wenn es wirklich so ist, müssen Männer sehr zerbrechliche Wesen sein.

Bücher und Studien wie Hanna Rosins *Das Ende der Männer* kommen zu dem Schluss, dass der Machtverlust der Männer ein Zugewinn für Frauen ist. Wie wir sehen werden, ist das Gegenteil der Fall.

Es wird weh tun

Das große Hindernis für das Fortkommen der Frauen ist nicht der Hass der Männer, sondern ihre Angst. Die »Männerrechtsaktivisten«, die sich im Internet organisieren, um Frauen zu übertönen, sind meist angsterfüllte, einsame Wesen, die unbedingt über die Geschlechter reden wollen, dies aber nur tun können, indem sie Frauen mundtot machen. Dieser Ausdruck der Angst äußert sich auf extrem kindische Weise in einer Haltung, die in ihrer Überwachung der Geschlechterrollen so faschistisch ist wie die eines Spielplatzrabauken und völlig ernsthaft Wörter wie »Feminazi« benutzt. Weil die Nazis ja vor allem für ihren Kampf um die Gleichberechtigung bekannt waren.

Sie tun gerade so, als verhinderten wir, indem wir über die Verletzungen reden, die uns aufgrund unseres Frauseins zugefügt werden, dass die Männer über den quälenden Druck der Männlichkeit reden können. Viele Männer können offenbar ihr Leid nur artikulieren, wenn sie gleichzeitig Frauen daran hindern, das ihre zu artikulieren. Immer wieder werden Männer und Jungs davon abgehalten, über ihren Schmerz zu sprechen. Eine neue Betrachtung von Geschlecht, Gender und Macht – ob wir es nun Feminismus, »Maskulismus« oder weiß der Teufel wie nennen – kann Männern helfen, ihren Schmerz zu verarbeiten. Aber viel leichter ist es ja, den Frauen die Schuld zu geben.

Nun, da immer mehr Frauen, Mädchen und eine wachsende Zahl männlicher Verbündeter ihre Stimme gegen Sexismus und Ungerechtigkeit erheben, geschieht etwas Merkwürdiges: Wenn wir Vorurteile ansprechen, so wird bemängelt, sei das in sich schon ein Vorurteil.

Wenn Frauen Frauenfeindlichkeit thematisieren, werden sie oft gebeten, ihre Sprache zu mäßigen, um die Gefühle der Männer nicht zu verletzen. Sagt nicht: »Männer unterdrücken Frauen«, das ist sexistisch, genauso schlimm wie der Sexismus, mit dem sich Frauen herumschlagen müssen, vielleicht sogar schlimmer. Sagt stattdessen: »Manche Männer unterdrücken Frauen.« Egal, was ihr sagt, ihr dürft nicht verallgemeinern. So etwas machen Männer. Natürlich nicht alle Männer, nur manche.

Mit einer solchen Haarspalterei kann man Frauen wirkungsvoll das Maul stopfen. Immerhin hat man uns beigebracht, die Gefühle anderer immer über unsere zu stellen. Wir haben nicht zu sagen, was wir denken, wenn die Möglichkeit besteht, dass wir jemanden verletzen oder, schlimmer noch, verärgern könnten. Ich beobachte diese Maulkorbtechnik in allen sozialen Bewegungen, mit denen ich zu tun habe: Schwarze werden gebeten, die Gefühle Weißer zu berücksichtigen, ehe sie über ihre Erfahrungen sprechen; Schwule und Transsexuelle werden gebeten, sich doch bitte nicht so zu echauffieren, damit sich Heterosexuelle nicht unwohl fühlen. Also schwächen wir unsere Aussagen mit Entschuldigungen, Einschränkungen und Besänftigungen ab. Wir versichern unseren Freunden und Liebsten, dass sie natürlich nicht zu diesen blöden Heinis gehören. Du bist keiner dieser Rassisten, dieser Homophoben, dieser Frauenhasser.

Was wir nicht sagen: Natürlich hassen nicht alle Männer Frauen. Aber die Kultur hasst Frauen, und Männer, die in einer sexistischen Kultur aufwachsen, haben, oft unbeabsichtigt, die Neigung, sexistisch zu handeln und sich sexistisch zu äußern. Wir verurteilen dich nicht dafür, was du bist, aber das heißt noch lange nicht, dass wir dich nicht darum bitten, dein Verhalten zu ändern. Was du tief in deinem Herzen über Frauen denkst, ist erst einmal nicht so wichtig wie die Art und Weise, wie du sie im Alltag behandelst. Du magst der sanfteste, freundlichste Mann der Welt sein, aber trotzdem profitierst du vom Sexismus, trotzdem machst du womöglich nicht den Mund auf, wenn du erlebst, dass Frauen beleidigt und diskriminiert werden. So funktioniert Unterdrückung. Tausende ansonsten anständiger Menschen werden dazu gebracht, sich mit einem ungerechten System zu arrangieren, weil es zu mühsam erscheint, es zu ändern. Wenn jemand die Veränderung dieses ungerechten Systems einfordert, wäre die angemessene Reaktion zuzuhören und nicht, sich abzuwenden oder wie ein kleines Kind zu plärren: »Ich war das aber nicht!« Natürlich warst du das nicht. Du bist bestimmt allerliebst. Trotzdem hast du eine Verantwortung, etwas dagegen zu unternehmen.

Die Gesellschaft neigt dazu, uns von strukturellem Denken abzuhalten. In einer Kultur, in der wir uns als frei handelnde Individuen betrachten sollen, fällt es nicht leicht, verstörende Realitäten wie Armut, Rassismus und Sexismus als Teile einer größeren Gewaltarchitektur zu erkennen. Doch das Gemeinwesen ist von Bigotterie befallen wie von einer Infektion: Man sieht und spürt sie erst, wenn die Symptome sichtbar werden. Aber sie ist da, unter der Oberfläche, sie schwillt und schwärt in vielen einzelnen Wunden, an denen man ablesen kann, dass unter der Oberfläche noch mehr passiert. Deine Freundin wird auf einer Party von einem anderen Freund vergewaltigt; deine Kollegin muss kündigen, weil sie sich keine Vollzeitbetreuung für ihr Kind leisten kann; deine Tochter kommt heulend nach Hause, weil sie sich zu dick fühlt, und verweigert das Abendessen. Es ist einfacher und nicht so verstörend, all diese Dinge als individuelle, unzusammenhängende Erfahrungen zu betrachten statt als Teil eines strukturellen Sexismus, der alle infiziert. Sogar dich.

Lassen wir dumpfe Geschlechterstereotypen zum Multitasking einmal beiseite: Für einen Menschen ist es kein Hexenwerk, mehr als einen Gedanken gleichzeitig im Gehirn zu haben. Es ist ein großes komplexes Organ, dieses menschliche Gehirn, etwa so groß und so schwer wie ein Blumenkohl, und es hat Platz für mehrere Staffeln Trash-Serien und die Telefonnummer deiner Ex-Freundin, die du nach sechs Wodka wirklich nicht mehr anrufen solltest. Wenn unser Gehirn nicht in der Lage wäre, gleichzeitig kleinere persönliche Dinge und große strukturelle Ideen zu erfassen, wären wir nie von den Bäumen gekommen, hätten nie Megacitys und Multiplex-Kinos gebaut. Es dürfte daher nicht so schwer sein, dem durchschnittlichen männlichen Menschen zu erklären, dass du, einzelner Mann, der du deinen Tagesgeschäften nachgehst, Chips knabberst und BioShock 2 spielst, Frauen möglicherweise nicht verabscheust und verletzt, dass Männer als Gruppe – Männer als Struktur – es aber durchaus tun. Ich glaube nicht, dass die Mehrheit der Männer zu dumm ist, diese Unterscheidung zu begreifen, und wenn es doch so ist, müssen wir uns noch dringlicher darum kümmern, dass sie nicht weiter so gut wie alle Regierungschefs dieser Welt stellen.

Nach wie vor ist es schwierig, sich mit Männern über Sexismus zu unterhalten, ohne dass einem eine Verteidigungshaltung begegnet, die auch in offene Feindschaft und sogar Gewalt umschlagen kann. Wenn man erkennt, dass man in ein System verwickelt ist, das Frauen unterdrückt, ist Wut eine völlig angemessene Reaktion, aber diese Wut wieder auf die Frauen zu lenken, ist auch keine Lösung. Es ist keine Lösung, die Debatte mit dem Vorwurf des »Gegensexismus« abzuwürgen, als würde das Problem so aufgewogen, und schon wäre das ungemütliche Gefühl weg.

Sexismus soll ungemütlich sein. Es tut weh und macht wütend, Adressatin frauenfeindlicher Angriffe zu sein, und es tut auch weh, sie bei anderen zu beobachten und zu wissen, dass man mit gemeint ist, ohne Einfluss darauf zu haben. Jemand, der erfährt, dass eine Gruppe, zu der er gehört, andere Menschen gezielt benachteiligt, sollte eine Reaktion zeigen, so wie unser Knie eine Reaktion zeigt, wenn der Arzt mit dem Hämmerchen darauf schlägt, um die Reflexe zu testen. Wenn nichts passiert, stimmt etwas ganz und gar nicht.

Wenn ich sage, »alle Männer sind in eine Kultur des Sexismus eingebunden« – alle Männer, nicht nur manche Männer –, mag das wie eine Anklage klingen. Es ist aber eine Aufforderung. Du, individueller Mann, mit deinen individuellen Träumen und Wünschen, hast nicht darum gebeten, in eine Welt hineingeboren zu werden, in der du als Junge sozial und sexuell im Vorteil gegenüber Mädchen bist. Du willst nicht in einer Welt leben, in der Frauen vergewaltigt werden und sich dann vor Gericht anhören müssen, dass sie es provoziert hätten, in einer Welt, in der Frauen für ihre Arbeit schlecht oder gar nicht bezahlt werden, in der sie als Hure oder Nutte beschimpft werden, wenn sie einfach nur Gleichberechtigung fordern. Nichts davon hast du entschieden. Aber du kannst jetzt entscheiden, was als Nächstes geschieht.

Du kannst dich als Mann entscheiden, bei der Schaffung einer gerechteren Welt für Frauen und für Männer mitzuhelfen. Du kannst dich entscheiden, gegen Frauenfeindlichkeit und sexuelle Gewalt vorzugehen, wenn du sie beobachtest. Du kannst dich entscheiden, Risiken einzugehen und Energie darauf zu verwenden, dass du Frauen unterstützt, Frauen förderst, die Frauen in deinem Leben gleichberechtigt behandelst. Du kannst dich entscheiden, Stellung zu beziehen und Nein zu sagen, und jeden Tag treffen mehr Männer und Jungs diese Entscheidung. Die Frage ist: Willst du einer von ihnen sein?

Dem Patriarchat einen Namen geben

Seit vielen Jahrhunderten konzentrieren sich Geld, Macht und das Vermögen, willkürlich blutige Gemetzel anzurichten, in den Händen weniger weißer Europäer; für gewöhnlich sind das die reichsten Männer mit den besten Beziehungen. Diese Männer stellen nur einen Bruchteil der männlichen Gesamtbevölkerung, und trotzdem wird von jedem Mann und jedem Jungen erwartet, dass er sich an ihnen orientiert, von jeder Frau, dass sie ihre Gesellschaft und Nähe sucht. Für dieses System gibt es ein einfaches Wort. Es lautet »Patriarchat«. »Patriarchat« bedeutet nicht »Männerherrschaft«. Es bedeutet »Väterherrschaft« – die Herrschaft weniger mächtiger Haushaltsvorstände über den Rest der Gesellschaft. Männer, die in der sozialen Hierarchie weiter unten stehen, haben sich damit zu bescheiden, Macht über Frauen zu haben, mit der sie die fehlende Kontrolle über den Rest ihres Lebens ausgleichen können.

Das Wort »Patriarchat« ist besonders belastet, weil es eine jahrhundertealte Struktur der wirtschaftlichen und sexuellen Unterdrückung beschreibt, in der nur wenigen Männern Macht zugestanden wird. Patriarchat: Nicht die Herrschaft der Männer, sondern die Herrschaft von Vätern oder Vaterfiguren. Die meisten Männer herrschen nicht sonderlich viel und haben das auch nie getan. Die meisten Männer haben nicht viel Macht, und das bisschen soziale und sexuelle Überlegenheit, das sie über die Frauen haben, wird heute infrage gestellt. Das muss wehtun. Wer vom Patriarchat profitiert, ist kein schlechter Mensch, auch wenn er auf die Art wohl kaum ein besserer Mensch wird. Wie immer, wenn jemand eine Machtposition über andere innehat, besteht die Charakterprüfung darin, was er mit dieser Erkenntnis anfängt.

Fast die gesamte Menschheitsgeschichte hindurch hat das Patriarchat Männer und Jungen ebenso unterdrückt wie Frauen. Es ist ein hierarchisches System männlicher Vorherrschaft, die mit Gewalt oder Gewaltandrohung durchgesetzt wird. Wenn wir Feministinnen sagen: »Das Patriarchat schadet auch den Männern«, so meinen wir es genau so. Das Patriarchat ist brutal und gewalttätig, Männer können sich schwer daraus ausklinken, und es ist eng verwoben mit dem Wirtschafts- und Klassensystem des Kapitalismus. Wenn ich mich mit Männern über Gender und Gewalt unterhalte, ist das Wort »Patriarchat« für sie besonders schwer zu ertragen.

Da die moderne Ökonomie nur wenige Gewinner hervorbringt, fühlen sich viele Männer unweigerlich als Verlierer – und ein Verlierer ist das Letzte, was ein Mann sein darf. Frauen wollen mit Verlierern nichts zu tun haben. Verlierer sind keine richtigen Männer, keine begehrenswerten, starken Männer, und wenn der Neoliberalismus mehr Verlierer hervorbringt, dann muss das daran liegen, dass Männer nicht genug Wertschätzung erfahren, und wahrscheinlich ist daran der Feminismus schuld und nicht etwa die fehlgeleitete Finanzpolitik. Der Neoliberalismus mag Heerscharen von Menschen zum Scheitern verurteilt haben, aber wir können es hier nicht mit einer Kapitalismuskrise zu tun haben, also muss es eine Geschlechterkrise sein.

Die Menschen merken überall, im Norden wie im Süden der Erdkugel, dass ihre gewählten Vertreter und die nicht gewählten Eliten sie um gesellschaftliche, finanzielle und persönliche Macht betrogen haben – doch junge Männer lernen nach wie vor, dass ihre Identität und Potenz davon abhängt, dass sie Macht haben. Von Männern und Jungen, die mit mir in Kontakt treten, höre ich besonders oft, dass sie sich nicht so mächtig fühlen, wie sie es sich erhofft hatten, und nicht wissen, wem sie dafür die Schuld geben sollen.

Männlichkeit ist Krise

Es ist eine warme Augustnacht, und nicht unerhebliche Teile Londons stehen in Flammen. Seit drei Stunden sitzen wir nun schon im Wohnzimmer meines Freundes fest und beobachten, wie Croydon brennt, horchen auf das Splittern von Glas in der High Street und auf die Sirenen, deren Heulen näher rückt. Es ist die dritte Nacht der Unruhen in England, und überall in der Stadt plündern junge Männer und Frauen Geschäfte, liefern sich Straßenkämpfe mit der Polizei, organisieren sich online und schwärmen in die Stadtbezirke aus, in die sich Fernsehteams nur verirren, wenn Schüsse gefallen sind, was in diesem Fall geschehen ist – ein junger Vater wurde in Tottenham aus kürzester Entfernung von einem Polizisten erschossen. Die jungen Leute kommen aus Bezirken, in denen Polizeischikane an der Tagesordnung ist und jede noch so kleine staatliche Hilfe, die das Leben erträglicher machte – Schulbeihilfen, Jugendzentren, Unterstützung für Arbeitssuchende – im Zuge der Sparmaßnahmen, die das Einkommen der Superreichen nicht anrührten, gekürzt wurde. Aber man versichert uns, diese Unruhen seien nicht politisch motiviert. Das Problem seien die jungen Männer, insbesondere die jungen Schwarzen und ihr Mangel an Disziplin. Es liegt nicht an der Armut, und es liegt nicht an der Polizei. Es muss die Männlichkeit sein, die völlig von der Rolle ist.

Schon reden die Politiker im Radio und die Kommentatoren im Fernsehen von einer »Krise der Männlichkeit«. Die Angst vor einer Testosteronvergiftung ist die ultimative Pose eines Klassenhasses, der nicht in den Spiegel sehen kann, stand bei der Manipulation und Steuerung der Energie junger Männer doch stets die Aufrechterhaltung der sozialen Ordnung im Mittelpunkt. Alle, die verzweifelt die politische Realität ignorieren, sehen glasklar, dass die jungen Männer, die in Ealing und Tottenham den Asphalt aufreißen und in Brixton und Hackney selbstgebastelte Molotowcocktails auf Polizisten werfen, keine starken männlichen Rollenvorbilder hatten und als Kinder nicht genügend Schläge abbekamen, dass sie keine richtigen Männer sind, keine ruhigen gesitteten Männer wie die Söhne der tobenden TV-Kommentatoren, die in Skinny Jeans herumlaufen und Kasabian hören. Jedes Mal, wenn es dunkel wird und die Londoner Kids die nächste High Street aufmischen, löst sich die von den panischen Medien verbreitete Version der Geschichte wieder auf, in den sozialen Medien blitzt und rattert es wie in einem LSD-Trip und keiner weiß, was eigentlich los ist.

Ich bin Journalistin. Ich muss darüber berichten, muss herausfinden, was mit der Stadt, die ich liebe, geschieht. Doch ich sitze hier im Wohnzimmer fest, weil mein Freund mich nicht aus dem Haus lassen will.

Ich bin Journalistin, und ich bin bereit, Kopf und Kragen für meinen Job zu riskieren, und jetzt, in diesem Moment, lässt er mich nicht hinaus. Er sagt, er muss mich beschützen, auch gegen meinen Willen.

Gewalt entlädt sich, wenn Menschen Angst haben, dass ihnen jemand ihre Macht wegnimmt. Ich habe heute Abend etwas Neues über Männer gelernt, aber es ist nicht das, was man in den Nachrichten hört.

Die meisten Suchmaschinen vervollständigen den Suchbegriff »Männlichkeit in« automatisch mit »der Krise«. Die Begriffe werden so oft kombiniert, dass man kaum noch über moderne Männlichkeit reden kann, ohne den traurigen Zustand anzuerkennen, in dem sie sich befindet. Das einst mächtige Biest liegt kraftlos da, wartet nur darauf, von seinem Elend erlöst zu werden. Über das Elend von Männern, echten Männern, den Männern der Männer, dominanten mächtigen Männern, sprechen wir nur mit gesenkter Stimme, damit wir nicht den Zickenzorn der Strohfeministinnen auf uns ziehen.

Im Jahr 2000 berichtete Susan Faludi in *Männer – das betrogene Geschlecht*: »Vierzig Jahre später, als die Nation auf die Jahrtausendwende zutaumelte, schienen sich die, die ihr den Puls fühlten, einig darüber zu sein, dass sich ein Weltuntergang anbahnte: Die amerikanische Männlichkeit war in Gefahr [...]. MÄNNER AUF DEM PRÜFSTAND, schrieben die Schlagzeilen. DIE PLAGE MIT DEN JUNGEN – BRAUCHT MAN DIE MÄNNER? – ERHOLT SICH DIE MÄNNLICHKEIT?«[35] Mehr als zehn Jahre später kursieren noch dieselben Schlagzeilen: JUNGS IN DER KRISE – TESTOSTERON AUF DEM RÜCKZUG – MÄDCHEN ÜBERHOLEN JUNGS – WIE KOMMEN DIE MÄNNER WOHL DAMIT KLAR?

Nein, die Männlichkeit ist nicht in der Krise – man kann schon fast sagen, Männlichkeit *ist* Krise. Ob ein repressives System der sozialen Kontrolle funktioniert, hängt ausschließlich davon ab, ob es viele Menschen glücklich und zufrieden machen soll, und das wurde von den Posen der Männlichkeit nie erwartet. Wenn die moderne Männlichkeit Männer, insbesondere junge Männer, in einen Zustand ängstlicher Verzweiflung stürzt, wenn sie einsam und isoliert sind, unfähig, ihre wahren Gefühle auszudrücken oder das Leben zu führen, das sie sich wirklich wünschen, und wenn sie dann ihre soziale und sexuelle Frustration an Frauen auslassen, statt zu begreifen, dass sie eine systematische Folge elitärer Ungleichheit ist, dann funktioniert die Männlichkeit sehr gut. Dann ist sie sogar in einem tipptopp Zustand.

Frauen, so scheint es, dürfen nur über ihr Geschlecht reden. Männer dürfen über einfach alles reden, nur nicht über ihr Geschlecht. Die Diskussion darüber, was es bedeutet, ein Mann zu sein, ist in den meisten gesellschaftlichen Kreisen stillschweigend tabu. Männlichkeit funktioniert eher wie *Fight Club* im gleichnamigen Film: Die oberste Regel des Männerclubs ist, nicht über den Männerclub zu reden.

Barbara Ehrenreich verfolgt in ihrer hervorragenden Kulturstudie *Die Herzen der Männer* den Verlust des patriarchalischen Familienpaktes bis zu den Schriftstellern und Radikalen der Beat-Generation zurück, das »kurzlebige prächtige Schlussbild der männlichen Rebellion«: »Im Beat kamen die beiden Stränge des männlichen Protests zusammen – der eine richtete sich gegen die Berufswelt der Angestellten und der andere gegen das durch diese Arbeit finanzierte Familienleben in den Vorstädten. Beide Stränge vereinigten sich zu der ersten umfassenden Kritik an der amerikanischen Konsumgesellschaft.«[36] Ebenso wie Hugh Hefner und das aufkeimende Ideal des ledigen Playboys, das später Ikonen wie James Bond hervorbrachte, stützten sich die Beats auf die »Ablehnung des Paktes, auf dem das System des Familieneinkommens beruhte«;[37] dieser Pakt verpflichtete den Mann dazu, eine bezahlte Anstellung zu suchen, um die unbezahlte Arbeit der Frau zu alimentieren, und fasste die Arbeit beider in ein System des sexuellen Tauschgeschäftes. Für uns hört sich das heute an wie gequirlte Scheiße – und wenn Beobachter vom Verlust der Rolle des »traditionellen männlichen Brotverdieners« reden, meinen sie ein gesellschaftliches Arrangement, das Mitte des letzten Jahrhunderts Männer wie auch Frauen furchtbar fanden, als ihnen schwante, dass es auch andere Möglichkeiten gab. Die Flucht der Männer vor den traditionellen Pflichten ging jedoch nie mit dem Impetus einher, die Frauen aus dem häuslichen Dasein zu befreien. Niemand kam auf die Idee, dass auch Frauen zwiespältig zur Hausarbeit stehen könnten. Plötzlich wurde es für Frauen zum Fulltimejob, ihren Mann an das traditionelle Zuhause zu binden.

»Traditionelle Männlichkeit« hat wie »traditionelle Weiblichkeit« mit Kontrolle zu tun. Sie steuert Verhalten. Um die »traditionelle männliche Macht« ranken sich zwei große Geheimnisse, die die Mainstreamkultur nicht diskutiert haben möchte und über die wir ehrlich reden müssen, weil Männer und Frauen, Jungs, Mädchen und alle anderen qualvoll in der sozialen Zwangsjacke der »traditionellen Männlichkeit« eingenäht sind. Das erste große Geheimnis ist: Eigentlich waren die meisten Männer nie mächtig. Im Lauf der Menschheitsgeschichte hatte die große Mehrheit der Männer so gut wie keine strukturelle Macht, abgesehen von der über Frauen und Kinder. Die Macht über Frauen und Kinder – die technische und körperliche Dominanz in der Sphäre des privaten Heims – war eine Beruhigungspille für die Männer, die außerhalb des Hauses so gut wie keine Macht hatten.

Es gehört zu den traurigsten Kapiteln der modernen Gesellschaft, dass sie uns dazu gebracht hat, Männlichkeit als etwas Gefährliches und Gewalttätiges zu betrachten, etwas, das eng mit Herrschaft, Kontrolle und Brutalität zusammenhängt, mit Hunger nach Macht, Geld und habgierigem, missbräuchlichem Sex. Zum Projekt des Feminismus gehört es, Männer ebenso wie Frauen von repressiven Stereotypen zu befreien. Nur manche junge Männer natürlich. Für die Krisen der Männlichkeit, die sich auf Privatyachten oder in den Schlafsälen von Eliteinternaten abspielen mögen, werden weder Tränen vergossen noch Wasserwerfer in Stellung gebracht.

Das zweite große Geheimnis um das goldene Zeitalter der Männlichkeit ist natürlich, dass es nie wirklich existierte. Es gab schon immer Männer, die zu arm, zu queer, zu sensibel, zu behindert, zu einfühlsam oder einfach zu klug waren, um sich mit der Spielart der gewalttätigen Heterosexualität zu arrangieren, mit deren Hilfe ihre jeweilige Gesellschaft ihre Kriege ausfocht, ihre Fabriken mit Arbeitern füllte und ihre Frauen in Schach hielt. Jetzt allerdings scheint sich etwas zu ändern: Der Mythos geht einfach nicht mehr für genügend Leute auf.

Dass junge Frauen in dieser Wirtschaftskrise ein wenig besser zurechtkommen als junge Männer, liegt vor allem daran, dass sie leichter auszubeuten sind und sich eher von Arbeitgebern ausnutzen lassen, weil brave Mädchen das eben tun. Männer sind für solche Jobs mit einem zu großen Ego belastet. »Eine der Wohltaten, die den Bedrückern durch die Bedrückung mit Sicherheit geboten wird, besteht darin, dass auch noch der bescheidenste unter ihnen sich *überlegen* fühlen kann ...«[38] So konnte der arme Mann, der seine Arbeit verabscheute, früher zumindest davon ausgehen, dass er sich seiner Frau und seinen Kindern überlegen fühlen konnte, dass er Herr im Hause war, auch wenn er außerhalb seines Hauses wie ein Sklave behandelt wurde. Dieses Privileg wird keinem Mann mehr garantiert, der den Kopf einzieht, auch wenn es für viele bis heute eine Art Bonus ist.

Männer wachsen praktisch zwangsläufig mit der Erwartung auf, Macht über Frauen zu haben – auch wenn diese Macht angeblich gütig, liebevoll, stark ist, die Macht zu beschützen und zu bestimmen. In so gut wie jeder Geschichte, die Jungs zu lesen bekommen, sind sie als Helden besetzt, Frauen und Mädchen dagegen als Nebenfiguren, Mütter, Ehefrauen, Freundinnen. Unsere Kultur kann es einfach nicht lassen, Männern dafür, dass sie die Prüfungen des Lebens meistern, die schöne Vertraute, die entzückende

Prinzessin, die schweigend lächelnde Gefährtin als Belohnung zu versprechen. Zwar besetzen sich Frauen noch allzu oft selbst in dieser Nebenrolle, doch zumindest werden sie heute nicht mehr per Gesetz und durch eine rückständige Medizintechnik dazu gezwungen.

Da die Macht einzelner Männer über einzelne Frauen heute umkämpfter ist denn je, ist sie unversöhnlicher und stärker fetischisiert, besonders in der Pornografie, wo das Verletzen und Erniedrigen von Frauen zur Schablone für den Geschlechtsverkehr geworden ist. Was Männer wollen, ist angeblich elementar, brutal und unkompliziert. Bier, Blowjobs und Büffelfleisch, möglichst aus dem galoppierenden Tier gerissen und in Testosteron frittiert.

Es ist extrem schwierig, genau zu definieren, was Männer wirklich wollen, und das hat vor allem drei Gründe: Erstens gibt es dreieinhalb Milliarden Männer und Jungs auf diesem Planeten, und das Internet hat schlüssig bewiesen, dass sich einige von ihnen von wahrhaft bizarren Dingen in Erregung und Rage versetzen lassen. Zweitens dürfen Männer ihrem Verlangen zwar in einem Maße Ausdruck verleihen, wie es viele Frauen und Mädchen nicht dürfen, doch hat dieses Verlangen eine sehr spezifische Richtung zu nehmen, und jede Abweichung wird bestraft, häufig mit Gewalt. Die Leidenschaft junger Männer unterliegt einer doppelten Überwachung, die einerseits von der Furcht vor allzu animalischer Männlichkeit, andererseits von Homophobie getrieben wird. In weiten Teilen des globalen Nordens sind wir, zumindest vorläufig, so weit, dass offene Gewalt gegen Schwule und Lesben als rückständig gilt; Homosexuelle haben sich das Recht erkämpft zu heiraten, zusammen zu leben und in Kriegsgebieten zu sterben wie Heterosexuelle auch. Das ist lobenswert, doch Homophobie ist weit mehr als die Bestrafung von Menschen, die mit Menschen ihres Geschlechts ins Bett gehen. Vor allem bei jungen Männern werden über eine brutale Homophobie sämtliche Bereiche ihres geschlechtsspezifischen Verhaltens gesteuert.

Drittens verschwimmen genau wie bei Frauen die Grenzen zwischen dem, was ein Mann wollen sollte, dem, von dem er denkt, dass er es wollen sollte, und dem, was er wirklich will. Manch ein Mann braucht Jahre, bis er sich eingesteht, dass er Bier einfach nicht mag. Manch einer fühlt sich zu molligen Frauen hingezogen oder solchen, die keinem stereotypen Schönheitsideal entsprechen, oder zu lauten, schwierigen, maskulinen Frauen oder zu anderen Männern, versagt es sich aber, seinen Gefühlen nachzugeben, aus Angst davor, was seine Freunde sagen würden. Verlangen ist ein soziales Konstrukt: Was Herz, Lenden oder Magen wollen, wird abgewogen gegen das grundlegende Bedürfnis, sich einzufügen und nicht aufzufallen.

Welches Recht haben Frauen eigentlich, über Männer, ihre Gefühle und ihr Begehren zu reden? Wir haben jedes Recht dazu, zumal Männer seit vielen Jahren über Frauen reden, über Frauen schreiben, Gesetze für Frauen machen und ergründen, was wir fühlen und begehren, meist ohne dass wir mitreden dürfen. Wir haben jedes Recht der Welt, und solange die Männer nicht ehrlich über ihre Erfahrungen mit Gender und Sex reden, haben wir vielleicht sogar die Pflicht. Denn Gender und Begehren sind die einzigen Themen, bei denen Frauen so etwas wie Kompetenz zugesprochen wird. Schon in jungen Jahren wurde ich in unzählige Gremien eingeladen, um darüber zu reden, was »Frauen« denken, als sei ich mit so etwas wie einer magischen »Schwarmvagina« verbunden und wüsste daher, was in jeder Frau zu jedem beliebigen Zeitpunkt vorgeht.

Es gibt vieles, was die meisten Männer nicht wollen dürfen: Dass sich jemand um sie kümmert. Dass jemand mit ihnen kuschelt. Dass sie eine kreative Arbeit verrichten, die

kein Geld einbringt. Dass sie in engen Hosen und schenkel-
hohen Stiefeln tanzen gehen. Dass sie in der Öffentlichkeit weinen. Dass sie Vollzeitvater sind. Dass sie im stillen
Kämmerlein weinen. Dass sie gefickt werden. Dass sie mit
Make-up herumprobieren. Dass sie Verletzlichkeiten eingestehen. Dass es ihnen etwas ausmacht, was andere denken.
Dass sie einen Pflegeberuf ergreifen. Dass sie ihre Fin-
gernägel und ihr Schlafzimmer neonorange lackieren. Dass
sie ohne jede Ironie Taylor Swift hören. Dass sie mit ganzer
Seele tanzen. Dass sie weibliche Freunde haben. Dass sie
Frauen als gleichwertigen Partnern begegnen. Dass sie wissen, dass das Mannsein ebenso wenig eine konstitutive Ei-
genschaft ihres Selbstseins sein muss wie das Frausein für
eine Person, die zufällig als Frau zur Welt gekommen ist.

Und hier ist noch etwas, das die meisten Männer nicht
wollen dürfen: einen durchgreifenden und nachhaltigen
sozialen Wandel.

Es wird nicht besser

Mai 2012. Drei Uhr morgens in einem Bus auf der Fahrt
durch Pennsylvania, Halt an einer grottigen Tankstelle am
Ende der Welt. Der Bus ist voller junger Männer unter
zwanzig, die sich unter ihre Jacke kuscheln oder sich in
Decken gewickelt haben. Alle sind Aktivisten der Occupy-
Bewegung und auf dem Weg nach Chicago zu den NATO-
Demonstrationen. Viele von ihnen sind zudem obdachlos, ar-
beitslos und mehrfach geschädigt und haben die Gelegenheit einer Gratis-Busfahrt beim Schopf gepackt, weil sie nir-
gendwo schlafen können. Das sind die jungen Leute, auf die
Linke in aller Welt setzen, von denen sie sich erhoffen, dass
sie eine neue Politik auf den Gehweg kritzeln, und es sind
genau die jungen Leute, für die die simple Geschichte von

der Flucht aus der Not, der Mythos, man müsse nur hart genug arbeiten, aufs College gehen und sich durch schwere Zeiten durchbeißen, um sich aus seinem gesellschaftlichen Umfeld zu befreien, nicht aufgegangen ist und nie aufgehen wird. Es geht ihnen nicht gut.

Fünfundvierzig verlorene Jungs auf der Reise von einer Unsicherheit zur nächsten, auf der Suche nach einem Claim in der Welt, den sie sich abstecken können, und sei er noch so klein.

Wenn Mannsein bedeutet, Macht zu haben, und wenn Macht bedeutet, Einfluss auf die Gesellschaft zu nehmen, so geht es in Phasen schneller sozialer Umbrüche immer auch darum, dass Jungs die Chance bekommen, sich kräftig aufzuplustern – und das ist nicht unbedingt etwas Schlechtes. In den Studentenbewegungen und Besetzungsaktionen, die meine politischen Ansichten mitprägten, begegnete ich Jungs, die hungrig und begierig darauf waren, sich zu finden, sich als Männer zu bewähren.

In diesem Umfeld mussten die Jungs aber auch mit dem beunruhigenden, ja traumatisierenden Umstand zurechtkommen, dass in diesen kostbaren Transformationszonen nicht nur Menschen ihre Macht als Bürger verwirklichten, die aussahen wie sie. Sie begegneten dort auch Frauen, People of Colour, Queers, und sie alle hatten denselben Hunger nach sozialer Gerechtigkeit.

Wichtig an dieser Art Trauma ist nicht nur, dass man es überleben kann. Wir haben es ja alle überlebt, obwohl ich nicht behaupten kann, dass es danach immer besser wurde. Wichtig an dieser Art Trauma ist vielmehr, dass es der Stoff ist, aus dem der Wandel besteht.

Das junge Amerika, aus dem die Occupy-Bewegung hervorging, ist dasselbe junge Amerika, das sich seit Jahren fest im Griff einer Selbstmord- und Selbstverletzungsepidemie befindet. Die Selbstmordrate bei den Fünfzehn- bis Vierundzwanzigjährigen hat sich in den USA im Lauf der letzten dreißig Jahre verdreifacht. Nach einem vorübergehenden Rückgang ist sie seit dem Beginn der Wirtschaftskrise 2008, als die Zahl der arbeitslosen Jugendlichen auf 2,7 Millionen schnellte, wieder gestiegen. Als Émile Durkheim im Jahr 1897 *Der Selbstmord* schrieb, erklärte er, bei älteren Menschen sei die Wahrscheinlichkeit größer, dass sie sich das Leben nehmen.[39] Dafür gab es laut Durkheim einen einfachen Grund: Die Jungen hätten in ihrem Leben noch mehr vor sich, das sie verlieren würden, und könnten eher hoffen, dass sich an ihren Lebensumständen noch etwas drastisch verändert.[40] In den vergangenen sechs Jahren jedoch ist die Korrelation zwischen Alter und Selbstmord komplexer geworden.

Was braucht es, um einen jungen Menschen in die Verzweiflung zu treiben?

Am 9. September 2010 ging Billy Lucas in Greenberg, Indiana, in die Scheune seiner Großmutter und erhängte sich. Er war fünfzehn Jahre alt und einer der wenigen nichtweißen Schüler an der Highschool der Kleinstadt. Über ein Jahr lang hatte er homophobe Schikane über sich ergehen lassen müssen, ehe er sich das Leben nahm. An Billys Tragödie ist nichts Ungewöhnliches: Letztes Jahr brachten sich in den USA Tausende von Teenagern um, und wie in den Jahren davor waren homosexuelle, bisexuelle und transsexuelle junge Leute besonders gefährdet; die Selbstmordrate ist bei ihnen viermal so hoch wie bei heterosexuellen Jugendlichen. In jenem Herbst 2010 nahmen sich in den USA mindestens zehn junge Leute das Leben, die schwul oder lesbisch waren oder die wie Billy gnadenlos dafür gemobbt worden waren, dass sie nicht den erwarteten Stereotypen in Hinblick auf Sexualität und Genderperformanz entsprachen. Ungewöhnlich war, was dann geschah.

Der bekannte Ratgeberkolumnist Dan Savage drehte mit

seinem Ehemann ein Video, in dem er homosexuellen Teenagern Mut machte und ihnen versprach, es werde besser werden: »It Gets Better«. Diese Worte wurden weltweit zu einem Anti-Suizid-Slogan.[41] »Ich wünschte, ich hätte fünf Minuten mit dem Jungen reden und ihm das sagen können«, so Savage gegenüber dem Radiosender NPR, nachdem der Videoclip rund um die Welt gegangen war und Tausende andere veranlasst hatte, ihre Geschichte der Hoffnung zu erzählen. »Aber man würde mich ja nie mit diesen Kids reden lassen, mich nie zu einem Vortrag in einer Highschool oder Middle School einladen. Und da kam mir der Gedanke, dass ich auf eine Erlaubnis wartete, die ich gar nicht mehr brauchte. … Wir konnten berichten, dass wir das Mobbing und dieses Leben überlebt hatten, und den Jugendlichen so Hoffnung machen.«[42]

Promis und Politiker aus der gesamten englischsprachigen Welt sprangen auf den »It Gets Better«-Zug auf: Was als gut positionierte Kampagne begonnen hatte, wurde schnell zu einer Masche, sich als fortschrittliche Person des öffentlichen Lebens in Szene zu setzen. Der Beitrag Präsident Obamas ist besonders gut gemacht, und er ging deshalb so gut auf, weil die Marke Obama schon lange eng mit dem Prinzip »Hoffnung« verbunden ist, ohne allzu tief ins Detail zu gehen, wie der Weg von hier zur Hoffnung wohl aussehen könnte.

Von Anfang an war die Hoffnung, die mit »It Gets Better« offeriert wurde, sehr spezifisch und altbekannt: Verlasst Indiana. Geht weg. Verlasst Alabama. Verlasst Antrim und Teesside. Verlasst die engstirnigen Provinzstädte und geht aufs College, zieht in eine große Stadt und sucht, so gut es geht, wenn es geht, Anschluss an die kreative gehobene Mittelschicht. Die Kampagne »It Gets Better« ist neoliberale Mythenbildung in Reinkultur, denn sie ist nicht nur ein Plädoyer für emotionale Resilienz, sondern auch ein

Manifest für ökonomisches Wohlverhalten, verbunden mit dem Versprechen, dass, wer wirklich hart arbeitet und nicht locker lässt, ein besseres Leben führt als seine Eltern. Von diesem Versprechen glaubt aber eine Mehrheit der Amerikaner nicht mehr, dass es in der nächsten Generation noch eingelöst werden kann. Dieses Versprechen ignoriert Unterschiede in der sozialen Herkunft, der Hautfarbe und dem Geschlecht, und das in Zeiten, in denen solche Unterschiede aufgrund der rigorosen Haushaltskürzungen stärker zum Tragen kommen.

Savages Botschaft mag ein Märchen gewesen sein, aber auch Märchen können Gutes bewirken, zumal wenn man verzweifelt nach Worten sucht, um ein anonymes Kind irgendwo in der Welt davon abzuhalten, sich etwas anzutun. Wenn man mit einem Menschen spricht, der Suizidgedanken hat, würde man alles sagen, buchstäblich alles, um ihm einen halbwegs plausiblen Grund dafür zu liefern, dass er seinem Leben noch eine Chance gibt – man würde diesem Menschen Einhörner, ein Märchenland am Ende des Regenbogens, einen sicheren Job nach dem College und andere Fantasien der Glückseligkeit versprechen. Krisengerede dagegen liefert keine langfristige Lösung für die herrschende Ungleichheit, und Krisengerede ist alles, was die Obama-Generation seit mindestens fünf Jahren zu hören bekommt.

Wie es bei mitreißenden Slogans oft so ist, fehlt der »It Gets Better«-Kampagne das wütende Fäuste-in-die-Luft-Stoßen. Es bleibt der traurige Umstand, dass es für LGBT-Jugendliche viel schneller viel besser wird, wenn sie weiß, bürgerlich und wohlhabend sind; das ist wie bei den anderen leeren Versprechen der Neoliberalen, die Millionen einsamer verletzter Jugendlicher vor die Füße geknallt wurden. Für viele junge Leute – für Jugendliche wie Billy Lucas – ist das Leben in Wahrheit viel komplizierter.

Manchmal reicht ein »It Gets Better« nicht aus. Manchmal muss man jetzt in diesem Moment etwas verbessern.

Gegen Ende der Occupy-Aktionen in New York stand ich am frühen Abend in einer Nebenstraße in Lower Manhattan und sah den Jungs aus dem Bus zu, wie sie ihre Kartonunterlagen und ihre Schlafsäcke ausbreiteten. Sie waren die letzten Überbleibsel des Camps im Zucotti Park, verlorene Jungs aus ganz Amerika, die im Winter zuvor nach New York gekommen waren und nicht wussten, wo sie hin sollten. Sie waren nicht nach Hause zurückgekehrt, weil sie es nicht konnten. Auf dem Gehweg gegenüber der Wall Street schliefen sie im Freien, solange das Wetter hielt, malten mit Kreide Sprüche über die Gier der Unternehmen aufs Pflaster und weigerten sich strikt zu gehen. Viele von ihnen waren von zu Hause ausgerissen. Viele waren queer oder transsexuell: die neunzehn Jahre alte Rina, das Pärchen Envy und Franklin, das sich neun Monate zuvor im Camp in Washington kennengelernt hatte, Little Sean aus Philadelphia, der so tief in seinem dreckstarrenden Schlafsack steckte, dass nur die Rastalocken herausschauten; er hatte vor meinen Augen einen Dollar, den er wirklich gebraucht hätte, verbrannt, nur um mir zu beweisen, wie sehr er Geld hasste, und dann hatte er mir erzählt, dass seine Eltern ihn rausgeschmissen hatten. Auf der anderen Straßenseite hielten bewaffnete Polizisten im Schichtdienst Wache und sahen den Demonstranten beim Schlafen zu. Hin und wieder, wenn sie zu laut randalierten, stürmten die Polizisten mit erhobener Waffe über die Straße, verhafteten ein paar von ihnen und legten ihnen Handschellen an. Diese Kids warteten darauf, dass es besser wurde. Wurde es aber nicht.

Manchmal bekommen junge Leute es satt, darauf zu warten, dass es besser wird, und dann beginnen sie sich zu wehren. In den zwei Jahren, in denen ich über die neuen Studentenproteste und die Aktionen der Occupy-Bewegung in Großbritannien, Europa und den Vereinigten Staaten berichtete, fiel mir vor allem auf, dass in diesen Bewegungen genau die verlorenen, verletzlichen jungen Leute aktiv sind, für die das Versprechen einer besseren Zukunft mit der Wirtschaftskrise weggebröckelt ist. In den provisorischen Zeltdörfern, die in New York, London, Washington und Chicago aus dem Boden schossen, habe ich eine Unmenge obdachloser Ausreißer um die zwanzig getroffen. In den Interviews, die ich für meine Artikel zur wirtschaftlichen Zielsetzung der Proteste führte, fielen mir nach und nach Regelmäßigkeiten auf, die viele Mainstream-Journalisten meines Erachtens absichtlich übersahen, vielleicht, weil sie nicht in die Story von den verdreckten Hippies oder den leidenschaftlich antikapitalistischen Revolutionären passten: die Narben auf Armen und Schultern, Hinterlassenschaften von Messerstichen und Zigarettenverbrennungen auf zarter Haut, einige selbst beigebracht, einige aber auch nicht. Der Schmutz unter den Fingernägeln. Das begeisterte Leuchten in den Augen, Zugehörigkeit, Liebe und Anerkennung zu finden nach Jahren der Enttäuschung und Zurückweisung.

In der Occupy-Bewegung mit ihren Märschen, ihren verrückten Kostümen und ihren lauten Solidaritätsbekundungen ging es oft zu wie auf einer großen Coming-out-Party. Rund um den Erdball war das Geschichtenerzählen ein wichtiger Bestandteil der Proteste des Jahres 2011. Gegen die eine Geschichte, die in den vergangenen dreißig Jahren das Erbe des Westens beherrschte und nach der ein Individuum unablässig dem Wohlstand entgegenstrebt, erzählten die Menschen ihre Geschichten, harte, raue Geschichten von Schulden, Schmerz und Scheitern.

Über eigene Traumata zu reden ist in jeder Hinsicht eine verquere Angelegenheit, gerade für Männer, denen so etwas ja verboten ist, wenn sie nicht gerade in einem Kriegsfilm mitspielen. Es doch zu tun, gibt uns die Möglichkeit, die

Vergangenheit neu zu denken. Inmitten der lautstarken Demonstration am 17. November 2011, zwei Tage nach der Räumung des ersten Occupy-Camps im Zucotti Park, beobachtete ich im Finanzviertel an der Ecke Nassau und Pine etwas Außergewöhnliches. Etwa zweihundert Personen hatten sich an der Kreuzung versammelt und wurden von der Polizei zurückgedrängt. Doch dann trat eine nach der anderen vor und improvisierte eine Rede darüber, wie der Amerikanische Traum sie im Stich gelassen hatte. Eine war Lehrerin und konnte kaum ihre Miete bezahlen; eine andere schlug sich als Behinderte und Mutter ohne Krankenversicherung durchs Leben; einem Fabrikarbeiter war das Haus zwangsversteigert worden; ein Student würde lebenslang den Schuldenberg für seine Ausbildung abzahlen müssen.

Ich kam erst dazu, nachdem die Aktion begonnen hatte, und weiß daher nicht, ob sie geplant war, aber die Umstehenden stupsten einander an, traten eine nach der anderen in den Kreis, der sich gebildet hatte, und trugen ihre traurige Geschichte zur globalen Wirtschaftskrise vor. Wenn ich behaupten würde, dass die Geschichten tragisch waren, so würde das bedeuten, sie waren außergewöhnlich. Dabei war es das gewöhnliche Leid und der alltägliche Zorn, die Gefühle, deren sich insbesondere Amerikaner in der Öffentlichkeit schämen sollen. Während diese Leute ihre Geschichten erzählten – in aller Eile, weil das NYPD mit Handfesseln und Gummiknüppeln schon auf dem Weg war –, war ein Hochgefühl zu spüren, Erleichterung darüber, endlich offen die Wahrheit über das eigene Leben aussprechen zu können. Sozialer Wandel geschieht, wenn die alten Geschichten, die wir uns erzählen, um zu überleben, nicht mehr greifen, und wir neue erschaffen.

Die Wut von Mannskindern, die um die versprochene Zukunft betrogen werden, kann produktiv sein. Verlorene Jungs taten sich bei Occupy Wall Street zusammen oder führten die Studentenproteste der nuller Jahre an, mit altklugen Sprüchen und glühendem Zorn.

Fasziniert beobachtete ich, wie aus den traurigen Jungs, die ich so lange aus dem Haus und aufs Amt hatte schleppen wollen, um Bewerbungen für Jobs auszufüllen, die nicht da waren, Erwachsene wurden. Sie richteten sich auf. Ich sah sie auf den Stufen der besetzten Plätze Reden halten, und dann sah ich, wie sie zur Seite traten, damit auch Frauen und People of Colour sprechen konnten; dieses Opfer an Raum und Privilegien hatte plötzlich die Plätze erreicht. Damals, nachdem die ersten Protest-Camps errichtet worden waren und ehe die Polizisten sie stürmten, Demonstranten schlugen und verhafteten, Zelte und Bücher zum Einstampfen in Müllautos stopften, war Raum für alle da.

Zumindest hatte es den Anschein. Doch dann brach die Musik ab. Als die Polizei mit Waffen und Gas kam, um die Camps zu räumen, hatten sich dort Hass und Misstrauen schon eingenistet. Es war so: Sogar in diesen provisorischen autonomen Zonen, in diesen magischen Räumen, die sich vorübergehend rund um den Erdball auftaten und von Freigeistern, Faulenzern, Revolutionären und verlorenen Kids besetzt wurden, sogar dort gab es Vergewaltigungen.

Drei Jahre nach der großen Welle des Volkszorns, die sich 2011 über den Erdball ergossen hatte, barst die junge Gegenkultur in immer kleinere Stücke, weil sie es nicht schaffte, mit männlichen Privilegien und sexueller Gewalt zurechtzukommen. Gruppen spalteten sich. Zornig wurden Linien in den Boden geritzt, den sich die Jungen und Hungrigen erst kurz zuvor erobert hatten. Es war herzzerreißend.

Im Jahr 2010 wurde Julian Assange, der mächtigste Aktivist der Welt, wegen Vergewaltigungsvorwürfen verhaftet, zu denen er jeden Kommentar verweigerte. Marginalisierte Mannskinder in aller Welt hängten sich Poster mit seinem

Konterfei an die Wand und erklärten den Kameras der Aasfresser, die gekommen waren, um sich an dem noch zuckenden Kadaver der gerade erst wiedererstarkten Linken zu weiden, dass staatliche Überwachung unmoralisch ist und Whistleblower beschützt werden müssen – und dass Frauen lügen.

In den Occupy-Camps wurden Frauen in ihrem Zelt vergewaltigt und bei Sitzblockaden sexuell belästigt. In Baltimore, in Dallas, in Cleveland, in Glasgow.[43] Bei Occupy London hatte ein bekannter Aktivist, der wegen der Vergewaltigung zweier Genossinnen vor Gericht gestellt und verurteilt wurde, eine Liste seiner sexuellen Eroberungen an die Außenwand seines Zelts gehängt. Diese Liste, so sein Verteidiger, sei ein »Witz mit anderen Männern« im Camp gewesen.[44]

Gleichzeitig veröffentlichte die Online-Dissidenten-Gruppe Anonymous eine völlig ernst gemeinte »Überlebensanleitung für Bürger in einer Revolution«, die »fürchten, in einen gewaltsamen Aufstand zu geraten«.[45] Ein ganzer Abschnitt war einem Zehn-Punkte-Plan für das Abwenden einer Vergewaltigung gewidmet, darunter die folgenden Ratschläge: »Bemühe dich, nicht begehrenswert und attraktiv zu wirken«, »Geh nie allein hinaus« und »Trage keinen Rock«. Die Leute, die diese Ratschläge verfassten, meinten es gut, ebenso wie die meisten Männer, die Frauen raten, im eigenen Interesse ständig in Angst zu leben. Die Autoren versichern uns, dass diese hypothetischen Umstände nicht normal seien: »Was in einer stabilen Gesellschaft okay sein mag« – oberschenkelfreie Kleidung zum Beispiel –, »kann dich in Zeiten, in denen es keinen gesicherten Gesetzesvollzug gibt, in große Schwierigkeiten bringen.«

Was ist eine stabile Gesellschaft? Ich habe noch nie von einer gehört, nie in einer gelebt, nicht hier und nicht anderswo. Wenn der Frauenkörper außerhalb einer »stabilen

Gesellschaft« Freiwild ist, dann sind wir immer Freiwild. Zeigt mir eine stabile Gesellschaft, die kein elender Polizeistaat ist; zeigt mir einen Gesetzesvollzug, dem der Schutz von Frauen vor Vergewaltigung und Übergriffen nicht scheißegal wäre, sofern sie nicht reich und weiß sind.

Sozialismus ohne Feminismus ist kein Sozialismus, den es sich zu haben lohnt, und Männer und Jungs lernen langsam und qualvoll, dass sie sich nicht allein befreien können. Allzu viele soziale Bewegungen betrachten Frauen, Queers und People of Colour als Kollateralschaden und raten uns, unser Leid hinunterzuschlucken, bis die Revolution vorbei ist – aber irgendwie ist es nie so weit. Diesmal ist es anders. Wir weigern uns, länger zu warten, und die Jungs nehmen wir auch mit.

Einstempeln, auschecken

Das kostbare Herzstück moderner Männerprivilegien ist Zeit. Es ist die Zeit, in der man entscheidet, wo das Leben hingehen soll, ehe einem erklärt wird, dass es schon wieder vorbei ist. Es ist die Zeit, in der man Geld verdienen, Karriere machen, die Welt bereisen oder auch nur gut Trompete spielen lernen kann, ehe man daran denken muss, eine Partnerin zu finden und eine Familie zu gründen. Es ist die Zeit, in der man jung ist, Scheiße baut, Schiffbruch erleidet und wieder von vorne anfängt. Es ist die Zeit, in der man sich Anerkennung erarbeitet, statt zu altern. Es ist Zeit.

Mit zwanzig wird von Frauen und Mädchen erwartet, dass sie ihren Kram mehr oder weniger beisammen haben. Wir sollen uns die Menschen ausgesucht haben, um die unsere Arbeit kreisen wird, und wir sollen einen Plan gemacht und mit seiner Umsetzung begonnen haben. Wird in der dritten Person über uns geredet, so wird das Wort »jung«

dem Wort »Frau« nicht mehr vorangestellt. Frauen, die wir in der Öffentlichkeit sehen, Frauen, die berühmt sind und als Rollenvorbilder hochgehalten werden, sind in der überwältigenden Mehrheit sehr jung, manchmal gerade erst der Schule entwachsen. Das ist bei Menschen, die als Männer leben, nicht der Fall. Miley Cyrus wird dafür gescholten, dass sie ein schlechtes Rollenvorbild ist, doch Justin Bieber kann so viele Hotelzimmer zertrümmern, wie er will. Er ist jung. Er lernt es schon noch.

Ich bin jetzt siebenundzwanzig Jahre alt und wohl kaum richtig erwachsen. Ich mag Ramen-Nudeln und Gin und führe gern nachtfüllende erhitzte Diskussionen im Internet, und manchmal drehe ich die Unterwäsche vom Vortag um, weil ich nicht gewaschen habe. Ich habe einen Job, mit dem ich Steuern zahle, und einen Blazer, den ich auf Konferenzen trage, und um Verhütung und Gesundheitsvorsorge kümmere ich mich wie eine Erwachsene, aber das beweist nicht, dass ich dauerhaft in der Lage bin, Verantwortung für mich oder andere Menschen zu übernehmen. Und doch höre ich von meiner Familie schon die ersten besorgten Kommentare, dass ich doch ganz schön lange brauche, um ein richtiges Zuhause zu gründen und meine Eierstöcke warmlaufen zu lassen, obwohl ich offensichtlich völlig unfähig bin, mich um ein Baby, einen Freund oder beides zu kümmern. Wenn ich mir die Haare knallrosa färbe, sieht das Badezimmer hinterher aus, als hätte ich eine Comicfigur ermordet, aber klar, es ist höchste Zeit für die Babyplanung.

Weibliche Bekannte, die als Autorinnen, Künstlerinnen oder Politikerinnen tätig sind, tuscheln schon mit gesenkter und besorgter Stimme, die nächsten zehn Jahre seien eine Zeit der schweren erwachsenen Entscheidungen; von meinen männlichen Freunden höre ich so etwas nicht. Keine von uns hat den tollen Job, mit dem wir »alles haben« könnten – den Ehemann, das Einfamilienhaus, das Baby und das

Businesskostüm –, und trotzdem wird das Ticken der Uhr schon lauter. Die biologische Uhr ist ein gesellschaftliches Konstrukt. Sie pflanzt den Frauen und Mädchen wieder ein gewisses Maß an Konformität ein. Freiheiten, die wir haben, so sagt uns die Uhr, sind zeitlich beschränkt; wir können den ganzen Abend tanzen, aber Mitternacht rückt näher, und wir müssen uns von der Kutsche an einem sicheren Ort absetzen lassen, ehe sie sich wieder in einen Kürbis verwandelt.

Ob wir einmal Kinder haben wollen oder nicht: Das berufliche Potenzial und der gesellschaftliche Nutzen von Frauen wird unterschwellig immer noch mit dem zeitlichen Zollstock ihrer Fruchtbarkeit gemessen. Von uns wird erwartet, dass wir uns mit Anfang bis Mitte dreißig still und leise von der Rolltreppe des Geldes und der Macht trollen, und wenn wir uns weigern, sind wir Superwoman oder ein kaltes habgieriges Miststück oder beides. Dieselbe kulturelle Logik, nach der Frauen als Teenager und mit Anfang zwanzig, wenn sie kaum wissen, wie man sich etwas zu trinken bestellt, am begehrenswertesten und am aufregendsten sind, gesteht Männern und Jungs zu, dass sie sich nicht beeilen müssen: Sie haben etwas zu verkaufen, das sich nicht auf Jugend und körperliche Reize stützt. Wenn sie breiter, hässlicher und glücklicher werden, sind sie nur umso mächtiger. Wir Frauen fürchten, unsichtbar zu werden. Wir wissen, dass für uns wie für Cinderella die Zeit abläuft. Männern wird erklärt, dass sie alle Zeit der Welt haben.

Diese zehn zusätzlichen Jahre machen den entscheidenden Unterschied. Es sind die zehn Jahre, in denen wir Scheiße bauen, jung sind, Niederlagen einstecken, uns wieder aufrappeln, und, wenn wir Glück haben, etwas aufbauen auf den Überresten aus Lust und Träumen, die sich ansammeln, sich auf der Schattenseite der Zeit festsaugen wie Napfschnecken. Männer müssen sich nicht, wenn sie gerade erst auf den Geschmack gekommen sind, anhören, dass ihre besten Jahre vorüber sind.

Wenn ich an die verlorenen jungen Männer denke, die ich kennen und lieben gelernt habe, die, die es geschafft haben, und die, die es nicht geschafft haben, dann verwandelt sich das Herz in meinem Brustkorb vor Wut und Trauer in eine Faust. Wenn ich an die vielen blitzgescheiten, leidenschaftlichen, verängstigten jungen Männer denke, die meisten arm, viele queer und People of Colour, die nicht die Chance hatten, aus dem großen Geschenk dieser Jahre etwas zu machen, würde ich sie vor Frust am liebsten schütteln. Die Tragödie der Männerprivilegien liegt darin, dass sie heute kein Garant mehr für Glück und Gesundheit sind, wenn sie es denn je waren.

Eine Geschichte der Gewalt

Wie sollen wir Männern vergeben, die uns wehgetan haben? Ist das überhaupt möglich? Es ist das Jahr 2009. Ich sitze in der Filiale einer Kaffeehauskette, einem neutralen, ja belanglosen Raum, die Wände gepflastert mit abgeschmacktem Dekor. Ich warte auf einen Mann. Ich warte auf einen bestimmten Mann. Manchmal fragen mich Leute, warum ich so gern ins Café gehe; die haben wohl noch nicht erlebt, dass ihnen in der Bar jemand auf den Hintern geklatscht hat. Heute liegt mir besonders viel daran, dass so etwas nicht passiert, weil ich ein heikles Gleichgewicht halten muss zwischen liebevollem Mitgefühl und dem Impuls, dem nächsten ahnungslosen Mann, der mir über den Weg läuft, eine zu kleben und ihm wirres Zeug ins Gesicht zu schreien, bis er, verdammt noch mal, einen Funken Menschlichkeit entwickelt. Ich hole mir eine Tasse ekelhaften Kaffeehausketten-Tee, platziere mich in einer Ecke und warte.

Der Mann, auf den ich warte, kommt zu spät. Als er da ist, entschuldigt er sich, wenn auch nicht ausreichend. Wir plaudern darüber, wie es ihm geht, wie es meinem Freund geht, dass seiner Frau ihr neuer Job gefällt. Vor Jahren hat mich dieser Mann nach einer Party vergewaltigt, als ich bewusstlos auf seinem Bett lag. Ich bin hier, um zu hören, was er zu seiner Verteidigung zu sagen hat, denn ich bin mir ziemlich sicher, dass er mittlerweile glaubt, dass es gar keine Vergewaltigung war, weil er ein guter Kerl ist, und gute Kerle machen keinen Scheiß mit halbwüchsigen Mädchen. Sie ficken sie nicht ohne Kondom bis zur Bewusstlosigkeit und infizieren sie mit etwas, das in diesem Fall zum Glück behandelbar war. Ob ich damals zur Polizei ging? Sonst noch was? Ich dachte, ich wäre eine blöde Schlampe, die es nicht anders verdient hat. Ich hatte Angst, man – sei es nun das Gesetz oder gemeinsame Freunde – würde mir nicht glauben, und diese Einschätzung erwies sich als völlig richtig.

Für das verletzte Mädchen, das ich früher war, ist es jetzt für eine Wiedergutmachung zu spät. Dieses Mädchen gibt es nicht mehr, stattdessen sitzt hier jemand anders, jemand Älteres, Hässlicheres und Wütenderes. Die Freunde, die ich, als ich dann doch darüber zu sprechen wagte, verlor, weil er ein charmanter, angesehener älterer Mann war und ich eine betrunkene Teenie-Schlampe, will ich sowieso nicht wiederhaben. Auch um seine unsterbliche Seele mache ich mir keine größeren Sorgen. Ich will nur, dass es nicht noch jemand anders passiert, und nun habe ich von einem ähnlichen Vorfall gehört, also bin ich hier und rühre in meinem Tee wie in einem Hexenkessel und wünschte, ich könnte zaubern.

Ich gebe schmallippig ein paar Höflichkeiten von mir und komme über einen weitschweifigen Umweg, der um ein »Wow, war das eine interessante Nacht« kreist, auf den Punkt. Es fällt mir erstaunlich schwer, ihm persönlich und ohne Umschweife zu sagen, dass er mich vergewaltigt hat.

Es fällt schwer, jemandem, der sich als einen anständigen Menschen betrachtet, in nüchternem Ton zu erklären, dass er mich verletzt hat, aber ich muss leise und ruhig sprechen, weil tief in meiner Kehle die Wut kocht und ich Angst davor habe, was passiert, wenn ich sie hochkommen lasse. Mehrere Minuten lang, die mir vorkommen wie Monate, kapiert er es nicht.

Und dann kapiert er es doch.

Ich habe noch nie das Gesicht eines Menschen so rot anlaufen, einen so seltsamen Ausdruck annehmen sehen wie bei diesem Mann, als ich ihm erkläre, dass das, was er getan hat, Vergewaltigung war und dass es völlig inakzeptabel war. Er stammelt, es tue ihm leid. Ich bedanke mich, bitte ihn, es nicht noch einmal zu tun, stehe auf, schiebe mich am Tisch vorbei und gehe. Im Moment spürt dieser Mensch Reue und Scham, und es gibt nicht genug Gefängnisse in der Welt für die Hunderttausenden, die genauso sind wie er, völlig normale Burschen, lange nicht so schlau, wie sie denken, die gar nicht in Erwägung ziehen, dass sie, aufgeklärte moderne Seelen, einem Menschen tatsächlich solches Leid zufügen können. Vergewaltigung, Missbrauch und Gewalt sind Dinge, die böse Männer tun, und sie sind keine bösen Männer.

Später an diesem Abend erhalte ich eine wütende E-Mail von seiner Frau. Ich habe etwas Schreckliches getan, etwas wirklich Unverzeihliches: Ich habe ihren Ehemann verärgert.

Und da kapiere *ich* es. Das Schlimmste, was wir in einer solchen Situation tun können, ist, die Männer zu drangsalieren. Damit sie ein Einsehen haben in die Ungeheuerlichkeit der männlichen Gewalt, das gigantische Anspruchsdenken, sogenanntes *male entitlement*, müsste sich die Perspektive so massiv verändern, dass es einfacher für uns ist, einfach den Mund zu halten, zu schweigen und alle auszugrenzen, die es anders halten. Wir wollen das nicht hören.

Für Männer kann es tatsächlich furchtbar bedrückend sein, mit Frauenfeindlichkeit konfrontiert zu werden, zumal mit ihrer eigenen. Zu ihrem Unglück stoßen sie, sobald sie sich mit den Geschlechtern auseinandersetzen, auf eine schreckliche, unerschütterliche Tatsache: das enorme Ausmaß, in dem Männer insgesamt Frauen schon verletzt haben. Deshalb fällt es Männern enorm schwer, über Männlichkeit zu reden, ohne sich damit auseinanderzusetzen, wie furchterregend und aggressiv Männlichkeit in ihrer modernen Form mittlerweile ist. Sie ist erschreckend. Es wird weh tun.

Weh tut auch Folgendes: 8 Prozent der Männer räumt Taten ein, die der juristischen Definition der Vergewaltigung oder versuchten Vergewaltigung entsprechen.[46] Mehr als jeder fünfte Mann gibt an, »sexuell schon so erregt gewesen zu sein, dass er nicht vom Geschlechtsverkehr ablassen konnte, obwohl die Frau nicht einverstanden war«.[47] Vergewaltigung und sexuelle Gewalt sind Alltag. Ritualisierte Frauenfeindlichkeit ist so normal, dass die Beziehung zwischen Männern und Frauen radikal neu definiert werden muss, und die traumatischen Anfänge dieser Neudefinition fordern Opfer auf beiden Seiten. Wenn in der Presse von Vergewaltigung die Rede ist, gilt die Sorge immer dem Ruf des Mannes, der im Wert über der Autonomie der Frau angesiedelt wird. Frauen ruinieren mit ihren Lügen das Leben anderer, so hören wir immer wieder – das Leben von Männern, und nur das zählt. Was aber durch die Weigerung der Frauen, weiter den Mund zu halten, wirklich ruiniert wird, ist die Illusion sexueller Gleichberechtigung. Wer so stark am Status quo hängt, dass er Frauen, die über Macht, Privilegien und Gewalt sprechen wollen, den Mund verbieten will, sollte sich fragen, was es eigentlich heißt, ein Mann zu sein.

Einem modernen Mythos zufolge denken Männer alle sechs Sekunden an Sex. Wenn man das bedenkt, sprechen sie extrem selten auch nur halbwegs ehrlich über Sexualität und ihre Bedeutung. Von Männern wird erwartet, dass sie brutal und auf Stichwort vögeln, grundlos gierig auf Geschlechtsverkehr sind und Frauen ein paar Krümelchen Zuneigung hinwerfen im Austausch gegen Sex, den sie im Falle einer Ablehnung erzwingen. Eine Sprache für Sanftheit, für langsames Herantasten, für Spiel gibt es nicht. Männern wie auch Frauen wird beigebracht, dass männliche Sexualität schädlich und gefährlich ist – und gleichzeitig absolut natürlich. Männer lernen, dass tief in ihnen ein Quell der Gewalt schlummert, der eng mit Sexualität verknüpft ist und nicht beherrscht, sondern nur eingedämmt werden kann.

Viele Männer empfinden diese in Granit gemeißelte Darstellung ihrer Sexualität als extrem verstörend. Schwule und Bisexuelle kennen es nicht anders, als dass ihre Sexualität vom Mainstream als etwas Schrilles, Groteskes dargestellt oder dargeboten wird, ein Gegenstück zum brutalen Phantombild der Heterosexualität, das unsere visuelle Kultur beherrscht. Doch auch Männern, die sich überwiegend zum anderen Geschlecht hingezogen fühlen, wird nur eine Art der Sexualität angeboten, nämlich die der mühsam gezügelten Bestie. Ich erhalte immer wieder E-Mails von Männern und Jungen, die unsicher sind, wie sie mit diesem Stereotyp umgehen sollen, die aber Angst haben, dass sie, wenn sie ihm nicht gerecht werden, zurückgewiesen werden, sei es von ihren Geschlechtsgenossen oder ihrer Partnerin.

Folgendes möchte ich diesen Männern gern sagen: Es ist völlig in Ordnung, wenn ihr Angst habt. Es ist in Ordnung, wenn ihr nicht wisst, was ihr zu sein habt, wie ihr euch zu verhalten habt. Ihr dürft hinterfragen, was es eigentlich bedeutet, ein Mann zu sein, oder auch nur andeuten, dass es Fragen dazu geben könnte, denn wenn ihr das tun würdet, wenn irgendjemand es tun würde, dann würden wir vielleicht Antworten bekommen. Wir könnten entdecken, dass die »Männlichkeit«, wie wir sie bisher sahen, in Wahrheit nur eine Fassade ist, dass »Männlichkeit« in Wahrheit fragil, verletzlich und verletzend ist, dass sie nichts weiter ist als Menschlichkeit.

Echte Männer stellen keine Fragen. Echte Männer schlagen so lange mit dem Hammer drauf, ballern so lange mit dem Laser, bis das Problem beseitigt ist. Aber was ist, wenn das Problem im eigenen Herzen sitzt? Was ist, wenn das Problem nur so ein Gefühl ist, tief im Innern, dass etwas absolut nicht stimmt? Hammer und Laser sind natürlich auch dann eine Option, aber eine andere wäre, die eigene Not ernst zu nehmen, sich damit auseinanderzusetzen statt sie mit Drogen und Medikamenten oder Hobby-Misogynie zu unterdrücken.

Es ist natürlich nicht Aufgabe der Frauen oder feministischer Aktivistinnen, die Probleme der Männer zu lösen. Auch wenn es so wäre, gibt es auf dieser Welt unzählige Frauen, die von Begegnungen mit Männern schwer traumatisiert wurden und die daher nichts mehr mit ihnen zu tun haben wollen, und das ist natürlich auch ihr Recht. Ich habe Verständnis für die kleine Strömung des Feminismus, derzufolge Frauen männlicher Gewalt nur begegnen können, indem sie Männer und Jungen anschreien, bis sie damit aufhören; früher habe ich mich in dieser Denkschule durchaus wiedergefunden. Das war einmal.

Eine neue Betrachtung von Sexualität, Gender und Macht kann Männern helfen, ihren geschlechtsspezifischen Schmerz zu verarbeiten. Die Erkenntnis, in welchem Ausmaß männliche Gewalt gegen Frauen stattfindet, ist für jeden Mann, der mit einem Gewissen gesegnet ist, ein schmerzhafter Schock. Deshalb können Männer erst über Männlichkeit reden, wenn sie ihre moderne, brutale Form aufgearbeitet haben.

Wer von Vorurteilen betroffen ist, leidet darunter, egal, ob an diesen Vorurteilen etwas dran ist oder nicht. Frauen merken, dass Männer sie schon von ihrer Erziehung her nicht als Individuen betrachten, sondern als Kategorie, als soziales Problem, das es zu lösen gilt. Wenn Männer merken, dass Frauen sie genauso sehen – als feindliches Terrain –, reagieren sie häufig verletzt und zornig.

Die soziale Heterosexualität ist nach wie vor ein Prozess der wechselseitigen Entmenschlichung. So ist auch die nicht abreißende Debatte darüber zu erklären, ob Männer und Frauen »wirklich« Freunde sein können, ohne dass ihnen »der Sex in die Quere kommt«. Aufschlussreich an dieser uralten Scheinkontroverse ist nicht nur, dass sie ernsthaft diskutiert wird, sondern auch, dass unterstellt wird, Sexualität verhindere Freundschaft. Jeder Mensch, den wir möglicherweise nackt sehen wollen, befindet sich somit grundsätzlich auf feindlichem Terrain, das es zu erobern, nicht aber zu verstehen gilt.

So gut wie alle Männer und Jungen – so gut wie alle Menschen – wollen das Gefühl haben, gebraucht und geliebt zu werden. Es ist eine leise Tragödie unserer Zeit, dass wir jungen Männern immer noch einreden, sie könnten sich nur nützlich machen, indem sie entweder einen Haufen Geld verdienen und es einer dankbaren, gefügigen Ehefrau nach Hause bringen, die sie pflichtschuldig mit langweiligem Sex belohnt, oder fernab der Heimat in einem Krieg kämpfen und womöglich sterben.

In der echten Welt betätigen sich seit jeher die wenigsten Männer als heroische Kämpfer, und Kriege werden heute ohnehin zunehmend von Robotern ausgefochten, die völlig ungerührt eine Hochzeitsgesellschaft in die Luft jagen und im Fall der eigenen Zerstörung keine Witwen hinterlassen. Trotzdem wollen Männer das Gefühl haben, gebraucht und geliebt zu werden.

Zumindest sagen sie mir das in ihren Briefen. Ich würde verzweifeln, wenn ich nicht so viele Briefe bekäme.

Auf jeden Mann, der von seinem randvoll mit Selbsthass ge-
füllten Tagesplan ein paar Minuten abknapst, um mir mit-
zuteilen, dass ich eine bösartige frigide Feminazi bin, die an
seiner rachsüchtigen Erektion ersticken soll, kommt ein anderer, der einfach nur wissen will, was er für die Prävention
von Vergewaltigungen tun kann. Oder der verzweifelt ist,
weil er, so sehr er sich auch anstrengt, in der Krise keinen
Job findet und sich deshalb nicht mehr wie ein richtiger
Mann fühlt. Manchmal bekomme ich E-Mails von College-
studenten, die mir schüchtern anvertrauen, dass sie möglicherweise Feministen seien und ob das in Ordnung wäre,
als hätten sie einen schlimmen Ausschlag und fragten, ob
das normal sei. Keiner dieser Männer äußert den Wunsch,
»Ernährer« zu sein, doch alle sehnen sich verzweifelt nach
Austausch.

Sehr viele Männer und Jungs wollen kein »Ernährer«,
kein »harter Mann« sein, und sehr viele Männer und Jungs
wollen auch nicht über Frauen bestimmen, wie man es
ihnen beigebracht hat. Fast alle jungen Männer und Jungs,
denen ich in meinem Leben nahestand, wollten etwas ganz
anderes. So gern ich es auch dem grenzenlosen feuchtheißen
Sexappeal zuschreiben würde, den weichliche, bisexuelle
Kommunisten-Nerds mit strähnigem Haar und traurigen Augen auf mich ausüben, habe ich doch genügend von ihnen
kennen und lieben gelernt, um zu wissen, dass es ein wenig
komplizierter ist. Immer mehr Männer und Jungs erkennen
sich im Spiegel der, wie Jackson Katz es nennt, »Man Box«
nicht wieder.[48] Sie wollen das Gefängnis sprengen und sich
mit anderen zusammentun.

Denn es gab ja schon immer auch die anderen. Große
kräftige Männer, die nur in die Stadt fliehen und Bilder ma-
len wollten. Männer, die gern Sex hatten, aber keine Familie gründen wollten. Männer, die sich Frauen oder anderen
Männern unterwerfen wollten und das nicht als Schwäche

betrachteten. Männer, die ein Händchen für den Umgang mit Kindern oder älteren Menschen hatten. Männer, die sich nicht mit der Aussicht anfreunden konnten, vierzig Jahre lang ihr Brot damit zu verdienen, dass sie mit Stöcken auf jemanden einschlugen. Diese Männer waren immer da, und sie strafen die Behauptung, es habe stets nur eine Art von »Männlichkeit« gegeben, still und leise Lügen.

Über einer mitfühlenden Haltung gegenüber Männern soll der Feminismus nicht etwa deren Gefühle schonen. Ganz im Gegenteil. Wenn wir uns ein erfülltes Leben und eine Gesellschaft wünschen, die Frauen als vollwertige Menschen behandelt, müssen Männer sich und ihre Erfahrungswelt in einem neuen, auch unangenehmen Licht betrachten. Das Mitgefühl, das Männer und Jungs brauchen können, wenn sie der Welt der Gewalt, der Frauenfeindlichkeit und der emotionalen Verstopfung entfliehen wollen, ist nicht das des Priesters, der Sünden vergibt, sondern das des Arztes, der einem leidenden Idioten, der mit einer eiternden Wunde den Arztbesuch zu lange hinausgezögert hat, mit Nachdruck erklärt: Ich fürchte, das wird weh tun.

Natürlich wird es weh tun. Aber es tut ja jetzt schon weh. Von dem tiefen Schmerz, den das groteske Zerrbild der modernen Männlichkeit unzähligen Männern zufügt, hört man kaum etwas, denn wenn es gestattet wäre, diesem Schmerz Ausdruck zu verleihen, so würde das nicht als Wut oder Hass empfunden, sondern als Angst und Abscheu, als Verstörtheit und Selbstzweifel oder auch einfach nur als Unsicherheit darüber, was zum Teufel wir heutzutage eigentlich sein sollen. Und das ist einfach nicht männlich.

Was wir von den Männern einfordern, ist schwer zu erfüllen. Eines muss klar gesagt werden: Wir haben eine Gesellschaft geschaffen, in der es für jede männliche Person strukturell schwierig und existenziell aufreibend ist, sich nicht wie ein komplettes Arschloch aufzuführen. Dass nicht wenige Männer es dennoch zuwege bringen, anständige Menschen zu sein, müssen wir ihnen hoch anrechnen.

Völlig zu Unrecht wird behauptet, dass die Zugewinne der Frauen – Fortschritte am Arbeitsplatz und die relative Freiheit, eben nicht zu heiraten, Kinder zu bekommen und sich zu Hause und im Beruf der Macht der Männer zu unterwerfen – mit Verlusten aufseiten der Männer und Jungs korrelieren. Es wird so getan, als gebe es eine feste Menge an Gleichheit in der Welt, sodass ein Mehr für die Frauen automatisch ein Weniger für die Männer bedeutet. So funktioniert Freiheit aber nicht. Wie kaum etwas anderes in der Welt bereichert Freiheit die, die sie anderen gewähren, auch wenn sie es nur widerwillig tun. Männer, die ein Gewissen haben, machen sich gar keine Vorstellung davon, wie wohl sie sich fühlen würden in einer Welt, in der Frauen als freie und gleichberechtigte Akteurinnen leben, arbeiten und vögeln dürfen, in einer Welt, in der Menschlichkeit vor dem Geschlecht kommt.

Der Feminismus darf Männerfragen nicht am Rande behandeln, sondern muss sie direkt und leidenschaftlich thematisieren, denn im Moment herrscht ein konspiratives Schweigen rund um das Thema Männer und Gender. Wenn die männliche Identität eine Chance haben soll, müssen Männer und Jungs akzeptieren, dass das alte Verteilungsmodell der patriarchalischen Macht passé ist. Für die meisten Menschen hat es ohnehin nie existiert. Die Männer von morgen müssen es mit Anstand loslassen. Bewahrt euch im Angesicht eines subjektiv wahrgenommenen Machtverlustes Würde, und ihr werdet sehen, dass andere Menschen, die keine Männer sind, euch aufrichtig schildern, was unter echter Machtlosigkeit zu verstehen ist.

Eines sei unmissverständlich klargestellt: Ich will weder dem Feminismus seine Spitze nehmen, noch den Männern vorgaukeln, dass er ihr Leben nicht verändern wird, denn das hat er schon getan, und er wird es auch weiter tun, bis wir fertig sind – und das ist gut. Es ist ja nicht so, dass wir uns keinen Feminismus leisten könnten. Egal, wie pleite wir sind, können wir uns umgekehrt eine Welt ohne Feminismus nicht leisten. Und ich kann es gar nicht abwarten, dass wir endlich in Gang kommen.

Ernsthaft. Ich kann es nicht abwarten. Ich kann es nicht erwarten, dass wir einander gleichberechtigt begegnen. Ich kann es nicht erwarten, dass das Potenzial der Menschen endlich frei ist, und das wird geschehen, wenn die eine Hälfte der Menschheit nicht mehr in Angst vor der anderen lebt. Ich kann es nicht erwarten, dass wir ohne jede Angst vor Gewalt anziehen können, was wir wollen, und lieben können, wen wir wollen. Männer, Frauen und alle anderen bauen diese Welt auf, indem sie sich um ein freies Leben bemühen, freier, als es in dieser Monstrosität, die wir modernes Leben nennen, völlig gefahrlos möglich ist.

Mit jedem Jahr, das vergeht, begegne ich mehr Männern und Jungs, die die restriktiven Geschlechternormen ebenso satt haben wie wir anderen, und die bereit sind, etwas zu ändern, in ihrem Leben Raum für Unterschiedlichkeit zu schaffen und für all jene einzustehen, die das auch tun. Das ist keine leichte Aufgabe. Wer die Gewaltrituale ablehnt, mit denen ein Mann aufwächst, riskiert Gewalt, riskiert es, Fehler zu machen und dumm dazustehen, riskiert, dass sein Stolz zutiefst verletzt wird, und ich bin ergriffen vom Mut der Männer und Jungs in meinem Leben, die diese Risiken eingehen. Sie sind die starken Männer. Sie wissen, dass wahre Kraft Anpassungsfähigkeit erfordert, denn wer fällt und sich nicht biegen kann, zerbricht. Sie haben die Macht, die Welt zu erneuern. Und solange ich ein politischer Mensch bin, werde ich mit diesen Männern solidarisch sein.

3

Antiklimax

»[Eine] Revolution in jedem Schlafzimmer
muss einfach den Status quo erschüttern.«
Shulamith Firestone,
Frauenbefreiung und sexuelle Revolution[49]

Schlampengeschwätz

In folgenden Situationen hat man mich schon eine Schlampe geschimpft: Wenn ich gesprochen oder mich für etwas ausgesprochen habe. Wenn ich die Kühnheit besaß, Geld oder Ruhm einzufordern, statt Knie und Mund zu schließen, wie es sich für ein nettes Mädchen gehört. Wenn ich mich öffentlich politisch geäußert habe. Wenn ich, ohne mein Bett gemacht oder den Boden geschrubbt zu haben, auf die Straße gegangen bin und auf den Putz gehauen habe. Wenn ich zu viele Liebhaber hatte und mich mehr mit meiner Arbeit befasste als mit ihnen und ihrem Ego. Und schließlich, sehr unpassend, beim Vögeln.

Immer wieder verblüfft mich der hohe Anteil ansonsten höflicher Männer und Jungs, denen es einen Kick gibt, wenn sie Frauen im Bett als Miststück, Hure und Schlampe bezeichnen. Angeblich feministische Männer und Verfechter eines sex-positiven Feminismus fragen vorher, die weniger aufgeklärten spucken es einfach nur aus. Schlampe. Hure.

Dieses Benehmen scheint der Geisteshaltung zu entspringen, dass eine Frau, die tatsächlich mit dem Geschlechtsverkehr einverstanden ist, die wirklich mit dir ins Bett gehen will, ein Luder sein muss, eine Hure, die es dauernd treibt wie eine Schlampe.

An der semantischen Vielfalt der Sexsprache hat die Pornografie großen Anteil. Die Sprache der Gewalt geht leicht über die erotisch-vulgäre Zunge, wenn die Penetration als Bestrafung einer Frau für ihre Lust gilt. Wenn wir Spaß daran haben, behalten wir das besser für uns.[50] Sollen sie uns dafür geißeln, dass wir sie ranlassen.

Schlampe. Das ist eine Beleidigung, sollte aber keine sein.

Schlampe: Wer das Wort nur ausspricht, nimmt den Mund schon ziemlich voll. Das schlabberige *l* klatscht an die Unterseite des Gaumens, und der Vokal öffnet kurz die Lippen, ehe die folgenden Konsonanten sie schnell wieder verschließen, zu spät allerdings, um den angeschlagenen Ruf noch zu retten. Schlampe. Es macht Spaß, es zu sagen und es zu sein, solange wir dem Prinzip folgen, dass wir, wenn wir schon gegen eine Regel verstoßen, sie auch gleich übers Knie legen und entzwei hauen, die Stücke in Brand setzen und uns auf und davon machen. Schlampe. Es ist ein machtvolles Wort. Ich hole es mir zurück.

Früher wurde das Wort »Schlampe« nur für Frauen verwendet, die sich nicht anständig benahmen: eine Frau, die »dreckig, unordentlich und schludrig« war, ein nachlässiges Dienstmädchen, eine Frau, deren Haushalt oder Körper vor der Ehe nicht unbefleckt war, eine Frau, die zu Gewalt und Verachtung geradezu einlud. Heute, in einer visuellen Kultur, die durchtränkt ist von geschorenen und willigen weiblichen Körpern, ist eine Schlampe eine Frau, die die Dreistigkeit besitzt, sich sexuell auszudrücken. Mehr muss man über die Bigotterie in Sachen Erotik eigentlich nicht wissen.

Der erste *Slutwalk*, Schlampenmarsch, fand im Jahr 2011 in Toronto statt, nachdem ein Polizeibeamter Studentinnen geraten hatte, sich nicht »wie Schlampen anzuziehen«, damit sie nicht vergewaltigt würden,[51] ein Standpunkt, der bei Männern in Machtpositionen kein Einzelfall ist. Demonstrationen in den Großstädten rund um den Erdball von Dallas bis Delhi beflügelten die Fantasie von Frauen, die es satthatten, sich herumkommandieren und in die sexuelle Konformität drängen zu lassen.

Wir halten unsere Gesellschaft gern für liberal und tolerant: Wenn es ein Problem gibt, dann ist es zu viel Sex. Das ist ein entsetzlicher Irrtum. Wir leben in einer Kultur, die in Hinblick auf ihre erotischen Impulse zutiefst verwirrt ist. Sie bombardiert uns mit retuschierten Bildern von Models und Stars, die sich in einem sterilen Dunst der Anhedonie räkeln, während im Herzen der Regierung Abstinenz gepredigt wird.

Wenn ich die Welt mit einem Wort kommentieren müsste, würde ich in unübersehbaren roten Buchstaben das Wort »Schlampenmacht« an die Wand schreiben.

Seit über einem Jahrhundert ist »Schlampe« ein Ausdruck harscher Kritik. Mit diesem Wort werden Menschen verletzt und beschämt. Es dient der Kontrolle von Frauen und Mädchen, queeren und armen Menschen, die sich für das schämen sollen, was sie sind und was sie wollen. Das Wort weist sie zurecht, vermittelt ihnen, dass es schandbar ist, mehr zu wollen, als ihnen zusteht, sei es der Kuss eines Fremden, eine neue Weltordnung oder ein zweites Stück Kuchen. Das Wort »Schlampe« ermahnt uns, dass unser Körper nicht aus der Reihe zu tanzen hat. Das Wort »Schlampe« sagt uns, dass es nicht angeht, gierig, geil, eben menschlich zu sein, dass wir uns besser in den Griff bekommen, ehe es jemand anders für uns tut. »Schlampe« ist ein Wort, ein Begriff, den wir uns unbedingt zurückerobern müssen.

Schlampenmacht bedeutet, dass wir das Wort ergreifen. Es bedeutet, dass wir Position beziehen, wenn andere beschimpft werden, weil sie zu viel wollen, weil sie eine faire Behandlung einfordern, weil sie zu viel Raum einnehmen. Frauen, die politisch aktiv sind, werden klischeehaft als hässlich, schlampig und maskulin dargestellt, weil das immer noch das Schlimmste ist, was man einer Frau, vor der man Angst hat, sagen kann.

Eine Schlampe zu sein, heißt nicht unbedingt herumzuvögeln oder überhaupt zu vögeln. Eine Schlampe sein heißt einfach nur, Lust nicht mehr als etwas Unanständiges zu betrachten. Eine Schlampe strebt nicht mit aller Kraft nach der Akzeptanz durch das Patriarchat. Sie nimmt ihm die Macht, sie herunterzuputzen und mundtot zu machen.

Brave kleine Mädchen kommen nicht zum Höhepunkt. Ich hatte Gelegenheit, das in jungen Jahren zu lernen, als ich aus dem Ballettkurs geworfen wurde, weil ich den anderen Mädchen das Masturbieren beigebracht hatte. Ich hatte durch Zufall herausgefunden, wie es geht, und es machte solchen Spaß, dass ich keinen Grund sah, meinen Klassenkameradinnen meine interessante Entdeckung vorzuenthalten.

Als die Lehrerin uns erwischte, wurde meiner zutiefst beschämten Mutter vorsichtig mitgeteilt, dass ich für Ballett vielleicht doch nicht geeignet war. Eine standesgemäße männlichere Freizeitaktivität wie Judo oder Boxen würde vielleicht besser passen. Ich war im Kampfsport eine Niete. Ich bin schmächtig, lasse mich leicht einschüchtern und schlage nicht gern zu. Ich wollte einfach nur tanzen und meinen Spaß haben.

Schon immer habe ich mich mehr für das Ficken interessiert als dafür, fickbar zu sein. Ich fühle mich zu anderen hingezogen, denen es auch so geht. Ich kann mich, wenn nötig, durch die Rituale von Sexappeal mogeln und hege bis heute eine rückhaltlose Bewunderung für Frauen, die damit offenbar mühelos umgehen können, aber für mich ist Sex etwas, das man tut; man steht nicht herum und wartet darauf, dass andere es mit einem tun. In der Schule war ich eine Außenseiterin, zu schüchtern, um je eine Nummer zu schieben, doch als ich von zu Hause auszog, warf ich meine Jungfräulichkeit wie Ballast über Bord und schwebte davon, auf der Suche nach Lust und Abenteuer.

Ich finde es unfassbar, dass die weibliche Lust immer noch dermaßen tabuisiert ist. Die breite Gesellschaft wehrt sich bis heute gegen die Vorstellung, dass Frauen und Mädchen Sex um seiner selbst willen haben wollen, statt ihn im Tausch gegen Geld, Status oder Sicherheit über sich ergehen zu lassen. Wir haben uns nicht nach Erregung, Ekstase und Schweißgeruch auf der Haut zu sehnen.

In Großbritannien fiel die Veröffentlichung eines offiziellen Berichts, in dem von einer übermäßigen »Sexualisierung« von Mädchen die Rede ist,[52] mit parlamentarischen Gesetzesinitiativen zusammen, die darauf abzielten, jungen Frauen das »Neinsagen« beizubringen.[53] Wenn man nun die Verbindungslinie zwischen beidem verlängert bis hin zu den Polizeibeamten, die Frauen erklären, ein »Nein« reiche nicht aus, sofern sie nicht gekleidet sind wie eine Nonne, so entsteht ein hässliches Bild: Wir haben es mit einer abgestimmten kulturellen Rolle rückwärts zu tun, einem Backlash gegen die sexuelle Befreiung der Frauen.

Sex ist nicht das Problem – das Problem ist Sexismus. Hier werden willkürliche moralische Grenzziehungen zwischen »unschuldigen« Frauen und »Schlampen« reaktiviert. Vor allem junge Frauen sollen heiß sein und aussehen, als wären sie jederzeit zu haben, aber wenn wir es wagen, eigene Wünsche zu äußern, werden wir verhöhnt, geschmäht und mit sexueller Gewalt bedroht, die angeblich nichts mit den Männern zu tun hat, die sie ausüben, sondern nur mit der Länge des Rocks, den wir tragen. Manchen von uns reicht es jetzt.

Angesichts der aggressiven öffentlichen Schmähungen, nach denen die weibliche Sexualität angeblich unanständig und gefährlich ist, wollen einige junge Frauen die »Schlampe« zurückerobern, das schlechte Benehmen hochhalten und nicht vor überholten moralischen Normen kapitulieren, die nur der Einschüchterung dienen. Ich bin eine dieser Frauen. Noch wichtiger ist jedoch, dass uns das Wort nicht mehr trifft und wir nicht mehr zwischen »guten« und »schlechten« Frauen unterscheiden.

Die sexuelle Befreiung wurde zu einem sexuellen Neoliberalismus ausgestanzt und flach gehämmert: starre, erstickende Konformität, getarnt als Freiheit. Lassen wir uns nicht von der nackten Haut in Pornoheften und freizügigen Musikvideos in die Irre führen. Wir befinden uns mitten in einer sexuellen Gegenrevolution, und am Anfang steht die rituelle Schmähung von Frauen und Mädchen, die es wagen, Wesen mit eigener Lust zu sein.

Von wegen sexuelle Befreiung

Gesellschaften, die vom stümperhaften Finanzgebaren reicher Männer zugrunde gerichtet wurden, stellen nun ausgerechnet die sexuelle Unmäßigkeit junger Frauen als die wahre Gefahr für die Zukunft unserer Kinder hin. Es wird das Schreckensbild einer sich epidemisch ausbreitenden schamlosen Unzucht an die Wand gemalt. Kleine Mädchen müssten vor sich selbst geschützt werden, heißt es, während Männer auf beiden Seiten des Atlantiks und des politischen Spektrums Vergewaltigung rechtfertigen.

Linke wie konservative Abgeordnete verteidigen in aller Öffentlichkeit Vergewaltiger und verniedlichen sexuelle Gewalt als »mangelhafte Bett-Etikette«, die jedenfalls keine »Vergewaltigung nach dem Gesetz« sei.[54] Sie wollen damit sagen, dass Vergewaltigung unvermeidlich ist und eine Frau sich am besten davor schützen kann, indem sie »nein« sagt. Wird dieses »Nein« nicht respektiert, ist das eben Pech, wir sind halt mit dem falschen Chromosomensatz geboren worden. Immer wieder bekommen wir zu hören, Sexualität selber sei schädlich für Frauen. Was Frauen und Mädchen aber wirklich schadet, ist schon seit jeher sexuelle Kontrolle – und der Backlash ist in vollem Gange.

Dass man kleinen Mädchen beibringt, »einfach nein zu sagen«, entspricht auf mehreren Kontinenten dem offiziellen Sexualkunde-Lehrplan. Aber das nützt nichts, wenn sich herausstellt, dass ein »Nein« eben nicht immer respektiert wird. Noch weniger nützt es in einer Sexualkultur, in der ein »Nein« so ziemlich das Erotischste ist, was eine Frau sagen kann. Die Fetischisierung der weiblichen Abwehr – die Erotik des »Nein« – ist uralt, wenn auch nicht unumstößlich.

Die ideale Frau ist fickbar, fickt aber nie selber. Wenn sie schon keine Jungfrau ist, dann wehrt sie doch zumindest sämtliche Avancen zuverlässig ab. Will sie sich einen Mann »schnappen«, muss sie unbedingt den Eindruck erwecken, dass sie ihn nicht haben will, darf seine Anrufe nicht entgegennehmen, seine Textnachrichten nicht beantworten, muss so tun, als sei sie »schwer zu haben«. Echte Männer wollen nicht, dass Frauen das wollen, was sie wollen; beim Sex geht es nicht um einen Gedankenaustausch und wohliges Kuscheln, sondern darum, dass sie sich seinen Wünschen unterordnet. Mädchen lernen von anderen Mädchen, aus Zeitschriften und sogar von ihrer Mutter, dass sie nie einen Freund finden, wenn sie es wagen, ihr Verlangen, geschweige denn ihre Lust zu artikulieren. Wer so etwas tut, wird der Lächerlichkeit preisgegeben, gilt als klammernde, jammernde hysterische Zicke die so bescheuert ist, auf die einzige Macht zu verzichten, über die Frauen wirklich verfügen: die Macht, Männer mittels Sexualität zu manipulieren.

Es ist die einzige Macht, die Frauen zugestanden wird, wenn auch nur widerwillig, nur wenigen von uns und nur über einen kurzen Zeitraum unseres Lebens. Natürlich gibt es diese Macht nicht umsonst; sie geht einher mit der ständigen Gefahr von Gewalt, wenn wir es übertreiben, wenn wir zu weit gehen, wenn wir die falschen Signale aussenden oder die Frechheit besitzen, es uns anders zu überlegen. Eine Frau, die diese Macht freiwillig hergibt, die stolz ist auf ihren Sexualtrieb, die Männern nachstellt, die Jägerin ist statt Beute, die ihren Liebhabern gleichberechtigt begegnen will, theoretisch und horizontal, eine Frau wie diese genießt niemals Respekt, nicht, solange nach der emotionalen Logik des Neoliberalismus eine Frau kein Mensch mit Begabungen sein kann, die über das Scharfmachen von Männern und die Schwangerschaft hinausgehen.

Sexualität ist heutzutage zunehmend harte Arbeit. Als in den siebziger Jahren erstmals öffentlich über den weiblichen Orgasmus gesprochen wurde,[55] war das eine Offenbarung – heute ist er Pflicht. Wenn eine Frau ihn nicht hinkriegt, muss sie ihn simulieren: Lust fabrizieren, Lust vorschützen, egal wie, solange sie nur liefert.

Mit dem Orgasmus ist es ähnlich wie mit dem Lächeln: Wenn uns nicht danach ist, können wir ihn so lange vortäuschen, bis uns danach ist. Eine Frau ohne ein Lächeln auf den Lippen ist eine Bedrohung. Wie oft ruft uns auf der Straße ein Wildfremder zu: »Komm schon, Mundwinkel hoch«? Eine Frau sieht doch viel hübscher aus, wenn sie lächelt. Das Lächeln setzt die richtigen Gesichtsmuskeln in Bewegung, das ist praktisch Sport.

Wisst ihr eigentlich, dass, wenn ihr lächelt und das Lächeln lang genug haltet, wirklich ein Glücksgefühl aufkommt? Ja, das wissen wir schon lange – aus den vielen Zeitschriftenartikeln. Lächeln ist wie Vögeln: Auch wenn du es lieber nicht willst, solltest du es mal damit probieren, wenn dein Chef oder dein Freund es doch so gern möchte. Schau nicht so mürrisch drein. Nach einer Weile gewöhnst du dich schon dran. Du lernst, es zu mögen. Du lernst es schon.

Seit der sogenannten »sexuellen Revolution« in den 1960er Jahren haben Frauen mehr Sex, aber nicht nach eigenem Belieben und nicht ohne Angst vor Bestrafung, die gesellschaftlicher oder auch körperlicher Art sein kann. Zieh dich an wie eine Schlampe, und du wirst vergewaltigt; erwarte nicht, von der Polizei beschützt zu werden, wenn du der Sexarbeit nachgehst oder herumvögelst; brich einem Mann das Herz, und es setzt Prügel. Der Paragraf, nach dem einem Ehemann, dessen Frau Ehebruch begangen hatte, mildernde Umstände zugesprochen wurde, wenn er sie verprügelte oder sogar umbrachte – in Großbritannien sprach man von *cuckold's defense*, der Notwehr des gehörnten Ehemanns –, wurde dort und in anderen Ländern erst 2009 aus dem Strafgesetzbuch entfernt.[56]

Frauen haben Sex, ziemlich viel sogar, und das Meiste spielt sich jenseits von Ehe und Anstand ab. Es sind nicht nur ein paar Prostituierte oder »schlechte« Frauen, die ficken, als lebten sie bereits in einer Welt, in der sie nicht dafür bestraft werden können. Vor oder außerhalb einer langjährigen Beziehung Sex mit mehreren Partnern zu haben, ist mittlerweile die Regel, sieht man von streng religiösen Gesellschaftsgruppen einmal ab. Das »Warten bis zur Hochzeit« gilt heute als ungewöhnlich, eine eher seltene Lebensentscheidung, fast eine Perversion, was sie natürlich auch ist und immer war. Wie jede Perversion ist der Fetisch der »Reinheit vor der Ehe« an seinem rechten Platz, nämlich im privaten Bereich zweier Menschen, völlig natürlich, doch sobald er erzwungen wird, riecht er unangenehm nach sozialer Kontrolle.

Sex ist von Natur aus nicht schlecht für Frauen. Wenn es für uns nach wie vor riskant ist, unsere Lust auszuleben, so liegt das daran, dass die Gesellschaft es so einrichtet, zumal wenn wir queer, transsexuell, arm oder People of Colour sind, wenn wir Sexarbeiter_innen oder anderweitig angreifbar sind. Frauen zahlen einen hohen gesellschaftlichen Preis dafür, dass sie tatsächlich Sex haben, statt nur so zu tun. Was uns allen schadet, ist nicht Sex, sondern sexuelle Kontrolle.

Schlechter Unterricht

September 2000. Es ist wieder so weit. Den obligatorischen Sexualkundeunterricht hatte im letzten Jahr die Schulkrankenschwester durchgeführt, eine fröhliche Frau mittleren Alters in marineblauer Bluse, die über eine wahrhaft beeindruckende Sammlung realistischer Fotos von ekelhaft nässenden Geschlechtskrankheiten verfügte. Dieses Jahr ist sie krank. Der Unterricht wurde daher der neuen Sprachenlehrerin Miss Green übertragen, wohl in der Annahme, dass ihr die Aufgabe, einem Klassenzimmer voller kichernder gnadenloser Vierzehnjähriger alles über das Vögeln beizubringen, was sie schon lange zu wissen glauben, den jugendlichen Idealismus schon austreiben wird.

Wir warten im Klassenzimmer auf Miss Green wie ein Rudel hungriger Wölfe auf die Fütterung. Sie betritt den Raum mit einem Stapel Videos und einem verschmitzten Grinsen. Eine Stunde später haben die Jungs noch die Hände vor dem Gesicht, die Mädchen sitzen mit offenem Mund und Wut im Bauch da. Wir haben aus den Filmen gelernt, dass es unglaublich schwer ist, eine Abtreibung zu bekommen, wenn man sie nicht privat bezahlen kann, und dass man dann gezwungen ist, um die grundlegende Autonomie über den eigenen Körper zu bitten und zu betteln.

Miss Green mit der unscheinbaren Bobfrisur und der harmlosen Wolljacke hat, wie wir bald merken, ein klares Programm. Wir lernen bei ihr manches, was sie uns laut Lehrplan gar nicht beibringen müsste, etwa über Sexstellungen, Schmerzmittel und Verhütung. So führt sie uns mit atemberaubender Genauigkeit vor, wie man nach dem Sex mit einem kaputten Kondom in der Dusche eine gründliche Spülung durchführt, ehe man losrennt und sich die Pille danach besorgt. Sie macht uns klar, dass wir keine Angst vor unserem Körper zu haben brauchen. Die Gefahr einer Schwangerschaft, so Miss Green, wirkt nur deshalb so bedrohlich, weil in Sachen Fortpflanzung ständig Druck auf uns ausgeübt wird.

Für weibliche Teenager gibt es absolut nichts Schlimmeres, als schwanger zu werden. Eine Schwangerschaft versaut einer Schülerin das gesamte Leben, ist gleichbedeutend mit Schande, Armut und Elend; sie ist der Untergang für jedes Mädchen, das dumm und nuttig genug ist, all das, was wir zumindest nach außen hin eigentlich nur scheinbar wollen dürfen, auch wirklich zu tun. Wie man diesem Schicksal nun genau entgehen soll, wird heiß diskutiert. Diese Frage wird von modernen Mythen und stümperhaftem Sexualkundeunterricht vernebelt, von Scham und religiöser Propaganda verzerrt. So gibt es nicht wenige Länder in der angeblich zivilisierten Welt, in denen es immer noch gesetzlich verboten ist, Mädchen zu sagen, wie sie an Verhütungsmittel kommen, geschweige denn, ihnen welche zur Verfügung zu stellen.[57] Eines aber wird Mädchen unmissverständlich klargemacht, noch ehe ihnen Titten wachsen oder die Monatsblutung einsetzt: Wenn du schwanger wirst, ist dein Leben vorbei.

Diese biologische Ungleichheit – der simple Umstand, dass Sex für Frauen das Risiko einer Schwangerschaft mit sich bringt – ist nach wie vor die erste und wichtigste Lektion, die Mädchen lernen: Sie erklärt, warum Mädchen anders sind als Jungen, warum Sex, Liebe, Leben für uns immer anderes, immer problematisch sein werden, warum wir ständig auf der Hut vor Ausrutschern sein müssen, um keine Schande über uns und unsere Familie zu bringen. Statt jungen Mädchen Wissen über Verhütungsmethoden und Sexualgesundheit zu vermitteln, lehrt man sie Scham. Statt ihnen etwas über Lust beizubringen, impft man sie mit Angst und Selbsthass. Und statt den Jungen Verantwortung nahezubringen, lernen sie, misstrauisch zu sein und Frauen als Schlampen zu beschimpfen, wird ihnen beigebracht, dass sie Mädchen mittels Sex hereinlegen und ihren Willen brechen können.

Dass sich diese Darstellung so hartnäckig hält, obwohl moderne Verhütungsmethoden sie so gut wie überflüssig machen könnten, hat zuallererst politische Ursachen.

Einem Mädchen im Teenageralter wird von allen Seiten erklärt, was sie mit ihrem Körper tun kann und was nicht. Die Handlungsmacht über die Sexualität und den Körper gehört allen möglichen Leuten, nur nicht dem Mädchen. Andere haben ihre Ansichten darüber, wie wir auszusehen und was wir zu tragen haben, wo wir hinzugehen und wen wir zu berühren haben. Männer wollen uns für Sex gebrauchen und manchmal missbrauchen, und die Zeitschriften, die wir lesen, und die Kultur, die wir konsumieren, vermitteln uns, dass der Zweck unseres Körpers darin liegt, Männern zu gefallen, seien wir nun am Ficken interessiert oder nicht – wahrscheinlich eher nicht, denn wir sind ja brave Mädchen.

Aristoteles, einer der bösartigen Frauenhasser, auf die die Menschheit seit 2000 Jahren hört, glaubte, Frauen seien höherer Denkleistungen nicht fähig, weil sie animalischer seien als Männer, stärker an den Körper gebunden – Frauen seien zuerst Körper und erst dann vollständige Wesen, und dieser Körper müsse von Männern mit Muckis auf Linie gehalten werden.[58] 2000 Jahre später greift diese Logik noch in den höchsten Regierungsetagen. Sie greift immer dann, wenn sich Abgeordnete dafür aussprechen, dass Frauen vor einer Abtreibung zu einer Beratung gezwungen werden.[59] Sie greift, wenn ein Staat meint, besser zu wissen als die Frauen, wie ihre sexuelle Autonomie aussehen sollte. Sie greift, wenn jede fünfte Frau im Laufe ihres Lebens vergewaltigt wird[60] und sich die öffentliche Debatte an der Frage aufhängt, wie viele dieser Frauen wohl lügen.

Es überrascht nicht, dass so viele Frauen und Mädchen »Kontrollprobleme« mit ihrem Körper haben, wie es gern vorsichtig ausgedrückt wird, vom Ritzen und Verletzen ihres Fleisches bis hin zu Hungern und übermäßigem Essen, zwanghaftem Sport oder pathologisch obsessiver Unzufriedenheit mit dem eigenen Aussehen und der Kleidung. Je älter ein Mädchen wird, desto stärker reift die Erkenntnis, dass sie nicht wie erhofft als Mensch für voll genommen wird. Zuerst ist sie Körper, und dieser Körper gehört nicht ihr allein. Egal, ob sie sich zu Männern hingezogen fühlt oder nicht, Männer und Jungs meinen, sie hätten Anspruch auf ihren Körper, und der Staat entscheidet, was sie anschließend damit machen darf.

Jede Menge kinky Sex

Zu den Dingen, die Jean-Jacques Rousseau wirklich zu schätzen wusste, zählten neben der Freiheitsphilosophie auch junge Damen, die ihm bis zur Ekstase den Hintern versohlten. In seinen *Bekenntnissen* schrieb er: »Vor einer herrischen Geliebten auf den Knien liegen, ihrem leisesten Winke nachkommen, sie um Verzeihung anflehen, das waren für mich selige Genüsse, und je mehr meine lebhafte Einbildungskraft mir das Blut erhitzte, desto mehr hatte ich das Aussehen eines blöden Liebhabers.«[61]

Wie viele reiche und wichtige Männer stand Rousseau auf Demütigung und ließ sich von Frauen im Bett gern herumkommandieren. Er war auch Exhibitionist, der nichtsahnenden Damen auf der Straße seinen nackten Hintern präsentierte, um sich anschließend auf selbigen züchtigen zu lassen. Bislang hat daraus niemand den Schluss gezogen, der große Philosoph der Aufklärung hätte sich insgeheim gewünscht, dass die Welt nicht von Männern regiert würde. Rousseau hatte sogar sehr dezidierte Ansichten über den Platz der Frau in der sozialen Ordnung. In *Emil* erklärte er, »dass das Weib besonders dazu geschaffen ist, dem Manne zu gefallen. Dass nun auch der Mann seinerseits dem Weibe gefallen müsse, ist jedoch nicht so unmittelbar notwendig. Sein Verdienst beruht auf seiner Macht … Wenn die Frau die Bestimmung hat, dem Manne zu gefallen und sich ihm zu unterwerfen, so muss sie sich ihm angenehm machen, anstatt sich ihm feindlich gegenüberzustellen.«[62]

Kinky Sex, also ungewöhnliche sexuelle Praktiken, stehen schon so lange auf dem Menü, dass niemand mehr schockiert sein kann, wenn sie serviert werden. Der Masochismus beim Mann zum Beispiel ist im Kontext von Börsenmaklern der Wall Street oder der britischen Aristokratie mittlerweile geradezu sprichwörtlich; trotz Rousseau und de Sade bezeichnen die Franzosen den Sadomasochismus noch gern als *le vice anglais*, das englische Laster. Nie gab es jedoch auch nur den kleinsten Hinweis darauf, dass Männer, die sich sexuell gern von Frauen dominieren lassen, auch sozial und wirtschaftlich von ihnen dominiert werden wollen. Die lange Geschichte mächtiger Männer, die arme Frauen dafür bezahlen, dass sie sie in irgendwelchen Hinterzimmern verdreschen, beweist das Gegenteil. Dass Kink – besonders der Sadomasochismus – dermaßen salonfähig geworden ist, soll den Frauen aber angeblich beweisen, dass es mit unserem Emanzipationskram eben doch noch nicht so weit her ist, wie wir es vielleicht glauben.

In einer *Newsweek*-Titelgeschichte behauptete 2012 die Kolumnistin Katie Roiphe, der Erfolg des Pop-Porno-Bestsellers *Shades of Grey* beweise, dass sogar Feministinnen insgeheim von einem großen, Peitsche schwingenden Wüstling bis zur Unterwerfung gebumst werden wollen. Nicht trotz, sondern wegen unseres Feminismus. Die moderne Frau, so Roiphe, empfinde »den Druck der wirtschaftlichen Teilhabe … als strapaziös«, und »für einige sind die theatralischen Fantasien der sexuellen Unterwerfung eine Befreiung, ein Urlaub, eine Flucht aus der Trostlosigkeit und der harten Arbeit der Gleichberechtigung«.[63] Das ist die Sorte Schwachsinns-Pseudofeminismus, den die frauenfeindliche Mainstream-Presse gern absondert, um eine Reaktion zu provozieren; ihr angeschlagenes Geschäftsmodell würzt sie mit einer Prise Hass.

Als Erstes sei angemerkt, dass die sexuelle Unterwerfung die akzeptierte Seite der weiblichen Perversion ist: gefügig, gehorsam, nur darauf bedacht, dem Mann zu gefallen. In den meisten Unterwerfungsfantasien, die Roiphe und andere als Teil eines »Trends« zitieren, sind die Protagonistinnen anfangs nicht willens, sich an Bettpfosten ketten und von reichen Kerlen bumsen zu lassen. In *Shades of Grey* gibt die Protagonistin nur nach, weil sie es ihrem dominanten Liebhaber recht machen will. In *Die Geschichte der O* – zwar nicht Bestandteil dieses »Trends«, da es in den Fünfzigern entstand, aber bis heute eins der wenigen Schmuddelbücher für Frauen, die es in angesehenen Buchhandlungen zu kaufen gibt – erklärt sich »O« ihrem Partner René zuliebe bereit, sich von reichen anonymen Fremden auspeitschen und vögeln zu lassen. Diese Frauen finden vielleicht nach und nach Gefallen daran, versohlt zu werden, aber sie suchen es sich bestimmt nicht selber aus: Statt unterwürfig sind sie einfach nur passiv.

Im richtigen Leben gibt es viele Gründe, warum sich Männer und Frauen im Bett gern herumkommandieren lassen: Die einen wollen sich bestrafen lassen, die anderen eine persönliche Last loswerden, manche wollen nur mal eine Auszeit von den vielen Pflichten außerhalb des Schlafzimmers haben, manche jemand anderen die Arbeit machen lassen. Und manche, ja, manche wollen auch Sex erleben, ohne die Verantwortung für ihre Wünsche übernehmen zu müssen – unsere Kultur bestärkt ja Frauen, die Sex haben wollen, nicht gerade darin, sich diesen Wunsch ohne Scham zu erfüllen. Sowohl *Shades of Grey* als auch die Romane der *Biss*-Reihe, auf der die erotischen Erwachsenenromane basieren, sind Verfolgungsfantasien, in denen die sexuelle Handlungsgewalt ausschließlich beim Mann liegt, der die Protagonistin mit Haut und Haar haben will.

In einer Kultur, in der Frauen bestraft, erniedrigt und durchaus nicht nur mit ritualisierter, sondern mit echter Gewalt bedroht werden, wenn sie sexuelle Handlungsmacht für sich in Anspruch nehmen, ist diese Art der Fantasie absolut verständlich. Interessanter ist, dass die Unterwerfung – hin und wieder auch die entsprechende Sexarbeit – die einzige Form der unkonventionellen weiblichen Sexualität ist, die derzeit einer Diskussion für wert gehalten wird. Es ist eine unkonventionelle Form der Sexualität, die von den Fesseln patriarchalischer Erwartungen besonders eng verschnürt wird, eine, die auch die Fantasie beinhaltet, von Männern beherrscht zu werden, eine, die zumindest den Beispielen zufolge, von denen die Mainstream-Presse so fasziniert ist, ausschließlich von Frauen praktiziert wird, die jung, weiß, heterosexuell, gutbürgerlich und vor allem verdammt fiktiv sind.

Fantasien über hübsche weiße junge Frauen, die von Männern kontrolliert, verletzt und beherrscht werden, waren schon immer ein Bestandteil des Kink, mit dem noch nie jemand ein echtes Problem hatte. Als in den 1980er und 1990er Jahren gegen die Fetisch- und Kink-Szene durchgegriffen wurde, gerieten unterwürfige heterosexuelle Frauen und ihre Spielpartner nur selten ins Fadenkreuz der Ermittlung. Wer heute an Fetischismus denkt, sieht oft Jean-Paul-Gaultier-Models vor sich, die im eleganten Leder über den Laufsteg stolzieren, oder pseudokünstlerische Fotos biegsamer Mädchen, die in schlecht beleuchteten Dachwohnungen Japan-Bondage betreiben. Es fällt ungleich schwerer, sich ein schwules Paar mittleren Alters im Partner-Latex-Look oder große haarige Männer namens Nigel oder Dietrich im Fetisch-Club mit dem Joystick im Hintern und einem breiten Grinsen auf dem Gesicht vorzustellen, aber beim Kink ging es immer ebenso um sie wie um die schönen jungen Mädchen, die so zerbrechlich sind oder vorgeben, andere zu zerbrechen, die aber im richtigen Leben gar nicht so viel Geld haben, das sie für Gummi ausgeben könnten.

Hier sind ein paar abweichende sexuelle Trends, die in den Schlagzeilen von *Newsweek*, *Glamour* und *Cosmopolitan* nicht auftauchen: arme Frauen, die vögeln. Women of Colour, die vögeln. Queere Frauen, die vögeln. Alte Frauen, die vögeln. Dicke Frauen, die vögeln; hässliche Frauen, die vögeln; herrische, arrogante Frauen, die vögeln. Frauen, die im Bett dominant sind. Frauen, die Männer gern mit einem großen rosa Umschnalldildo penetrieren. Frauen, die mehrere Sexualpartner gleichzeitig oder nacheinander haben wollen. Frauen, die einfach nur früh mit einer Tasse Tee, einer Anna-Span-DVD und einem auberginengroßen Stachel-Vibrator ins Bett gehen wollen. Und hier sind noch ein paar:

Sexarbeiterinnen, die wie Arbeiterinnen behandelt werden wollen statt wie Aussätzige. Männer, die gefickt werden wollen. Männer, die im Bett sanft und unterwürfig sind. Männer, die Penetrations-Sex nicht mögen. Männer, für die Sex eine überwältigende emotionale Erfahrung ist. Ich garantiere euch, all das gibt es, doch da jede dieser Spielarten unsere kulturelle Sicht auf Sexualität, Gender und Macht eine Sekunde lang erschüttern könnte, darf keine von ihnen ein »Trend« sein.

In Wahrheit war die Fantasie von der weiblichen Unterwerfung nie sonderlich brisant. Die meisten »Mainstream«-Pornos enthalten heute das Thema der Gewalt gegen ein auf dem Bauch liegendes fickbares Mädchen in der einen oder anderen Variation. Die Rituale rund um Peitsche, Leder und Codewörter gehören nicht zum Vokabular der »normalen« Pornografie, doch der geile Anblick eines vornüber gebeugten hübschen Mädchens, dem brutaler Sex angetan wird und das lernt, das zu mögen, entstammt einem Lustdialekt, den jeder versteht – so gut, dass viele junge Männer, die damit aufwachsen, keine andere Kiste kennen, in die sie ihre Lust stecken könnten. In Lena Dunhams *Girls* sondert der nichtsnutzige Hipster-Pseudofreund der Protagonistin verbale Schweinereien ab, die Katie Roiphe als spezifisch sadomasochistisch einstuft, die aber in Wahrheit aus jedem Kommentar jeder x-beliebigen Porno-Webseite stammen könnten. Schaut mal bei RedTube.com nach, wenn ihr mir nicht glaubt. Oder besser nicht. Nein, doch.

Die sexuelle Unterwerfung der Frau war noch nie ein echter Schocker. Im Moment erleben wir eine sexuelle Gegenrevolution. Sogar die begrenzte erotische Freiheit, die sich Frauen in fünfzig Jahren anstrengender Agitation erkämpft haben, erfährt einen Backlash: Abtreibung und Geburtenkontrolle stehen unter Beschuss, Abtreibungskliniken müssen mit Bombendetektoren ausgestattet werden, die

Ärzte kommen mit kugelsicheren Westen zur Arbeit,[64] und eine erwachsene Frau wird in ganz Amerika als Schlampe und Hure beschimpft, weil sie im Rahmen einer Kongressanhörung angab, dass sie ein- oder zweimal Geschlechtsverkehr zum Vergnügen hatte statt zur Fortpflanzung.[65] Und nach wie vor werden Männer, die Verhütungsmittel für moralisch verwerflich halten, als semiseriöse Kandidaten für die politische Führung der freien Welt gehandelt.[66]

Die Sex-Ketzereien, über die sich die verklemmten Kleingeister der amerikanischen Mittelschicht echauffieren, haben mit Peitschen und Ketten nichts zu tun. Die lösen lediglich Pseudo-Empörung aus, eine kleine Hetze in den Leitartikeln, mit der Feministinnen geärgert und all die gereizt werden sollen, die mit Klebeband verschnürte kleine Luder geil oder empörend finden.

Nein, was die Konservativen wirklich auf die Palme treibt, geschieht nicht in schicken Fetischclubs, sondern hinter den geschlossenen Türen der Abtreibungskliniken. Sie empören sich über Frauen, die selbst darüber entscheiden wollen, ob sie eine Schwangerschaft beenden möchten. Frauen, die ihre Fruchtbarkeit regeln wollen. Frauen, die sexuelle Autonomie für sich beanspruchen, denn darauf hat es jede Offensive gegen das Recht auf Abtreibung grundsätzlich abgesehen. Frauen, die unabhängig leben oder ohne männliche Hilfe Kinder erziehen wollen. Frauen, die Sex um seiner selbst willen haben wollen, ob er nun in schwarze Fesseln verschnürt oder mit Rosenblüten bestreut ist.

Das wirklich Unkonventionelle ist heute die sexuelle Autonomie von Frauen. Handlungsgewalt, das Recht auf die eigene Lust – das sind die verbotenen Fantasien, die Frauen in aller Welt nach wie vor im stillen Kämmerlein pflegen, die sie nicht aussprechen aus Angst, als Schlampe beschimpft zu werden. »Ob nun das Weib das Verlangen des

Mannes teilen möge oder nicht, es zu befriedigen Lust habe oder nicht«, so erklärte schon Rousseau, »[es] muss sittsam und zurückhaltend sein und ebenso in den Augen der anderen als in ihrem eigenen Gewissen das Zeugnis ihrer Tugend bestätigt finden.«[67]

Objekte der Begierde

Männer gelten als begehrende Wesen. Dass Männer und Jungs ständig und aggressiv Lust haben, wird kaum infrage gestellt. Männer, die ein etwas komplizierteres Verhältnis zum erotischen Verlangen haben, Männer, die gern verführt werden möchten, die schüchtern und unsicher sind, die lieber gefickt werden als ficken, Männer, die lieber bei einer Tasse Tee und einem Computerspiel zu Hause bleiben und im Internet erotische Chats mit einer Fremden pflegen, wenn sie es denn möchte – solche Männer und Jungs werden nicht gerade darin bestärkt, ihre Wünsche zu artikulieren. Von Männern wird erwartet, dass sie Sex wollen und genießen und dass sie instinktiv wissen, wie es geht. Für Frauen und Mädchen dagegen soll Sex mehr wie Arbeit sein, und diese Arbeit ist selbstverständlich unsere primäre Identität, ähnlich, wie in dieser Welt, in der der Beruf uns definiert, ein Polizeibeamter und ein Bankdirektor in erster Linie Cop und Kapitalist sind.

Männer haben Sex; Frauen sind Sex. Eine Frau zu sein, und zwar eine, die Männer sexuell reizt, beglückt und verwöhnt, wird noch immer als oberste Aufgabe einer jeden Frau formuliert, obwohl einige von uns noch im Streik sind.

Für Frauen, die in einer von Männern beherrschten Gesellschaft leben, war Sexualität immer Arbeit, und zwar entfremdete Arbeit. Man erwartet von uns, dass wir Sex als Pose ständig verrichten, nicht um uns, sondern um andere zu befriedigen, und es ist auch alles in Ordnung, solange wir nicht Macht oder Geld fordern. Die Männer in unserem Leben vergessen gern, wie man sich als Liebhaber benimmt, und führen sich stattdessen auf wie ein Chef, erwarten einen gewissen Leistungsstandard, fürchten aber gleichzeitig, wir könnten uns unserer Macht eines Tages bewusst werden. Sogar der Orgasmus ist Arbeit, wir müssen ihn fabrizieren, damit der Partner zufrieden ist oder die Person hinter der Kamera, wenn es da einen Unterschied gibt. Die Leistung wird beurteilt, geprüft, an einem bestimmten Standard gemessen: Wir werden nicht flach gelegt, wir werden benotet.

Wer eigenes Begehren zulässt, begeht einen schweren professionellen Fehler: Wer sich Lust zugesteht, verzichtet auf »erotisches Kapital«. Die einzige echte Macht der Frauen – das ist noch immer so in dieser angeblich freien Welt – ist ja die Macht, »nein« zu sagen, auch wenn dieses »Nein« in der Praxis so wenig wert ist.

Der frigide Kern dessen, was wir gern als moderne, befreite Sexualität betrachten, zeigt sich nur selten. Aber es gibt Hinweise, unter anderem diesen: Trotz all der heißen Musikvideos, gegen die die Wichser-Brigade ständig zu Felde zieht, trotz der lasziven Werbespots und der Hochglanz-Titten, die jede Seifen- und Müsliwerbung zieren, hat die Generation, die in dieser angeblich sexbesessenen Welt aufgewachsen ist, keine Ahnung vom Vögeln und treibt es nicht häufiger als ihre Eltern.

Der Ausdruck »sexuelle Objektifizierung« wird häufig für die Bilderschwemme von dünnen jungen weißen Frauen verwendet, die sich bäuchlings mit gespreizten Beinen auf jeder marktfähigen Fläche räkeln, sei es in der Zeitung oder in der Schlüpferwerbung. Aber was ist falsch an der Objektifizierung? Objektifizieren wir nicht alle, wenn uns jemand gefällt? Diese rhetorische Frage wird von den stupiden großen Jungs, die fürchten, jemand könnte ihnen ihre

Pornosammlung wegnehmen, gebetsmühlenartig wiederholt und verdient es, in ihre Bestandteile zerlegt zu werden.

Sexuelle Objektifizierung wird erst dann repressiv, wenn ihr eine bestimmte Personengruppe ohne jede Rücksicht auf ihre Menschlichkeit ständig ausgesetzt ist. Dann geht es nicht mehr um Begehren, sondern um Kontrolle. Wer in einer anderen Person nur Fleisch, Fett und Knochen sieht, eignet sich Macht über sie an, und sei es nur für einen Augenblick. Die strukturelle sexuelle Objektifizierung von Frauen verlängert diesen Augenblick in eine Matrix der Verletzung. Diesem Schema zufolge ist eine Frau zuallererst ein Körper, ein idealisierter unterwürfiger Körper, und ein Mann nicht.

Es wird viel darüber diskutiert, inwieweit es das Selbstwertgefühl von Mädchen beeinflusst, wenn sie diese Bilder ständig betrachten müssen – als wäre das Problem gelöst, wenn wir die armen kleinen Dinger nur dazu bewegen könnten, zufriedener zu sein mit ihrem Leben unter dem militanten Frauenhass des Neoliberalismus. Aber Jungen müssen sich diese Bilder auch ansehen. Was passiert mit ihnen?

Für Jungen vollzieht sich die sexuelle Objektifizierung lange, bevor Sex eine realistische Perspektive für sie ist. Die rituelle Entmenschlichung von Frauen gehört für Jungen dazu, wenn sie Beziehungen knüpfen und einander beweisen, dass sie Männer sind. Es ist eine Art Beschwörungsformel gegen die Gleichberechtigung, und sie beginnt in der Schule und setzt sich im Beruf und im öffentlichen Raum fort, wenn wir als Erwachsene durch die Straßen gehen. Man kann uns noch so oft sagen, wir sollten uns doch geschmeichelt fühlen: Wenn Männer Frauen sexuell objektifizieren, indem sie ihnen nachpfeifen, so richtet sich das in erster Linie an andere Männer.

Die Gefühle von Frauen spielen keine Rolle. Darum geht es.

Objektifizierung ist an sich nicht das Problem. Das Problem ist die ungleiche Objektifizierung. Und an dieser Stelle sollten wir uns Caitlin Morans Lackmustest für Sexismus in Erinnerung rufen, dem zufolge eine bestimmte Situation dann sexistisch ist, wenn nur Frauen ihr begegnen: wenn sie zum Beispiel, ehe sie morgens auch nur ihre Cornflakes gegessen haben, die Erfahrung machen, dass ihr Geschlecht auf so gut wie jeder werbefähigen Fläche auf ein eingeöltes, halbnacktes, nach außen hin totes Stereotyp reduziert wird.[68] Die Frauenfeindlichkeit der sexuellen Objektifizierung liegt in dieser Diskrepanz – dass Männer diese Erfahrungen nicht machen. Objektifizierung ist dann repressiv, wenn außer der Lust der Männer auf warenförmige Frauenkörper jedes andere Begehren getilgt wird.

Die Lösung scheint zu sein, dass wir mehr Jungs in knackigen Unterhosen brauchen. Das wäre eines der Allheilmittel, die mir am liebsten wären.

Wir können uns die sexy Bilder bewahren und gleichzeitig der gewohnheitsmäßigen repressiven sexuellen Objektifizierung von Frauen und Mädchen Einhalt gebieten. Wir können weiter laszive Pin-ups aufhängen, solange sie Menschen vorbehalten sind, die keine männlichen Heteros sind. Wenn uns das Internet eines gelehrt hat, dann, dass sich alle möglichen Leute für Geld und Aufmerksamkeit die Klamotten vom Leib reißen. Objektifizierung kann auf Gegenseitigkeit beruhen. Sie kann Spaß machen. Sie kann befreiend sein. Aber im Moment klaffen für die meisten von uns und insbesondere für Frauen sexuelle Objektifizierung und sexuelle Freiheit leider weit auseinander.

Meine Altersgruppe war eine der ersten, die mit Hardcore-Pornografie aufwuchs statt mit einfacher Sexualkunde, die den meisten von uns noch verwehrt blieb. Die Vögelei innerhalb und außerhalb der eigenen Kohorte verstellt den Blick darauf, dass junge Leute hinter dem hochgezogenen

Reißverschluss nicht mehr über Sex wissen als ihre Eltern. Nur weil man weiß, wo was geht, heißt das noch lange nicht, dass man eine Nummer schieben kann, geschweige denn regelmäßig.

Dieser offene Widerspruch bleibt weitgehend unbemerkt, weil es seit Jahrhunderten einen gemeinsamen Chor derer gibt, die lautstark über die Verderbtheit der Jugend klagen, und derer, die mutmaßen, dass die egoistischen, schamlosen und mit Sicherheit infizierten Jugendlichen von heute nicht nur mehr Sex haben als sie selbst, sondern als sämtliche Generationen vor ihnen. Die Ergebnisse einer Studie, die jüngst aufzeigte, dass Jugendliche im Jahr 2012 weniger Sex hatten als die Teenager zehn Jahre vor ihnen,[69] wollen da nicht so recht in die Geschichte vom langsamen Abgleiten in ein erotisches Armageddon passen, was auch daran liegt, dass kein Mittdreißiger ernsthaft auf die Idee käme, dass ein Jugendlicher heute weniger abbekommen könnte als sie damals.

Auch wer sich wie ich gegen eine Zensur ausspricht, kann dennoch erkennen, dass die Pornografie für Männer aktuell ein Problem ist. Pornos ziehen Männer in ihren Bann, weil das ihr Zweck ist, aber sie bringen sie auch in Nöte, und hier muss eine aufrichtige Diskussion über die Pornografie ansetzen, die über simplifizierende unbrauchbare Forderungen nach einem Tittenverbot im Film hinausgeht. Das Skript, das insbesondere jungen Männern als Fickanleitung ausgehändigt wird, stellt eine hoch ritualisierte, aggressive, von hart arbeitenden Profis dargestellte Heterosexualität als normal hin. Es erfordert Übung, Mühe und einen ansehnlichen Aufwand an Spezialausrüstung. Hinter der Kamera kümmern sich Spezialisten darum, dass die Beleuchtung stimmt und alles schön steif bleibt.

Die Genialität der kommerziellen Sexualität liegt darin, dass der Eindruck erweckt wird, unsere Gesellschaft genieße eine nie dagewesene erotische Freiheit, und gleichzeitig der Eindruck gewahrt wird, Sex sei fast ausschließlich etwas Brutales und Ekliges zwischen Männern und Frauen. Deshalb wird auch das bösartige kleine Wort »Sexualisierung« für alles Mögliche hergenommen, vom Teenie-Push-up-BH bis hin zum jüngsten Musikvideo auf Disney Channel, in dem ein halbwüchsiges Starlet in Hotpants herumhüpft. Frauen sollten nie sexuell sein: Sex ist etwas, das mit uns gemacht wird, möglichst spät und möglichst selten. In einem bestimmten Alter werden wir »sexualisiert«, und das war's dann auch. Es gibt kein Zurück. Wir sind ruiniert, verdammt zum schmachvollen Dasein als Bordsteinschwalbe, und keiner wird uns jemals lieben.

Sex wird noch immer mit Gewalt umschrieben, und Vergewaltigung ist das logische Extrem dieser Gewalt. Der Sexualtrieb gilt als ausschließlich männlich; Frauen, die Sex suchen oder fordern, sind maskulin und unnatürlich. Der Sexhunger der Männer ist dermaßen schädlich und schicksalhaft, dass Frauen zu seiner Hüterin werden: Eine Frau, die das Begehren der Männer provoziert, indem sie sich in einen kurzen Rock und ein bauchfreies Top wirft, ist selbst schuld, wenn sie vergewaltigt oder belästigt wird.

Die Vorstellung, Vögeln sei etwas Ekliges, das Männer mit Frauen machen, und Frauen, die es mit sich machen lassen, seien irgendwie erbärmlich, ist uns nach wie vor tief in die sexuelle Psyche eingeschrieben, ungeachtet unserer angeblichen sexuellen Befreiung. Als gesicherte Erkenntnis gilt, was urbane Mythen und stupide Schlafzimmertipps in Frauenmagazinen transportieren: Sexuelle Forderungen der Frauen törnen Männer ab. Je geradliniger eine Frau, die zwischen den Beinen nicht völlig taub ist, einfordert, was sie will, desto weniger wahrscheinlich ist es, dass sie es bekommt. »Sie kann gar nicht kokett genug sein – ich will sie unbedingt jagen«; »Ich will, dass sie die Unschuldige spielt«; »Ich will Herr der Lage sein«. Dieses Geschwafel bringt jede vernünftige Schlampe dazu, die Beine übereinanderzuschlagen, denn sie kann sich ja gut den Frust ausmalen, der sich einstellt, wenn der hübsche Junge sich ihr endlich so weit geöffnet hat, dass er sie zum Objekt seiner intimsten Selbstverachtung machen kann.

Für den Erhalt der Architektur der modernen Misogynie ist es unerlässlich, den Männern einen satten Selbstekel einzuimpfen. Wenn Sex nicht schmutzig und erniedrigend wäre, müsste man die Frauen ja nicht dafür verachten, dass sie es mit sich machen lassen, egal, wie sehr man sich genau das wünscht. Wie soll man eine Person respektieren, die dir erlaubt, deine niederen Instinkte an ihr auszuleben, die sogar bekundet, es habe ihr Spaß macht? Wie soll man eine Person ernst nehmen, die dermaßen Schande über sich bringt? Würde ist für Frauen unerreichbar, wenn nur eins schlimmer ist, als sich zum Objekt und Instrument der sexuellen Schmach des Mannes machen zu lassen: es nicht zu tun.

Entpornofizierung

Etwas Unglaubliches ist geschehen. Wir leben in einem Zeitalter der grenzenlosen Informationen. Die Kids von heute können mehr wissen, viel mehr, als jede Generation vor ihnen. Diesen Absatz schreibe ich zum Beispiel auf einem Gerät, das nicht größer ist als meine offene Hand. Ich brauche nur mit den Fingern darüberzuwischen, und schon kann ich mehr Daten abrufen, als meine Vorfahren sich überhaupt vorstellen konnten, als sie auf ihren ärmlichen Inseln noch Bücher horteten; meistens schaue ich mir allerdings zotige Webcomics an oder suche den Weg zum nächsten Pub. Und trotzdem, trotz dieses gigantischen Überflusses an Informationen, trotz der vielen Lerninstrumente, die uns zur Verfügung stehen, haben wir es geschafft, schon wieder eine Generation heranzuziehen, die in Hinblick auf das intimste aller Mysterien, die menschliche Sexualität, so ignorant und ratlos ist wie alle Generationen vor ihr. Wie konnte das geschehen?

Es konnte geschehen, weil in unserer Kultur die Erwachsenen ihre Sexualität nach wie vor als etwas Monströses empfinden, als furchterregend, zwanghaft und ekelhaft, statt sie als normalen Bestandteil der menschlichen Entwicklung anzunehmen. Es konnte geschehen, weil wir es nicht schaffen, eine anständige Sexualkunde in den Schulen zu etablieren und Alternativmodelle für die Sexualität anzubieten, abseits des Sterilen, Sexistischen und entsetzlich Heteronormativen. Wenn Sex Nahrung wäre, würden wir nur noch Imbissbuden und Fast-Food-Ketten zulassen, würden in unserem Leben nichts anderes zu sehen und zu essen bekommen als pappige Chicken Wings, vollgepumpt mit Glutamat, oder aufgeblasene Hamburger vom Fließband, die nicht einmal den Anstand haben zu verrotten, wenn man sie eine Woche auf der Fensterbank liegen lässt – und wir würden uns fragen, warum wir alle dauernd so hungrig sind. Natürlich gibt es Zeiten, da hat man richtig Bock auf einen doppelten Cheeseburger mit Ketchup, aber wenn man sich davon ernährt, wird man krank, faul und kraftlos. Man muss immer mehr von dem Zeug essen, um satt zu werden, aber irgendwie ist man nie zufrieden, weil Gehirn und Körper etwas anderes brauchen als das, was der Magen zu fordern gelernt hat.

Die meisten industriell produzierten Pornos und ihre Nachahmer vermitteln den Eindruck – und das hat die aktuelle Mainstream-Pornografie tatsächlich mit dem Sex-Skript der Werbung und dem Mantra der Frauenmagazine gemein –, dass Sex wie jede andere Form der entfremdeten Arbeit ein ernstes Geschäft ist. Patzer sind nicht erlaubt –

wer nicht von Anfang an wie ein Profi arbeitet, wird schon bald von einer Süßeren ersetzt, die sich noch mehr ausnutzen lässt. Kichern, Fehler, blamables Furzen, peinliche Klitschgeräusche beim Aneinanderreiben von Haut, das ist alles nicht zulässig. Körper sollen funktionieren wie Maschinen, und Maschinen verheddern sich nicht beim Ausziehen mit den Füßen im Höschen oder schleudern die Strumpfhose versehentlich in die Kerze, die statt romantischer Stimmung einen Brand auslöst. Auch wenn in der Spotify-Shuffle-Playlist in den entscheidenden dreißig Sekunden ein Werbespot für Organspende läuft, darf nicht gelacht werden. Das wäre unprofessionell.

Wenn professionelle Pornodarsteller uns Amateuren etwas beibringen können, dann ist es der Unterschied zwischen Sex, der gut aussieht, und Sex, mit dem man sich wohlfühlt. Zwischen den verschiedenen Einstellungen der ersten Sorte wird viel herumgefummelt, werden logistische Probleme geklärt. Die Pornodarstellerinnen, mit denen ich zusammenwohnte, als ich mit dem Schreiben begann, waren dauernd kichernd mit ihrer Spesenabrechnung beschäftigt.

Die Porn Xpo in New Jersey befindet sich mitten in der Betonhölle eines Einkaufszentrums, und hier strengen sich zwar alle nach Kräften an, doch es gibt keinen einzigen Stand, der einen Orgasmus verkaufen könnte. Das gelangweilte Mädchen, das den Stand »Buckelnder Bronco« betreut, eine Art Rodeo-Bulle in Form eines gigantischen Phallus, scheint ein wenig verärgert zu sein, weil niemand auf ihrem Riesenschwanz reiten will. In dieser schrillen Umgebung ist die wilde elektrische Rute tatsächlich saft- und kraftlos. Das Mädchen, das sich auf dem Sattel drapiert hat, schließt die Augen.

Stoya, der aktuell angesagte Pornostar, signiert an ihrem Stand DVDs und Fleshlights – handgefertigte Modelle ihrer Vagina, für die nur wenige Pornostars buchstäblich Modell sitzen. Die Männer haben sich auf dem Gang angestellt, um mit ihr zu reden, schieben sich voran, ehrfürchtig, als hätten sie ein Mitglied des Königshauses vor sich. Die meisten stottern, sind schüchtern; einige verwickeln Stoya in ein Gespräch, erzählen, sie habe ihr Leben verändert, ihre Frauen wüssten nicht, dass sie sich Stoyas Filme anschauen, aber es scheint ihr ja wirklich Spaß zu machen, also ist es doch in Ordnung, oder? Einige von ihnen sind jung, die meisten im mittleren Alter, ein paar wenige gerade so aufdringlich, wie es die Sicherheitsleute, die die Mädchen beschützen, noch durchgehen lassen. Stoya ist ein Profi durch und durch. »Auf einer Pornomesse habe ich noch nie zu hören bekommen: ›Ich hab deine Fleshlight-Möse zu Tode gefickt wie eine dreckige Hure!‹ Offen fies ist niemand zu mir. Wenn ich aber auf die Straße gehe, wo die Leute keine Ahnung haben, wer ich bin, kommt schon mal: ›Mann, die Fotze würd ich ficken.‹ Argh. Da schreien einem die Männer alles Mögliche hinterher, wenn man Turnschuhe anhat und drei Tage nicht geduscht hat oder sechs Tage oder so was.«

Stoya wirft sich einen bodenlangen weißen Mantel über, schmeißt sich die Wundertasche mit den Vaginas über die Schulter und geht zum Rauchen vor die Tür. Ich gehe mit. Auf dem Parkplatz riecht es nach Nikotin und warmem Asphalt, doch trotz des ungesunden ersten Eindrucks ist es angenehm frisch. Drinnen liegen künstliche Aromen in der Luft, und ich merke erst jetzt, dass mich genau das die ganze Zeit gestört hat: Ich erwarte von Sex, dass er riecht. Ich erwarte, dass eine riesige Halle voller Sex nicht nur nach Gummi und Reinigungsmitteln riecht. Hier ist nichts Organisches, hier gibt es nur hart arbeitende Menschen und die Freier, die sie bezahlen. Die Dessous können von der Steuer abgesetzt werden, und ich frage mich kurz, ob ich vielleicht den falschen Beruf ergriffen habe, aber wirklich nur kurz, denn ich habe weder die Ausdauer noch das

Charisma, zu allen so nett zu sein, wie Stoya es bei solchen Auftritten sein muss.

Stoya ist nicht die erste feministische Pornodiva, der ich begegne, obwohl viele »Profi«-Mitarbeiterinnen der Frauenbewegung, die ich kenne, immer noch so tun, als gebe es so etwas wie feministische Sexarbeiterinnen gar nicht, ähnlich wie die Zahnfee oder schwule Republikaner. Ich sollte wohl betonen, dass ich noch nie Sex verkauft habe, vor allem, weil mir nette Freundinnen aus der Branche davon abrieten: Mit meiner emotionalen Grenzenlosigkeit und meiner Vorliebe für hässliche graue Unterhosen solle ich besser bei meinem Job bleiben. Zu meinem Umfeld gehören viele Sexarbeiterinnen, viele meiner Freundinnen und Liebhaberinnen haben Sexdienstleistungen verkauft und tun es noch heute, und wenn ich öffentlich etwas über Sexarbeit sagen soll – als seien mein weiblicher Körper und eine öffentliche Plattform schon ein Garant dafür, dass ich alles über die Kommerzialisierung von Sex wüsste –, dann informiere ich mich bei diesen Menschen.

Der moderne Feminismus schleppt noch unguten Ballast vom Frauenaktivismus aus den 1980er Jahren mit sich, dem Sexarbeit prinzipiell als schädlich galt. Stoyas feministische Mutter war »nicht dabei an dem Tag, an dem die Frauen anlässlich der Miss-America-Wahl ihre BHs in die Mülleimer warfen, aber sie gehörte dazu. Sie war eine von denen, die auf der Straße Schilder in die Luft hielten. Und das ist wunderbar«, erklärt sie mir drei Tage nach der Pornomesse in einem kleinen Hipster-Café, in dem uns die Bartträger mit Laptop verstohlen begehrliche Blicke zuwerfen.

»Meine Mutter vermittelte mir das Verständnis: Du bist eine Person. Du hast eine Vagina, aber zuallererst bist du eine Person und kannst tun, was du willst. Als ich sagte, ich wolle Ballett lernen, sah man geradezu, wie sie die Zähne zusammenbeißen musste. Sie bemühte sich wirklich, zu ihrem Wort zu stehen. Aber dann folgten Aufführungen, Make-up, und sie hatte eben ihre eigenen Vorstellungen, wie Frauen sein sollten. Immerhin hatte sie körperlich einiges riskiert für die Durchsetzung der Frauenrechte!

Manche Ladys haben echt ein Problem [mit der Sexarbeit]. Ich respektiere das. Aber obwohl diese Ablehnung vielleicht sogar nötig war, damit wir an den Punkt kommen, an dem wir jetzt sind, ist es ein Vorurteil. Ich bin unglaublich dankbar, dass ich heute selber entscheiden kann, ob ich Stöckelschuhe und Make-up trage. Ich mache mich gern hübsch. Und ich möchte meinen Körper professionell verkaufen.« Stoyas Mutter tut sich bis heute schwer mit ihrer Entscheidung, Pornos zu drehen. Ihre Großmutter dagegen ist völlig damit einverstanden und erlaubt es Stoya sogar, ihren Namen als Pseudonym zu tragen.

Wenn viele Feministinnen sagen, sie lehnten Pornografie und Prostitution ab, dann meinen sie damit, dass sie den Transaktionscharakter des Sex ablehnen, die patriarchalische Gleichung, nach der jede Partei davon überzeugt ist, dass sie aufs Kreuz gelegt wird: Er bezahlt sie, sie dient ihm. Nach dieser Gleichung ist Sexarbeit wie alles andere, was Frauen tun, schlecht bezahlt oder unbezahlt, aber nichtsdestotrotz Arbeit, und sich diese Arbeit gezielt auszusuchen, ist verpönt. Was um Himmels willen hat man davon außer Sex, und welche anständige Frau will den schon? Reiche Frauen, die sich einen Teufel um die Ausbeutung in anderen Branchen kümmern, sind vom Schicksal der Prostituierten tief ergriffen, denn nur sie werden wahrhaft erniedrigt und müssen von ihrem sündigen Lebensstil errettet werden, auch wenn ihnen dann nichts übrig bleibt, als betteln zu gehen. Gewiss ist es besser zu betteln, sich zwölf Stunden am Tag in einem Ausbeuterbetrieb abzurackern, alles ist besser, als für Geld zu ficken, wo doch jeder weiß, dass Arbeit gut und Sex schlecht für Frauen ist. Deshalb darf die Sexarbeit auch nicht legalisiert werden, obwohl eine Legalisierung Leben retten, die Prostituierten vor Verhaftung und Inhaftierung schützen und alles leichter für sie machen würde. Was für ein Signal wäre das für die Kinder?

Wenn man statt »Prostitution« den Begriff »Sexarbeit« verwendet, auf dem viele Sexarbeiterinnen bestehen, so gibt das der Debatte eine neue Richtung. Statt zu fragen, was am Sex so schlecht für Frauen ist, können wir nun fragen, was an dieser Arbeit so schlecht für alle ist. Das ist eine gefährliche Frage. Wenn man argumentiert, dass Sexarbeit ein Job »wie jeder andere« ist, so ist damit noch lange nicht gesagt, dass er harmlos wäre, ganz im Gegenteil. Die meisten Jobs sind schrecklich, und dass viele Sexarbeiterinnen ihr Geld lieber anders verdienen würden, besagt genau dies: Der Tankstellengehilfe und die Verkäuferin hätten wahrscheinlich auch lieber eine andere Arbeit, müssen aber ein Lächeln aufsetzen und so tun, als gingen sie in ihrem Job auf.

Trotzdem wird uns unablässig erklärt, die Prostitution sei für Frauen gefährlich – nicht nur für die Frauen, die es tun, sondern für alle Frauen. Wenn eine Frau oder ein Mädchen irgendwo in der Welt Sexdienstleistungen verkauft, so werde damit das Einvernehmen der Frauen insgesamt entwertet, und wir wissen alle, dass die Macht, Geschlechtsverkehr abzulehnen oder zuzulassen, unser größter Aktivposten ist. Wenn Frauen in der Ehe, in einer Beziehung oder in der Familie nur bessere Bedingungen aushandeln können, indem sie ihr Einvernehmen zum Sex versagen, dann ist leicht einzusehen, dass Sexarbeiterinnen diese Verhandlungsmacht untergraben – wie jede Frau, die zu leicht nachgibt, sei es wegen Geldes oder zum Vergnügen. Solange wir eine Welt akzeptieren, in der das Einvernehmen zum Geschlechtsverkehr das wichtigste Druckmittel für Frauen ist, werden Sexarbeiterinnen für unsere Sünden büßen.

Immer wieder hört man, wir könnten schließlich nicht wissen, wie Sexarbeit wirklich ist, wie Prostituierte wirklich leiden, denn wie sollten sie es uns denn erzählen? Seit das Internet anonyme, selbst veröffentlichte Berichte über Sexarbeit massenhaft zugänglich macht, berichten uns Huren und Stripperinnen, Pornostars und Dominas genau das, und zwar zu Zehntausenden. Nun, da die Gegner der Legalisierung von Prostitution nicht mehr so tun können, als könnten sich die Sexarbeiterinnen nicht äußern, lautet die Standardbehauptung, die Frauen würden so schlimm misshandelt und seien von der Arbeit, die sie verrichten, dermaßen traumatisiert, dass ihre Gedanken nicht ernst genommen werden dürften. Der Feminismus, der missbrauchte Frauen anhören und sie fragen müsste, was sie brauchen, teilt ihnen nun mit, sie seien einer Gehirnwäsche unterzogen worden und hätten daher keine Ahnung, was gut für sie ist.

Die Vorstellung, dass Sexarbeiterinnen Handlungsgewalt und echten Einfluss auf ihre Arbeitsbedingungen und ihre gesetzlich verbrieften Rechte haben sollten, bringt viele Menschen aus verschiedensten Gründen zur Weißglut. Sozialkonservative sehen das Familienleben und die öffentliche Moral bedroht; Frauenhasser fürchten, Frauen könnten die Mittel, mit denen sie Männer seit Jahren ausbeuten, indem sie sie am Schwanz durch die Gegend zerren und ihnen dabei den Geldbeutel leeren, in eine legale Form gießen, sodass sie keine Angst mehr vor brutaler Strafe oder sozialer Schande haben müssten – undenkbar. Wenn eine Frau mit Sex richtiges Geld verdient, soll sie wenigstens wissen, dass es das Schlimmste ist, was sie überhaupt tun kann, dass sie eine dreckige Schlampe ist, der Rechte unwürdig, die andere Arbeiterinnen und Arbeiter einst erkämpften. Und die letzte Gruppe, die gegen die Legalisierung der Prostitution wettert, sind Feministinnen.

Die feministischen Sexkriege sind lange nicht so aufregend, wie sie klingen. Sie finden überwiegend in zugigen Versammlungsräumen statt, in denen sich Leute gegenseitig anschreien, bis der letzte Bus weg ist, und darüber zanken, ob Prostitution nichts anderes als Vergewaltigung gegen Bezahlung ist.

Sexarbeit ist nicht etwa stigmatisiert, weil sie gefährlich wäre, sie ist gefährlich, weil sie stigmatisiert ist, und dieses soziale Stigma, das System der Bestrafung und des Ausschließens von Sexarbeiterinnen aus der hell erleuchteten Welt der guten, reinen Frauen, die ihr erotisches Kapital, angeblich ihre einzige Macht, nie und nimmer zu Geld machen würden, hält immer noch an.

Alleinstehende Mütter und andere Sündenböcke

Neben der Sexarbeiterin ist die verhassteste Figur im Gruselkabinett der modernen sexuellen Vorurteile die alleinstehende Mutter.[70] Über Millionen von Frauen, die ohne zweiten Elternteil Kinder erziehen, wird gesprochen wie von Bettlern und Dieben: Sie saugen den Staat aus, sind die Geißel der schwer arbeitenden Steuerzahler, die Einkünfte aus »echter« Arbeit abgeben müssen, um diese »zerrütteten Familien« zu unterstützen. Zahlen des britischen Arbeitsministeriums zufolge sind neun von zehn Alleinerziehenden Frauen;[71] viele dieser Mütter ziehen ihre Kinder nicht freiwillig allein auf, sondern tun dies, weil sie verlassen wurden oder die Beziehung in die Brüche ging, und es ist auffallend, dass alleinstehende Mütter, ehe sie um Sozialhilfe bitten, oft betonen, dass sie sich wirklich bemüht hätten, eine gute Ehefrau zu sein und die Familie zusammenzuhalten. Alleinstehende Väter dagegen werden als Helden gefeiert, weil sie unerschrocken ihre Kinder ohne Hilfe der bösen Frau aufziehen, die sich ihrer naturgegebenen Rolle verweigert.

Die alleinstehende Mutter gibt den perfekten Sünden-
bock ab für soziale Vorurteile und das allseits beliebte *slut-
shaming*, das öffentliche Anprangern als Schlampe. Der Begriff »gefallene Frau« gilt heute als veraltet, doch der
Mythos hat Bestand: Frauen bringen Schande über sich,
wenn sie vom Sockel des perfekten neoliberalen Frauen-
bilds stürzen, des personifizierten Erfolgs auf High Heels,
der Überfrau, die mühelos mit Mann, Kind und Karriere
jongliert.

Eine alleinstehende Mutter ist nicht nur eine Schlampe,
sie ist eine schlechte Unternehmerin, eine faule Arbeiterin,
eine Abweichlerin, die es nicht geschafft hat, die Anforderungen des kapitalistischen Patriarchats zu erfüllen, und nun
fordert, dass wir anderen sie alimentieren. In den Vereinigten Staaten gibt es für die »*welfare queen*«, die sich im
sozialen Netz bequem einrichtet, kein männliches Pendant.
Wer allein ein Kind in die Welt setzt und dann für seine
Erziehung Unterstützung erbittet – von der Gemeinde, der
Familie oder dem Staat –, gilt als bodenlos egoistisch.

Nach der Logik der neoliberalen Genderpolitik ist keine
Frau arm oder benachteiligt, weil es strukturelle Ungleichheit gäbe, sondern weil sie es so will. Die alleinstehende
Mutter muss wie die Prostituierte die falsche Wahl getroffen
haben, eine schändliche, schamlose Wahl, wenn sie nun
bettelarm ist. Sie hat kein Mitleid und erst recht keine Hilfe
verdient. Sie hat es nicht geschafft, ihr erotisches Kapital
klug zu investieren. Ihr Kind ist ein dauerhaftes Memento
an diese mangelhafte Lebensplanung. Das Bloßstellen angeblicher Schlampen und die soziale Degradierung allein-
stehender Mütter und ihrer Kinder stehen im diametralen
Gegensatz zu modernen Ideen von sexueller Befreiung, ganz
zu schweigen von reproduktiver Freiheit.

Aber nicht nur alleinstehende Mütter werden an den
Pranger gestellt, weil sie es gewagt haben, sich fortzu-

pflanzen: Mittlerweile herrscht eine stillschweigende Übereinkunft, dass Mutter zu werden generell eine egoistische, ordinäre Entscheidung ist, eine Art reproduktive Inkontinenz.

Mädchen, die sozial mobil sein wollen oder sollen, sind angehalten, das Kinderkriegen zu verschieben. In Kampagnen gegen Teenager-Schwangerschaften erklären Aktivisten und Aktivistinnen jungen Frauen in deutlichen Worten, wenn sie ein Kind bekämen, ehe sie sich ein Plätzchen im Eckbüro gesichert haben, »ruinierten sie ihr Leben« – warum das so ist, darf nicht hinterfragt werden. Kinderkriegen ist etwas für arme Mädchen, für dumme Mädchen. Als Beweis wird gern angeführt, dass Armut ein starker Prädiktor für Teenager-Schwangerschaften sei. Wenn du anfängst zu brüten, ist das Spiel vorbei, Mädchen. Deine Chancen auf ein erfülltes, selbstbestimmtes Leben sind im Orkus, es sei denn, du bist reich oder hast unverschämtes Glück. Trotzdem erzählte man uns Mädchen, die wir in den 1980er Jahren oder danach aufwuchsen, mit unheilvollem Unterton, wir würden eines Tages »Kinder wollen«, gerade so, als wäre uns eine chronische Krankheit vorherbestimmt, die uns zum Krüppel machen würde.

Das moralische Lehrstück unseres Zeitalters ist das von der armen Mutter mit vielen Kindern. Solche Frauen werden als Fortpflanzungsmonster dämonisiert, die ihre kreischenden Bälger im Kinderwagen durch schäbige Stadtviertel schieben. Ihre Fruchtbarkeit und ihre Armut bilden einen Käfig aus Schimpf und Schande, dem sie hätten entkommen können, wenn sie nur die Beine zusammengeklemmt und die Füße auf die Karriereleiter gestellt hätten. Das Reality-TV in sämtlichen Ländern des Westens bietet den Zuschauern Gelegenheit, die unverfrorene Dauerfortpflanzung der Unterschicht zu begaffen.[72]

Das Muttersein wurde zwar auf eine gesellschaftliche

Gruppe mit abweichendem Reproduktionsverhalten abge-
wälzt, doch das heißt noch lange nicht, dass Frauen ihr
Leben führen könnten, als sei die Fruchtbarkeit kein fun-
damentaler Bestandteil ihres Wesens. Im Gegenteil: Die
mögliche Fruchtbarkeit von Frauen dient nach wie vor als
Ausrede dafür, sie nicht einzustellen oder zu befördern, egal,
ob sie nun planen oder überhaupt in der Lage sind, Kinder
zu bekommen, oder nicht. Wir müssen uns darauf einstellen,
bei jedem Bewerbungsgespräch danach gefragt zu werden,
ob wir Kinder wollen, den Staat und unseren Chef also wertvolles Geld kosten, das darauf verwendet werden könnte,
einen Mann auszubilden und einzustellen.

Väter tauchen in dieser Rechnung natürlich gar nicht auf.
Man geht davon aus, dass die meisten Männer, wenn sie die
Wahl haben, die beschwerlichen Vaterpflichten lieber meiden. Denen, die eine aktive Rolle in der Kindererziehung
übernehmen, wird zwar eine weltliche Heiligsprechung zu-
teil, doch einen Vaterschaftsurlaub können sie in den meisten Ländern von ihrem Chef oder vom Staat nicht erwarten.
Das Produzieren und Aufziehen der nächsten Generation –
die Reproduktionsmittel – sind noch immer eine Domäne der
Frauen, und das nimmt man ihnen übel.

Die perfekte Angestellte wahrt den Anschein der Steri-
lität: Sie sieht fickbar aus, ohne je zu ficken, geschweige
denn sich fortzupflanzen, und Gott bewahre, dass sie mit
Flecken von getrockneter Babynahrung am Revers auf der
Arbeit erscheint. Wenn sie Aufgaben außerhalb des »Arbeitsplatzes« wahrnimmt, hat sie sie privatim zu erledigen.
Kinder auszutragen und aufzuziehen gilt nicht als Arbeit –
wie auch, man wird ja nicht dafür bezahlt.

Frauen sind egoistisch, wenn sie Kinder bekommen, und
egoistisch, wenn sie keine bekommen: Wir sollen uns ruhig
schon mal darauf einstellen, unsere Kräfte zwischen der
widerlichen körperlichen Fruchtbarkeit, die zwangsläufig

unsere Chancen beschneidet, und den beruflichen Anforderungen aufzuteilen. Wir werden zu stark beansprucht, zu hoch besteuert und zu hart beurteilt, egal, wie wir uns entscheiden, denn so läuft das eben in dieser Welt. Das fordert eben der Markt. Die so geschürten Ängste ergeben eine perfekte Rezeptur: Eingeschüchterte Arbeiterinnen, die mit ihren vielen Pflichten jonglieren, schließen sich eher keiner Gewerkschaft an, gehen nicht in den Streik, nehmen meist jede Entbehrung hin, sind glücklich, wenn sie es allen recht machen können. Das Lob heimsen die Mütter ein, die die Mühen der Mutterschaft mit dem »Vermögensaufbau« verbinden, die also meist im Finanzsektor eine gut bezahlte, hoch bewertete Anstellung haben.

Kinder unterbrechen die Arbeit nicht nur, sie sind arbeitsfeindlich. Weil Frauen die Mutterschaft angeblich in der Natur liegt, sind auch sie grundsätzlich arbeitsfeindlich und müssen dafür büßen, indem sie in unsicheren und schlechter bezahlten Jobs schwerer und länger schuften als Angestellte, die nicht irgendwann ein Baby in die Welt setzen könnten. Unser geschlechtlicher Körper ist nach wie vor der Quell der Ursünde, nur dass wir heute nicht gegen die religiöse Moral sündigen, sondern gegen den Markt.

Die Reproduktionsmittel

Es ist nicht toll, es ist nicht schlau, und ich sollte es besser nicht tun, weil es einfach zu billig ist. Aber hier stehe ich, an einer Straßenecke in Dublin, und flirte mit einem Abtreibungsgegner. Er ist einundzwanzig, engagierter Katholik und heißt Dennis, und er versucht mir zu erklären, warum Abtreibung Sünde ist. Als ich ihn frage, was zum Teufel ein Mädel denn machen soll, wenn die Verhütung schiefgeht, wie es eben manchmal passiert, läuft er rot an.

»Sie kann die naheliegenden Maßnahmen ergreifen, damit sie kein Kind bekommt«, erwidert er.

Zum Beispiel?

»Nun, zum Beispiel Abstinenz«, sagt Dennis.

Kann er mir mehr darüber sagen? Ich fahre mir mit der Zunge über die Zähne und mache so eine Schüttelbewegung mit dem Rucksack, bei der die Titten kurz auf und ab wippen. Trotz der Kälte errötet Dennis wieder. »Reinheit vor der Ehe«, erklärt er.

Wirklich, Dennis, ich bin fasziniert – erzähl mir alles über die Reinheit vor der Ehe.

Eine Straßenecke weiter verteilen zwei junge Frauen Flugblätter für die Legalisierung der Abtreibung und werden wüst beschimpft. Es ist ein kalter Januartag, und die beiden haben nur einander. Eine von ihnen erzählt mir, dass sie nach England fahren musste, wo Abtreibung legal ist. Sie musste allein fliegen und konnte sich den Eingriff kaum leisten, der ihr, hätte sie sich dazu bekannt, einen Rauswurf durch die Eltern und Schimpf und Schande am Arbeitsplatz eingehandelt hätte. 150 000 irische Frauen sind in den letzten fünf Jahrzehnten diesen Weg gegangen, und die wenigsten haben je darüber gesprochen.[73] Ich widerstehe dem Impuls, das Aufnahmegerät wegzustecken und sie in den Arm zu nehmen, ihr Kraft oder ein freundliches Wort zu geben. Stattdessen hole ich ein Stück Schokolade aus der Tasche. Wie armselig.

In Irland ist die Abtreibung gesetzlich verboten. In Teilen der angeblich entwickelten Welt, einschließlich zahlreicher US-Bundesstaaten, ist ein sicherer Schwangerschaftsabbruch entweder verboten oder nur mit solchen Einschränkungen erlaubt, dass er de facto illegal ist.[74] Das Verbot der Abtreibung ist das Herzstück eines Systems aus Wut und Beschämung, und das Ziel sind die verzweifelten anonymen Frauen, die sich aus Angst vor brutalen Vergeltungsaktionen nicht äußern können.

Wenn eine Frau keinen Geschlechtsverkehr haben wollte, ist die Abtreibung allerdings plötzlich in Ordnung. Die meisten Bundesstaaten und Staaten schränken gesetzlich den Schwangerschaftsabbruch so weit ein, dass faktisch ein Verbot gilt, das aber Ausnahmen für Vergewaltigung und Inzest zulässt.[75] Alle Bedenken im Hinblick auf den Zellklumpen, der in der Gebärmutter wächst, treten magischerweise hinter die Autonomie der Frau zurück, wenn sie vergewaltigt wurde oder einem Inzest zum Opfer fiel, denn eine Frau, die wirklich und wahrhaftig keinen Geschlechtsverkehr haben wollte, ist eine gute Frau und sollte nicht dafür bestraft werden. Den schlechten Frauen dagegen, die mit dem Geschlechtsverkehr einverstanden sind, die ihn womöglich sogar genießen, geschieht es nur recht, wenn sie die Folgen tragen müssen.

Der Backlash gegen Abtreibung und Verhütungsmittel ist eine sexistische Gegenreaktion, die tief verwurzelt ist in der Angst vor der weiblichen Autonomie und im Abscheu vor der weiblichen Sexualität. Formuliert wird dieser Backlash natürlich als Sorge um die Frauen. Das gilt für so gut wie jeden Vorstoß, die Sexualität von Frauen zu steuern, dem Gedanken folgend, dass Sex schlecht für uns ist und wir grundsätzlich geistlose, gedankenlose Geschöpfe sind, denen man die Steuerung des eigenen Körpers nicht überlassen kann.

Die religiöse und konservative Rechte, vor allem in den Vereinigten Staaten und in mehrheitlich katholischen Ländern, stellt Abtreibung und Verhütung weiterhin als Sünde dar,[76] worauf natürlich die Bemerkung gestattet sein muss, dass Gott auch Pocken, Polio und Erektionsstörungen schuf, was die Medizin nicht davon abgehalten hat, uns ein längeres und angenehmeres Leben ohne sie zu verschaffen. Vermehrt wird vorgebracht, dass Schwangerschaftsabbruch und Geburtenkontrolle für Frauen eine psychische Belastung darstellten, dass wir mit all der Freiheit einfach nicht zurechtkämen, dass unser Mutterinstinkt rebelliere und Abtreibung, weil sie psychische Schäden verursache, den Frauen nicht angeboten werden sollte.[77] Wenn eine Frau aber ihrer Biologie ausgeliefert ist, wenn sie gezwungen ist, gegen ihren Willen ein Kind zu gebären, es in Armut aufzuziehen oder wegzugeben, so gilt das als psychisch unbedenklich. Die reichen Männer und religiösen Eiferer, die in den Gesetzgebungsverfahren zur Verfügbarkeit reproduktiver Medizin für Frauen nach wie vor das Sagen haben, werden nie selber eine Abtreibung brauchen, sind als Männer aber natürlich ideal geeignet, in angeblich demokratischen Ländern darüber zu entscheiden, was gut für Frauen ist.

Es ist allerdings atemberaubend, wie schnell die Sprache der Besorgnis in *slut-shaming* und grobe Frauenfeindlichkeit umschlägt. Frauen, die in Amerika öffentlich eingestehen, Verhütungsmittel zu verwenden, etwa die Jurastudentin Sandra Fluke, die sich vor einer rein männlich besetzten Senatsanhörung 2012 für eine hormonelle Geburtenkontrolle aussprach, werden als Schlampen, Hexen und hässliche Huren beschimpft. Der Linken fehlt derweil noch der Mut, Argumente dafür zu liefern, warum den Frauen sexuelle Handlungsmacht zugestanden werden sollte, und zwar so weit, wie es moderne Techniken eben möglich machen. Stattdessen äfft sie die Sprachregelung der Konservativen nach, der zufolge Abtreibungen grundsätzlich tragisch sind und Verhütungsmittel gute Frauen schützen sollen – Mütter, besonders Mütter, die sich um das Wohlergehen schon existierender Kinder sorgen, oder auch Frauen mit chronischen hormonellen Erkrankungen –, nicht etwa schlechte Frauen, die ja nur die sexuelle Autonomie einfordern, die Männer schon seit jeher genießen.

Die »sexuelle Revolution« der 1960er und 1970er Jahre sollte die Frauen von den Entbehrungen befreien, die ihnen von der Biologie auferlegt wurden, doch bislang hat sie es nur geschafft, Männer von ihren häuslichen Pflichten zu entbinden. Dass die Gesellschaft von dem Gebot befreit wurde, dass Menschen heiraten und mit dem gesetzlich angetrauten Lebenspartner Kinder haben müssen, ist für alle ein Gewinn – aber dabei ist etwas Tiefergehendes verloren gegangen. In den vergangenen zwanzig Jahren diskutierte der Mainstream-Feminismus deshalb vorwiegend darüber, ob eine Frau »alles haben« kann – wobei mit »alles« die Fürsorge für Ehemann, Kinder und Chef gemeint ist. Die Frage, warum sie das überhaupt wollen sollte, wurde nie hinreichend beantwortet.

Geschlechterungleichheit ist die Grundlage für Genderungleichheit, die biologische Logik, nach der ein Geschlecht bis zu einem gewissen Grad dem anderen untergeordnet bleibt. Auch wenn Frauen kein Kind empfangen und austragen wollen oder können, müssen sie sich einem gesellschaftlichen Regime unterwerfen, das nur dazu dient, die Handlungsmacht fruchtbarer Frauen einzugrenzen. Manche Menschen verabschieden sich nur ungern von dem Prinzip, dass Sex für Männer folgenlos bleibt, für Frauen aber wegen des Schwangerschaftsrisikos gefährlich ist. Es bleibt den Frauen überlassen, sich männlichen Avancen so lang wie möglich zu widersetzen und dann die Folgen dieser Avancen zu tragen; Frauen sollen Sex über sich ergehen lassen und ihn nie selbst in die Hand nehmen. Es gibt aber keinen Grund, warum das so sein muss.

Seit mehreren Generationen verfügen wir über die medizinische Technik, die geschlechtliche Segregation ins Reich der Geschichte zu verbannen: Frauen könnten wirklich die gleichen Rechte haben wie Männer, die Geschlechtsverkehr haben und sich mit dem anderen Geschlecht einlassen können, ohne eine ungewollte Schwangerschaft, gesellschaftliche Stigmatisierung und einen schmerzhaften Tod fürchten zu müssen. Die technischen Fortschritte, hormonelle und mechanische Verhütungsmethoden und der sichere medikamentöse Schwangerschaftsabbruch können für die betroffenen Frauen schmerzhaft sein oder gar Traumata auslösen, sind aber bei weitem nicht so schmerzhaft und traumatisch wie das Austragen eines ungewollten Fötus, der nach neun Monaten durch das Becken geschoben werden muss.

Die Technologie der sexuellen und reproduktiven Befreiung hätte die Welt für die Frauen viel stärker verändern müssen, als es tatsächlich geschehen ist. Dass Kondome, die hormonelle Verhütung, die Pille danach und die Abtreibungspille weitgehend verlässlich sind, ist für Männer deshalb so bedrohlich, weil damit die materielle Basis für die Unterdrückung der Frauen in Gefahr gerät.

Als das Fundament der biologischen Ungleichheit durch Verhütungstechniken und die Reproduktionsmedizin ins Wanken geriet, setzte eine hektische Gegenbewegung ein, die sich sowohl gegen die Technik als auch gegen die dadurch möglich gewordene sexuelle Freiheit richtete: Der Einsatz von Kondomen und Pille sei nicht nur unnatürlich, hieß es, Abtreibung nicht nur eine Sünde gegen Gott und den Menschen, nein, jede Frau, die sich dieser Fortschritte bediene, sei selbstverständlich eine seelenlose Hure, die sich schämen sollte. Dass die meisten sexuell aktiven Frauen und Mädchen verhüten und jede Dritte irgendwann in ihrem Leben eine Abtreibung vornehmen lässt, spielt keine Rolle. Der Backlash gegen die sexuelle Autonomie von Frauen ist ein Backlash gegen die sexuelle Freiheit aller Menschen, männlich und weiblich, homosexuell und heterosexuell.

Technische Fortschritte sollen der Menschheit nützen, doch auf die Idee, dass Frauen und Queers vollwertige Menschen sind, scheint ein beängstigend großer Anteil der Volksvertreter bislang nicht gekommen zu sein. Dort, wo Frauen Verhütung und Abtreibung vornehmen dürfen, gibt es Hürden – wir sollen schließlich nie vergessen, dass unsere begrenzte sexuelle Freiheit ein Geschenk mächtiger Männer ist, die sie uns auch wieder wegnehmen können, wenn wir uns nicht anständig benehmen. Diesen Backlash können wir nicht mit Höflichkeit bekämpfen. In einer Kultur, in der es gewollt ist, dass Frauen und Mädchen eingeschüchtert und verängstigt sind, müssen wir unsere Schamlosigkeit zur Waffe machen.

Was mit dem Begriff
Vergewaltigungskultur gemeint ist

Struktureller Sexismus ist nicht immer von Hass getrieben. Besonders deutlich wird das an der Debatte über *Date Rape*, Drogen und Alkohol.

Während ich dies schreibe, tobt eine Diskussion darüber, ob eine Frau die Verantwortung hat, sich vor Vergewaltigung zu »schützen«. Viele Menschen – zu viele, um sie hier einzeln an den Pranger zu stellen – haben viel Zeit und Energie darauf verwendet, insbesondere junge Frauen zu beknien, doch mit dem Trinken und dem Drogenkonsum aufzuhören, Männern nicht die »falschen« Signale zu geben und in fremder Umgebung nicht allein auf die Straße zu gehen. Menschen, die so etwas äußern, meinen es häufig gut und wollen, dass Mädchen und Frauen möglichst nichts passiert. Wenn sie Mädchen zu ständiger Achtsamkeit ermahnen, heißt es, sei das nur zu ihrem Besten.

Aber da liegt auch schon das Problem.

Über die Jahrhunderte hat man Frauen und Mädchen von allen möglichen Dingen abgeraten, und es war immer »zu ihrem Besten«. Man riet ihnen ab, arbeiten zu gehen, zu viel zu lesen, die Schule oder die Universität zu besuchen, weil ihnen das schaden würde. Heute rät man uns ab, allein auszugehen, unsere Sexualität zu genießen oder öffentlich unsere Meinung zu äußern, weil wir damit eine brutale Vergeltung durch die schwindende Zahl von Männern provozieren könnten, die Frauen für schweigende sexuelle Bedarfsartikel halten. In Saudi-Arabien dürfen Frauen nicht Auto fahren, weil es angeblich ihre Eierstöcke schädigen könnte. Wenn die Frauen insgesamt immer auf alle Ratschläge gehört hätten, wenn sie sich zu ihrer eigenen Sicherheit immer Schranken auferlegt hätten, dann säßen wir noch in der Küche fest.

Der Streit darüber, ob es »Pflicht« der Frauen ist, sich vor Vergewaltigung zu schützen, verstellt die Debatte über die eigentliche Frage: Wann genau will die Gesellschaft die Schuld für Vergewaltigungen endlich den Männern geben, die sie begehen, dem Justizsystem, das sie partout nicht ernst nehmen will, der Kultur des Schweigens und der Scham, die es zulässt, dass Männer und Jungs relativ ungestraft Frauen, Mädchen und andere Männer vergewaltigen?

Wer jungen Frauen erklärt, sie dürften nicht dieselben Fehler begehen, nicht genauso viel Spaß haben und nicht dieselben Risiken eingehen wie junge Männer – sich betrinken, auf Abenteuer ausziehen, allein verreisen –, mag sie kurzfristig vor Raubtieren schützen. Doch langfristig verleiht er diesen Raubtieren Macht: Sie können das Verhalten der Frauen kontrollieren, ihnen Angst einimpfen, dafür sorgen, dass sie sich nicht amüsieren, nichts wagen können, ohne sich in die Gefahr sexueller Gewalt zu begeben. Das sind Merkmale einer Vergewaltigungskultur, die mit jeder Mahnung an eine junge Frau, sie möge doch weniger trinken, um keine sexuellen Übergriffe zu provozieren, gestärkt wird.

Als die Generation unserer Urgroßeltern ihre Töchter zu einer frühen Heirat drängte, damit sie nicht dem gesellschaftlichen Fegefeuer anheimfielen, meinte man, es sei zu ihrem Besten. Hundert Jahre später denken wir genauso, wenn wir unseren Freundinnen, Kindern und jüngeren Schwestern raten, sie sollen nicht so lang wegbleiben, nach Einbruch der Dämmerung bestimmte Stadtteile meiden und sich nicht die Hucke vollsaufen. Wir sagen das ja nicht, weil wir sie insgeheim hassen, sondern weil wir uns um sie sorgen und jede Einzelne von ihnen vor einer Welt schützen wollen, von der wir wissen, dass sie nicht so gleichberechtigt ist, wie wir gern tun.

Wenn wir gegen die Vergewaltigungskultur kämpfen, so kämpfen wir nicht nur gegen die dumpfen Frauenhasser, die mit ihren boshaften Sprüchen unsere Kultur wie mit klebrigem Schleim überziehen, sondern auch gegen die leise Stimme, die in uns flüstert: »Immer langsam.« Die Stimme, die uns sagt, wenn wir zu Hause bleiben, die Knie zusammenpressen und den Blick senken, kann uns nichts passieren.

Leider ist die Vergewaltigungskultur ein echtes Dilemma. Ihr Ziel ist die Angstmache, die Schaffung einer Atmosphäre, in der sich Frauen fürchten, genauso am öffentlichen Leben teilzuhaben wie Männer. Wenn wir Angst haben müssen vor sexueller Gewalt, wenn wir für den Fall, dass wir dieselben Risiken eingehen wie Männer, eine körperliche Attacke einkalkulieren müssen und, schlimmer noch, selber daran schuld sind, dann ist das kein freies Leben. Und so ein Verhalten schützt uns auch nicht vor der Gewalt derer, die wir lieben: In einer Studie berichtete jüngst die Hälfte aller Vergewaltigungsopfer in den Vereinigten Staaten, sie seien von ihrem Partner, ihrem Freund, ihrem Ehemann oder ihrem Liebhaber vergewaltigt worden.[78] Die meisten Vergewaltiger kennen ihr Opfer und genießen sein Vertrauen. »Verantwortliches« Verhalten bietet demnach keinen Schutz vor sexueller Gewalt – das ist das Dilemma.

Wenn ein leitender Polizeibeamter im Radio Frauen öffentlich davor warnt, abends, wenn sie ausgehen, nichts zu tun, was sie später »bereuen« könnten, dann macht er deutlich, dass die Welt eben so ist. Wir sollen begreifen, dass Vergewaltigung und sexuelle Übergriffe zum Leben dazugehören; auch wenn es uns überhaupt nicht gefällt und wir Vergewaltiger am liebsten vor Gericht sehen würden, können wir ja doch nichts gegen die strukturelle Gewalt ausrichten. Dieser Vergewaltigungsmythos ist schon schlimm genug, wenn er von einer Freundin oder einem Elternteil geäußert wird. Noch schlimmer wird er, wenn er von Gesetzeshütern oder von einer anderen staatlichen Instanz kommt.

Und Folgendes müssen wir nun den jungen Frauen überall auf der Welt sagen: Vergewaltigung muss nicht zum Leben dazugehören. Es steht nicht in eurer Verantwortung, vorsichtig zu sein, euch zu beschränken, leiser und braver zu sein, damit Männer euch nicht vergewaltigen. Wenn ihr euer Leben in Angst vor männlicher Gewalt verbringen wollt, kann euch das niemand übelnehmen – die Angst ist begründet und legitim, und Frauen, die zu laut reden, zu heftig flirten und zu viel wagen, müssen manchmal einiges einstecken. Aber: Einstecken müssen auch die Frauen, die das nicht tun.

Frauen, die in einer Vergewaltigungskultur leben, müssen sich klarmachen, dass sie, indem sie sich konservativ kleiden, nicht ausgehen, sich nicht amüsieren, nicht allein verreisen und nie ihren Partner verärgern, zwar das Risiko sexueller Gewalt senken, aber auch ein kleineres, traurigeres Leben führen. Das Ziel ist hier nicht etwa, Frauen zu schützen. Das Ziel ist, Frauen zu kontrollieren.

Um die Frage des einvernehmlichen Geschlechtsverkehrs vollzieht sich derzeit eine enorme Bewusstseinsverschiebung, die vieles umkrempeln könnte. Irgendwann zwischen 2008 und 2014 hat sich das kollektive Verständnis dessen, was unter Vergewaltigung und Missbrauch zu verstehen ist und zu verstehen sein sollte, nachhaltig verändert. Eine nicht zu übersehende Zahl von Menschen sprach nicht mehr nur verstohlen, sondern offen über die Realität der sexuellen Gewalt und des Kindesmissbrauchs und auch darüber, wie die Opfer zum Schweigen gebracht werden. Überlebende Vergewaltigungs- und Missbrauchsopfer und ihre Angehörigen kannten die schreckliche Wahrheit schon immer, waren aber gezwungen, sie in sich hineinzufressen, wo sie gären und sie von innen verzehren konnte. Sehr viele Frauen, die ihr kennt, haben einschlägige Erfahrungen gemacht. Wir haben nur früher nicht offen darüber geredet.

Etwas ist im Gange. Nun, da wir anders kommunizieren und interagieren, können sich Menschen, die früher isoliert waren – zum Beispiel Vergewaltigungs- und Missbrauchsopfer –, offen artikulieren, ihre Geschichte aus erster Hand erzählen und die Macht- und Gewaltstrukturen, um die wir immer wussten, sichtbar machen, damit wir dagegen angehen können.

Nicht wenige – und es sind nicht nur Männer – vermuten dahinter eine Verschwörung. Wenn ich mich als Journalistin mit ihnen unterhalte, erklären sie mir, Frauen täuschten heute häufiger denn je Vergewaltigungen vor. Frauen lögen, um Männern zu schaden und »ihr Leben zu zerstören«. Das sagen sie, obwohl die Quote vorgetäuschter Vergewaltigungen so niedrig liegt wie eh und je und es in der Populärkultur nur so wimmelt von mächtigen Männern, die des sexuellen Missbrauchs beschuldigt wurden, ohne dass ihr Leben auch nur angetastet wurde, Männer wie der Boxer Mike Tyson, der Sänger R. Kelly oder der Filmemacher Woody Allen. Frauen und Kinder, die solche Beschuldigungen äußern, setzen dagegen Beziehungen, ihren Ruf und ihre Sicherheit aufs Spiel. Anonymität in der Presse bietet noch keinen Schutz vor der Zurückweisung im

Familien-, Freundes- und Kollegenkreis. Unsere Kultur und unser Rechtssystem bestrafen Rechtsuchende mittlerweile so schwer, dass denen, die sich dann doch melden, sofort ein verstecktes Motiv unterstellt wird.

Vergewaltigung und Missbrauch sind die einzigen Verbrechen, bei denen, um den Rechtsgelehrten Lord Matthew Hale aus dem 17. Jahrhundert zu zitieren, »das Opfer, nicht der Angeklagte, vor Gericht steht«. Es sind Verbrechen, die »ohne begründeten Zweifel« vor Gericht schwer zu beweisen sind, weil immer Aussage gegen Aussage steht. Niemand kann es wirklich wissen, und so geht man natürlich davon aus, dass *er* unschuldig ist und *sie* lügt, weil Frauen immer lügen. Das Problem ist, dass in dieser Gesellschaft *seine* Aussage immer glaubhafter ist als *ihre*, es sei denn, *sie* ist weiß und *er* nicht.

Wenn Missbrauchsopfer regelmäßig im Stich gelassen werden, ist das Rechtsstaatsprinzip unzuverlässig. Wir sind noch nicht am Ende der Debatte angelangt. Nicht nur vor Gericht wird verhandelt, was sexuelle Gewalt ist und was Männer ungestraft mit Frauen, Kindern und anderen Männern machen können. Kein Richter kann es verhindern, wenn ein Teenager wie Daisy Coleman aus Missouri, die letztes Jahr eine Vergewaltigung durch Klassenkameraden auf einer Party zur Anzeige brachte, mit ihrer Familie aus der Stadt gejagt wird und sogar einen Selbstmordversuch unternimmt.

Der Begriff Vergewaltigungskultur impliziert mehr als eine Kultur, in der Vergewaltigung an der Tagesordnung ist. Zur Vergewaltigungskultur gehört, dass man Opfern systematisch misstraut und dass man sie im Stich lässt. In einer Vergewaltigungskultur ist die Gesellschaft als Ganzes zum einen davon überzeugt, dass Frauen und Kinder Vergewaltigungen vorschützen, zum anderen rät sie ihnen dringend, dass sie sich verhalten sollen, als drohe ihnen Vergewaltigung, wenn sie in ein fremdes Auto steigen, eine dunkle Straße entlanggehen oder sexy Kleidung tragen.

Zur Wahrung dieses Paradoxes bedarf es erheblicher intellektueller Verrenkungen. Doch da immer mehr Menschen mit Vorwürfen an die Öffentlichkeit treten und es immer schwieriger wird, das Prinzip des historischen Machtmissbrauchs, der bis heute andauert, nicht zur Kenntnis zu nehmen, ist das Paradox auch immer schwerer durchzuhalten. Es gibt zwei Möglichkeiten: Entweder täuschen unheimlich viele Frauen und Kinder Vergewaltigung oder Missbrauch vor, oder Vergewaltigung und Missbrauch sind in dieser Gesellschaft gang und gäbe, und zwar seit Jahrhunderten. Sich dieser zweiten Möglichkeit zu stellen, tut weh.

Das gigantische Ausmaß der Vergewaltigungskultur anzuerkennen und zu begreifen, was es eigentlich bedeutet, wenn jedes fünfte Mädchen und jeder zehnte Junge sexuell missbraucht wird, wird mehr als schmerzhaft sein. Unsere Kultur wird gezwungen sein, eine äußerst unbequeme Neudefinition ihrer selbst vorzunehmen. Jessica Valenti schreibt in *The Nation*: »Das bedeutet, dass wir Institutionen, Familien, Machtstrukturen und unseren alltäglichen Umgang miteinander überdenken.«[79] Es bedeutet, dass wir unsere meistverehrten Ikonen, gesellschaftliche Gruppen, unsere Freunde und Angehörigen mit völlig neuen Augen betrachten. Das wird schwierig und anstrengend sein. Es wird alles verändern. Und es hat schon begonnen.

Die sexuelle Gegenrevolution ist im Gange, und es eilt, und es geht um Kontrolle. Vertreter des Backlashs betreiben eifrig die rituelle sexuelle Objektifizierung von Frauen, bringen unermüdlich die Kritiker der Vergewaltigungskultur zum Schweigen und steigern sich beim Thema Verhütung, Abtreibung und Reproduktionsfreiheit in eine wahre Raserei. Man hat uns angelogen. Wenn Frauen und Queers ihre Wünsche verschämt und leise im Zaum halten, sind sie gar nicht so emanzipiert, wie sie glauben. Wenn sexuelle Freiheit eine Domäne heterosexueller Männer und Jungs ist, dann ist niemand wirklich frei.

Wir verfügen über die medizinischen Möglichkeiten, Frauen und Mädchen von den Ketten der Biologie zu befreien. Was wir nach einem Jahrhundert des Kampfes noch nicht haben, ist der kollektive Wille, diese Befreiung in die Realität umzusetzen.

Der Backlash gegen wahre sexuelle Freiheit – die radikale Emanzipierung der Lust von der Macht – ist massiv und anhaltend. Da jede menschliche Gemütsregung der Logik des Marktes unterworfen wird, ist nicht nur Sex zur Handelsware geworden, sondern die Intimität selber.

Echte sexuelle Selbstermächtigung hat nicht nur mit Spaß zu tun. Es geht nicht nur um Dildos und Spitzentangas und Poledance-Kurse. Es geht um das Recht auf Abtreibung. Es geht um Verhütung. Es geht um die Beendigung der Vergewaltigungskultur. Es geht um die Schaffung einer Welt, in der die Lust und das Ausleben der eigenen Persönlichkeit nicht mit der Angst vor Gewalt und ungewollter Schwangerschaft einhergehen.

Wir verfügen über die technischen Mittel, echte sexuelle Freiheit für Milliarden von Menschen erlebbar zu machen. Die Mechanismen der Beschämung sind für die neoliberale Sexualideologie ebenso zentral wie die Vortäuschung einer Entscheidungsfreiheit. Theoretisch dürfte Sex für Cis-Frauen nicht riskanter sein als für alle anderen, was die Furcht vor Schwangerschaft, Krankheit oder sozialer Schande angeht. Dass es immer noch so ist, stellt einen Angriff auf die sexuelle Freiheit und die Persönlichkeit eines jeden Menschen dar.

Man hat uns eine 08/15-Version der sexuellen Freiheit angedreht, hat uns eine Mahlzeit vorgesetzt, die nur für die Männerfantasie abgeschmeckt wurde, vorgekocht und abgepackt für den einfachen Konsum. In der brutalen Verpackungsfabrik der Pseudo-Heterosexualität werden weibliches Fleisch und weibliches Begehren wie seltene Rohstoffe behandelt. Wie jeder andere natürliche Rohstoff sind sie dazu da, abgebaut und verwertet zu werden. Unsere Lust wird uns abgeknöpft, in eine Ware verwandelt und uns anschließend wieder verkauft. Wir dürfen nicht über unser Begehren verfügen, nicht über unseren Körper bestimmen.

Die Lockerung der moralischen Normen im Zeitalter der Verhütung und der Antibiotika hat die Einkapselung der weiblichen Sexualität nicht beendet. Sie hat den Menschen jeden Geschlechts nicht die gemeinsame Plattform für Lust, Abenteuer und Begehren zurückgegeben. Sie hat auf dieser gemeinsamen Plattform lediglich einen Themenpark errichtet und heterosexuellen Männern, die erschöpft sind von den Demütigungen des Lebens, eine Eintrittskarte verkauft, damit sie zum Spielen kommen.

Einige von uns wollen aber etwas anderes. Immer mehr von uns können sich eine Zukunft vorstellen, in der Sex und Lust wirklich frei sind, in der Sexualität mehr ist als eine verpackte Handelsware oder ein Gewaltinstrument, in der Frauen und Queers nicht wählen müssen, ob sie Sex wollen oder Unterwerfung. Im Moment ist diese Zukunft noch Stoff für ein berauschendes Fantasiegebilde – aber zumindest die Fantasie ist noch frei.

4

Cybersexismus

»Informationen wollen nichts.
Die Leute wollen frei sein.«
Cory Doctorow

»Im Internet gibt es keine Mädchen.«
4chan

»This is for everyone.« Das Internet ist ein gottloser Ort, aber das ist auch schon alles, was im Sinne eines »Am Anfang war das Wort« zu sagen wäre. Das Zitat stammt von Tim Berners-Lee, dem Erfinder des World Wide Web, der die Worte während der Eröffnungszeremonie der Olympischen Spiele in London twitterte. Das Prinzip, nach dem das Internet sozial, ökonomisch und politisch frei sein sollte und jede und jeder überall neue interaktive Plattformen aufbauen, die Grenzen des menschlichen Wissens erweitern oder einfach nur ein Partnerportal für niedliche Rotschöpfe betreiben können sollte, ist grundsätzlich vernünftig. Das Internet ist für alle da. Oder zumindest war das so gedacht.

Es war einmal, vor nicht allzu langer Zeit, da glaubten Nerds, Theoretiker und Hacker, die ersten echten Kolonisten des Cyberspace, das Internet würde uns vom Geschlecht befreien. Science-Fiction-Autoren beschrieben eine nahe Zukunft knapp am Rande der Fantasie, in der der Körper eines Menschen zur Nebensache würde, wenn wir jenseits von

Raum und Entfernung innerhalb von Bruchteilen von Sekunden in aller Welt Freunde kennenlernten, Beziehungen knüpften und Geschäfte abwickelten. Was spielte es in dieser schönen neuen vernetzten Welt für eine Rolle, was für einen Körper wir haben? Und wenn der Körper keine Rolle spielte, warum sollte es dann eine Rolle spielen, ob wir Mann oder Frau sind, Junge oder Mädchen oder etwas völlig anderes?

1998. Ich bin zwölf Jahre alt und treibe mich seit Neustem in einem Chat-Forum herum. Hier wird einem bereitwillig der vierzig Jahre alte Geschichtslehrer namens George abgenommen, während die andere Hälfte der Internetgemeinde so tut, als wäre sie ein dreizehnjähriges Schulmädchen von der englischen Südküste. Inmitten der wachsenden moralischen Panik um Pädophile und Teenyschlampen, die einander in den trüben, unüberwachten Sümpfen von MySpace auflauern, verspüre ich so etwas wie Freiheit. Hier ist mein Körper mit seinem Gewicht und seinen Ängsten, dem Blut, dem Fett und den peinlichen Pickeln nicht wichtig; nur meine Worte sind wichtig. Ich will nicht einfach nur ein Mädchen sein, denn ich weiß aus Erfahrung, dass Mädchen nicht verstanden werden. Ich will, wie die Webtheoretikerin Donna Haraway es nannte, ein Cyborg sein: »Cyborgs sind kybernetische Organismen, Hybride aus Maschine und Organismus, ebenso Geschöpfe der gesellschaftlichen Wirklichkeit wie der Fiktion. […] Im späten 20. Jahrhundert, in unserer Zeit, einer mythischen Zeit, haben wir uns alle in Chimären, theoretisierte und fabrizierte Hybride aus Maschine und Organismus verwandelt … [Ich wäre] lieber ein Cyborg als eine Göttin.«[80]

Zu Beginn des 21. Jahrhunderts begannen mir Titten zu wachsen, und das biopolitische Chaos der nahenden Adoleszenz machte mir schwer zu schaffen. Das Internet trat so früh in mein Leben, dass es für mich das Coolste war, was ich kannte, aber auch so spät, dass ich Geocities kannte, ehe es zur heulenden Wüste wurde, in der unablässig Tumbleweed und Pixel durch die Luft wirbeln. Für mich war es damals ein Raum, in dem der ganze Scheiß – Jungs, Kleidervorschriften, Schikane, die Blicke, die mir erwachsene Kerle neuerdings zuwarfen – keine Rolle spielte. Es war ein Raum, in dem ich mein »echtes« Selbst ausleben konnte anstelle des Zerrbildes, das mir die Mädchenwelt aufzwang, mit ihrem gefräßigen Schlund, der drauf und dran war, mich zu verschlingen. Nachdem sich unser Alltag jedoch ins Netz verlagert hatte, stellte es sich heraus, dass es im Internet eben doch eine Rolle spielte, ob man Junge oder Mädchen war. Eine große sogar.

In dem riesigen 4chan-Forum – ein gigantischer, anarchischer anonymer Web-Spielplatz, der vorwiegend, aber nicht ausschließlich von zornigen jungen Männern bevölkert war und aus dem das Aktivistennetzwerk Anonymous ebenso hervorging wie viele der bescheuerten Katzen-Videos, die Kolleginnen am Arbeitsplatz austauschen – erklärten die Nutzer schon früh, im Internet gebe es keine Mädchen. Die Vorstellung klang für viele von uns nach süßer Freiheit – dabei war es eine Drohung.

»In den güldenen Zeiten von 1987 wurde darüber schwadroniert, dass wir die Geschlechter wechseln, wie wir Unterwäsche wechseln«, sagte Clay Shirky, Medientheoretiker und Autor des Buches *Here Comes Everybody*, doch »man ging dabei davon aus, dass jeder glücklich damit wäre, als jemand durchzugehen, der ist wie ich – weiß, heterosexuell, männlich, gutbürgerlich und zumindest kulturell christlich geprägt.«[81] Clay bezeichnet das als »Gender-Kammer«, »wenn Leute wie ich Leuten wie dir sagen: ›Wenn du willst, wirst du behandelt wie jede normale Person und nicht wie eine Frau, solange wir nicht wissen, dass du eine Frau bist.‹«[82]

Es stellte sich heraus, dass das Internet doch nicht für alle da war. Noch nicht. Es war für Jungs da, und wer keiner war, musste so tun als ob, sonst bekam man eins auf die Mütze. »Ich habe kein Problem mit Leuten, die für sich entscheiden, dass sie sich im Internet nicht als weiblich zu erkennen geben, wie ich auch kein Problem habe mit Leuten, die lieber keinen kurzen Rock tragen, weil ihnen nicht wohl dabei ist, aber das sollte einem niemand vorschreiben, weil man andernfalls eben selbst schuld wäre«, so die Journalistin Helen Lewis, die als eine der ersten in der Mainstream-Presse die Stimme gegen Frauenfeindlichkeit im Netz erhob.[83] Das heißt nach Lewis so viel wie: »Duck dich lieber, damit die Arschlöcher jemand anders fertigmachen.«

Ich bin siebzehn und darf nicht ins Internet und komme mir deshalb vor wie geknebelt und gefesselt. In den neun Monaten, die ich auf der Frauenstation für psychische Freaks verbrachte, galt das Internet als schlechter Einfluss, wahrscheinlich der schlechteste Einfluss auf Mädchen, die gesunde, gesittete junge Frauen werden wollten: überall Porno und Schund, und dann noch die gefährlichen Fotos von Magermodels auf den »Pro-Ana«-Websites, auf denen sich die Mädchen gegenseitig anstachelten, sich zum Skelett herunterzuhungern, ehe sie in der Klinik landeten.

Das Internet war schlecht für uns. Es konnte nur schlecht für uns sein. Dasselbe galt für Bücher und Zeitschriften. Fernsehen und Modekataloge waren dagegen erlaubt. Wir mussten »gezügelt« werden. Dieses Wort wurde wirklich verwendet: »gezügelt«. Genau dieser Denke hatte ich über meine Krankheit entkommen wollen. Aber da ich ein Zertifikat brauchte, das mich für gesund erklärte, damit ich die schreckliche Klinik verlassen und mein Leben weiterleben konnte, tat ich, was verzweifelte Mädchen immer tun, um zu überleben, wenn der Körper gezügelt wird: Ich schrieb.

Ich begann, zwanghaft in Notizbücher zu schreiben, weil

Computer und Smartphones verboten waren. Ich schrieb bis spät in die Nacht, in einer chaotischen, spinnenhaften Schrift, nur für mich, und ich zeigte es niemandem, weil es ausschließlich mir gehörte. Jahre später sah ich den Film *Girl, Interrupted* nach Susanna Kaysens Bericht über ihren Aufenthalt in einer psychiatrischen Frauenklinik in den 1960er Jahren. Ich war überrascht, dass die Protagonistin genau dasselbe tat, dass sie wie wahnsinnig schrieb, als wäre der Stift eine Schaufel, mit der sie sich aus dem Grab der sozialen Sitten herausschaufelte, in dem sie lebendig begraben war. Ich frage mich, ob so viele Frauen schreiben, damit sie besser atmen können.

Für mich war Schreiben immer Freiheit. Mir ist bewusst, dass eine solche Beobachtung in mein Tagebuch gehört, und deshalb führte ich es auch. Als man mir attestierte, dass ich psychisch gesund genug sei, um wieder auf die Straße zu gehen, hatte ich zwanzig Bücher gefüllt, und so machte ich auch weiter in den verrückten Jahren, die folgten, Jahre, in denen ich ohne festen Wohnsitz und Geld herumhing und mich mit Zähnen und Klauen an einen Studienplatz am College klammerte, während ich schrieb, lernte ein Mensch zu werden, schrieb, lernte auf mich aufzupassen, und schrieb. Und dann, kurz nach meinem neunzehnten Geburtstag, entdeckte ich LiveJournal, und das veränderte alles.

Darauf gebracht wurde ich von meiner Mitbewohnerin, die ich beim Vorsprechen in einer Kleinkunstbühne kennengelernt hatte. Sie erklärte mir, sie verbringe die meiste Zeit auf dieser Website, auf der sich Teenies mit ihrer Fan-Fiction neben nerdigen Gruppen und Cholerikern tummelten, die hitzige Diskussionen führten über Politik, Philosophie und die besten Cafés in Städten, von denen wir noch nie gehört hatten; wenn ich mit ihr kommunizieren wolle, helfe es nichts, dass sie im Zimmer nebenan sei – dann müsse ich schon da rein und posten. Also zauberte ich mir einen Nutzernamen aus dem Hut – denn es war das Jahr vor Facebook, als ein Online-Name noch ein pseudonymes Identitätsstatement war – und verfasste meine ersten kleinen Blog-Einträge. So lernte ich, öffentlich zu schreiben, und dieses Schreiben war ungleich unmittelbarer, faszinierender und persönlicher als das für die blasse kleine Leserschaft der College-Zeitung.

Ich schrieb, um zu überleben, aber ich entwickelte mich auch zur Online-Autorin, genau wie Millionen anderer Frauen in der Welt. Und ich lernte nicht nur zu schreiben, sondern auch zu sprechen und zuzuhören, meine Erfahrungen zu reflektieren und meine Stimme zu erheben. Ich bezog meine Bildung aus dem Netz. Ich wurde im Netz erwachsen. Und in Blogs und Online-Journalen, später auch auf den Seiten der digitalen Zeitschriften entdeckte ich, dass ich nicht das einzige angefressene Mädchen auf weiter Flur war. Das Internet machte Frauenfeindlichkeit und sexuelle Schikanen zum Alltag, aber zuerst machte es etwas anderes: Es gab Frauen, Mädchen und Queers einen Raum, in dem sie ohne Grenzen, über Grenzen hinweg kommunizieren, Geschichten erzählen und ihre Realität verändern konnten.

Dass so viele Frauen so viel Zeit damit verbrachten, sich im Netz auszutauschen, ohne Aufsicht oder Überwachung, war für das feministische Revival Mitte der 2000er Jahre mitverantwortlich. Viele von uns, die ihren Zorn im stillen Kämmerlein gepflegt hatten, merkten, dass sie nicht allein waren: dass es viele Tausende andere gab, überall in der Welt, die spürten, dass noch Arbeit vor ihnen lag. Junge Frauen. Women of Colour. Ältere Frauen. Schräge Frauen. Queere Frauen. Mütter. Transgender jeder Couleur. Dass wir in einem so schwach überwachten Raum ohne Angst vor Strafe Beziehungen knüpfen, Meinungen äußern und Informationen austauschen können, während in der Mainstream-

Kultur Frauen, die sich öffentlich äußern, ohne explizit als Opfer aufzutreten, nach wie vor abgestraft werden, trägt auch weiterhin zur Selbstermächtigung bei. Das Netz wurde zu einem Universum der unendlichen Möglichkeiten, die zu schaffen oder zu beeinflussen Frauen sonst häufig verwehrt ist. Wir öffnen den Browser und gelangen in einen faszinierenden Raum für den Informationsaustausch, für Kreativität und alberne Filmclips. Allerdings wissen Frauen und Mädchen, dass sie sich in diesem Raum, wenn sie sich mit Haut und Haaren einbringen, der Gefahr der Gewalt und der sexuellen Übergriffe genauso aussetzen wie offline auch. Das Internet ist kein Monolith. Es gibt mehr als ein Internet; manche haben neue Gespräche und Gruppen ermöglicht, die das Bewusstsein für Frauenemanzipation und Geschlechterfragen fördern, und es ist noch viel zu tun. Aber es gibt auch eine schöne neue Welt, die der grausamen alten Welt furchtbar ähnlich ist. Das muss nicht so sein. Frauen, Mädchen und alle anderen, die wollen, dass die menschliche Gesellschaft der Zukunft Frauen und Mädchen als aktiv Handelnde einschließt, haben sich verschworen, das Internet zurückzuerobern.

Das Patriarchat beobachtet uns

Das Wichtigste, was wir im Internet über Sex lernen, ist: Er geschieht vor laufender Kamera. Willkommen in einer Welt, in der deine Titten schon am nächsten Tag bildschirmfüllend im Netz stehen. Mit neunzehn war ich eine der ersten Facebook-Nutzerinnen in den ersten Wochen der schon fast infektiösen Ausbreitung in Europa und gehörte damit der ersten Kohorte an, die mit dem kulturellen Phänomen des hektischen »Detagging« in Kontakt kam. Die Lektion, die man lernt, die man lernen muss, lautet, dass man potenziell immer beobachtet wird und sein Verhalten darauf ausrichten muss.

Ich bin neunzehn und lasse mich fotografieren. Es war ein warmer Oktoberabend im Gemeinschaftsraum des Studentenwohnheims, und wir hatten noch nicht begriffen, wie tückisch es war, in heißen Höschen wild durch die Gegend zu tanzen, miteinander zu knutschen, uns zu befummeln und zum Beweis Fotos davon zu machen, wie es Kids eben tun, die scharf sind auf gegenseitige Aufmerksamkeit: Seht mal, wir küssen uns. Seht mal, wir berühren uns. Ohne Fotos ist es, als wäre es gar nicht passiert. Am nächsten Tag finde ich mich auf meinem neuen Profil wieder, wie ich eine Freundin küsse, wie ich unter ihr liege, Haare, Schweiß, Busen, und etwas neben der Kamera ankichere. Ich entferne das Bild, lasse es aber auf der Website, weil ich wie viele von uns in der Anfangszeit das Profilarchiv für das Online-Äquivalent eines persönlichen Fotoalbums halte. Das war, bevor wir begriffen, dass wir einem Lover oder einem börsennotierten Unternehmen mit der Überlassung eines Busen-Fotos Macht über uns geben; bevor wir merkten, dass wir uns im Cyberspace vorsehen und verschleiern müssen, genau wie auf dem Fleischmarkt der sogenannten »realen« Welt.

Vier Jahre später sitze ich mit gediegenen Schuhen und einem Glas Saft in der Hand in einem Konferenzsaal und plaudere nervös mit einem Herausgeber, der mir gerade einen Job als politische Bloggerin angeboten hat, der jüngsten, die die Zeitschrift bis dahin beschäftigt hat. Ich habe Preise gewonnen und Politiker verärgert; jeder will plötzlich mit mir reden. Auch ein gelangweilt wirkender Mann in einem zu engen Marks&Spencer-Anzug. Er ist einer dieser Zyniker, die lebenslang politische Streber bleiben, die mit zweiundzwanzig schon alt aussehen und die nächsten dreißig Jahre langsam auseinandergehen, sich fett fressen an den Prinzipien anderer Menschen. Er fragt, ob er unter vier Augen mit mir sprechen kann.

Der Streber sagt, seine Klatsch-Website habe Bilder von mir, und wenn ich nicht nett zu ihm bin, wenn ich mit der Situation nicht »vernünftig umgehe«, wird er sie verwenden. Bilder aus dem College, ich mit nacktem Busen, wie ich ein Mädchen küsse – Schock, Horror, knutschende Mädels! Ob ich mich an das Bild erinnere? Jetzt ja. Ja. Nun, dann soll ich besser aufpassen, denn es gibt viele Leute, die mir liebend gern einen Dämpfer verpassen würden.

Der Mann, der mir die Botschaft überbringt, gehört zu der Sorte Abschaum, die unseren tief verwurzelten unbewussten Wunsch, andere zu verletzen und zu beschämen, die Überzeugung, dass die einzig wahre Demokratie die Demokratie des Hasses ist, an die Oberfläche des Cyberspace spült. Er ist der Albtraum der Regierung, ein Blogger, der alle mit Schmutz bewirft, der alles Liberale ebenso verabscheut wie alle, die es wagen, in der Öffentlichkeit Prinzipien zu äußern, am meisten aber hasst er Frauen.

Vor allem junge Frauen und hübsche Frauen. Der Datenverkehr auf seiner Website kreist zu einem großen Teil um bloßstellende, demütigende Fotos von Journalistinnen, Politikerinnen und anderen weiblichen Persönlichkeiten des öffentlichen Lebens, Nahaufnahmen von Busen und Po, in zahlreichen Beiträgen kommentiert mit wilden Vergewaltigungsfantasien, die jeder Frau in einflussreicher Position »einen Dämpfer verpassen« sollen. Er sagt, er wird meine Brüste ins Internet stellen.

Ich soll wissen, dass er Macht über mich hat.

In den wenigen Jahren, in denen ich als junge Frau eine ansehnliche Leserschaft im Netz aufbaute, lernte ich, wie grauenhaft es immer noch ist, als Frau in der Öffentlichkeit zu stehen, welche Belastbarkeit, welches Stehvermögen es erfordert, die unvermeidlichen Attacken auszuhalten. Eine der häufigsten Beleidigungen für Frauen, die öffentlich auftreten oder schreiben, ist der Vorwurf, dass sie »um Aufmerksamkeit heischen« – eine klassische Methode, uns zum Schweigen zu bringen, insbesondere, wenn wir politisch aktiv sind.

Dass der Vorwurf des »Heischens um Aufmerksamkeit« nach wie vor eine Verunglimpfung ist, sagt viel über die Rolle von Frauen im öffentlichen Leben aus. Kaum erhebt eine junge Frau das Wort, wird ihr auch schon der Mund verboten. Kleine Mädchen, die zu viel reden, die womöglich den ihnen zustehenden Respekt einfordern, »heischen um Aufmerksamkeit«, und das ist sehr schlecht. Kleine Jungs, die dasselbe tun, sind »selbstsicher« oder »einnehmend«. Männern, die im öffentlichen Leben stehen, seien sie Promis oder Politiker, Rockstars oder Radio-DJs, Aktivisten oder Akademiker, wird so gut wie nie vorgeworfen, sie »heischten um Aufmerksamkeit«, ausgenommen vielleicht Bono. Wenn ein Mann um Aufmerksamkeit heischt, ist das kein Verbrechen: Aufmerksamkeit steht Männern ja zu. Frauen dagegen haben den Mund zu halten. Wir haben nicht dasselbe Rederecht. Wir sind immer noch kleine Mädchen, die »Aufmerksamkeit« haben wollen, und wir sollten endlich lernen, wo wir hingehören.

Dass Frauen sichtbar, aber nicht hörbar sein sollen, ist nicht nur im Internet so. Die Regenbogenpresse macht schon seit jeher ihren Reibach damit, dass sie die einen Frauen objektifiziert und die anderen scharf verurteilt. Die Leserschaft darf sich ein Urteil bilden über die Schönheit von Frauen, über ihr Sexualverhalten, über ihre Eignung oder fehlende Eignung als Mutter, über die Form ihrer Körper, über ihre wabbeligen Oberschenkel oder darüber, dass sie zwei Tage nach der Geburt schon wieder in einen Badeanzug Größe 36 passen; damit wird der Leser dafür belohnt, dass er die tägliche Propaganda schluckt, die in der Boulevardzeitung als Journalismus getarnt ist.

Da Frauen als Journalistinnen und Herausgeberinnen nach wie vor unterrepräsentiert sind, zählen körperliches Bloßstellen, Objektifizierung und geistlose, frauenfeindliche Blindtexte bis heute zu den Hauptgeschäftsfeldern der »professionellen« Medien. Diese Tendenz wird umso ausgeprägter, je stärker ihnen das Internet den Gewinn abgräbt. Die Regenbogenpresse verkauft ihre Blätter zunehmend mit bequemem Sexismus, und online und in Echtzeit wird die frauenfeindliche Nachrichtenökonomie umso bösartiger. Die Misogynie in der Massenpresse lässt sich vom Sexismus der Amateurblogs und Webforen nicht trennen: Viele sexistische Trolle treten regelmäßig auch als Print-Kolumnisten auf, und das Kommentariat führt sich auf wie an einem Burschenschaftsabend. Mit Rubriken wie der »Sidebar of Shame« der *Daily Mail* mit ihrem Gequake über Speckröllchen und ihren Upskirt-Fotos – Schmuddelkram, den man auch auf Reddit finden würde – legitimiert die frauenfeindliche Regenbogenpresse die dumpferen und verborgeneren misogynen Online-Ableger.

In diesem Klima, in dieser frauenfeindlichen Nachrichtenökonomie, dieser Gesellschaft, in der der männliche Blick zu Geld gemacht wird wie nie zuvor, gibt es nichts Schlimmeres, als wenn eine Frau oder ein Mädchen »um Aufmerksamkeit heischt«. Frauen sind da, damit man sie anschauen kann, nicht damit man ihnen zuhört. Wir sollen gesehen werden, nicht gehört – und Gott behüte, dass wir auch noch versuchen, die Aufmerksamkeit zu lenken oder den Eindruck erwecken, sie zu genießen. Wenn wir die Stimme erheben, »heischen wir um Aufmerksamkeit«, und eine Frau, die Aufmerksamkeit oder gar Respekt haben will, ist völlig inakzeptabel. Wenn eine Frau zu hören bekommt, sie

»heische um Aufmerksamkeit«, dann hat sie jedenfalls eine Wirkung erzielt. Auch diese Verunglimpfung kann uns also durchaus stolz machen.

Patriarchale Überwachung

Unser Online-Selbst haben wir ebenso wenig im Griff wie unseren Körper. Körper haben wie Daten undichte Stellen. Aus dem Chaos aus Fleisch, Blut und Knochen, Pixeln, Träumen, Büchern und Hoffnungen erschaffen wir diese konfuse Realität, die wir als Selbst bezeichnen und die wir immer wieder neu formen und umformen. Wer aber ein Bild vom nackten oder fast nackten Körper einer anderen Person in die Hände bekommt, hat Macht über sie.

In diesem unserem Bilderzeitalter ist das Recht darauf, *keine* Bilder in der Welt zu haben, einem geradezu beängstigend hohen sozialen Status zugeordnet, Geld, Macht oder beidem, und Frauen, insbesondere junge Frauen, haben dieses Recht so gut wie nie. Im eigenen Zuhause, unter Freunden, im Bett, mit dem Liebhaber gibt es für uns keine Privatsphäre. Vor allem nicht mit unserem Liebhaber. Im Verkaufsgang der Pornomesse in New Jersey befand sich, versteckt zwischen den vielen Anbietern billiger Sexartikel, ein unauffälliger Stand, an dem versteckte Kameras »für die persönliche Sicherheit« verkauft wurden.

Auf die Frage, warum es so einen großen Markt für Aufnahmegeräte gebe, die leicht, sagen wir, in einem Schlafzimmer versteckt werden können, gab sich der Standbesitzer zugeknöpft. Einige seiner Kunden seien einfach sehr an Sicherheit interessiert, behauptete er. Hüten wir uns also vor dem allsehenden Auge, wenn wir aus dem Augenwinkel das Lämpchen leuchten sehen.

Die Macht über das eigene Bild herzugeben, kann enorm

sinnlich sein, wenn es freiwillig geschieht – oder widerwärtig, wenn es erzwungen wird. Vor nicht allzu langer Zeit bewiesen sich heranwachsende männliche Teenager ihre Coolness noch durch freudloses Herumfummeln oder, mit gnädiger Genehmigung ihrer Schulkameradinnen, einen kurzen Blick auf deren sich entwickelnde Brüste. Heute tut es ein Tittenfoto mindestens genauso gut. Ein Nacktbild ist keine leere Angeberei: Es ist ein Beweis, es beweist die Macht über eine andere Person, und unsere Kultur sagt uns nach wie vor, dass ein Junge zum Mann wird, wenn er Macht über jemanden hat.

Sexistische Trolle, Stalker, schwachsinnige Schlüssellochgucker – sie alle attackieren Frauen auch deshalb, weil sie es nicht vertragen, dass sich Frauen und Mädchen im öffentlichen Raum tummeln, und ein solcher ist vorläufig auch der Cyberspace. Ihre Drohungen gewinnen allerdings erheblich an Wirkung, wenn Eltern junger Mädchen öffentlich dazu aufgefordert werden, ihre Töchter vom Netz fernzuhalten, damit sie nicht belästigt, von Pädophilen aufgerissen oder »sexualisiert« werden – ein Begriff, unter dem wohl zu verstehen ist, dass ein vorpubertäres Mädchen einen Blick auf den Hochglanzbusen einer Werbeeinblendung erhascht und sich stante pede in eine schamlose Cyberschlampe verwandelt, die für Jesus ein für alle Mal verloren ist.

Diese Botschaft ähnelt auf verblüffende Weise den Predigten, die sich Mädchen anhören müssen, wenn sie verhüten, legal abtreiben oder vom Glauben abfallen: Deine Sünden werden dir nie vergeben werden. Ein Patzer reicht aus, und du stürzt lebenslang in Ungnade. Nacktheit im Internet ist etwas anderes als Nacktheit anderswo, weil es immer Daten gibt oder zumindest geben könnte. Wir wachsen in dem Bewusstsein auf, dass sich Indiskretionen nie löschen lassen. Verlass nie die Deckung, hebe keine Sekunde lang den Rock, sonst bist du ruiniert: Nicht nur Bilder, sondern auch Worte, Versprechen, heimliche Internetabfragen verfolgen dich bis in die Ewigkeit, und die Schande wird an dir haften bleiben.

Die Technik ist zwar neu, doch die Sprache der Schande und Sünde, die sich um die Internetnutzung durch Frauen rankt, ist uralt. Die Lösung scheint dieselbe zu sein wie eh und je, wenn Frauen im öffentlichen Raum auftauchten und moralische Empörung auslösten: Bleibt weg. Haltet euch fern von den neuen, aufregenden Welten, wartet, bis die Männer da waren und für eure Sicherheit gesorgt haben, und wenn das nicht geschieht, bleibt zu Hause und lest ein Buch.

Menschen lernen das Kodieren durch das Spiel im kodierten Raum. Wir lernen den Umgang mit dem Internet, indem wir dort sind, indem wir dort wachsen, durch Versuch und Irrtum und unter Risiken. Wenn die Zukunft digital ist, wenn doch anscheinend technische Kenntnisse und der mühelose Umgang mit dem Internet im 21. Jahrhundert eine Voraussetzung für so gut wie jede berufliche Laufbahn sind, was verbirgt sich dann hinter der Warnung an Mädchen und ihre Eltern, der Cyberspace sei für sie zu gefährlich? Es ist das, was junge Frauen seit Jahrhunderten zu hören bekommen: Wir hätten euch ja furchtbar gern dabei in dieser Erwachsenenwelt der Macht und des Abenteuers, aber ihr werdet womöglich belästigt oder vergewaltigt, deshalb legt ihr lieber die Hände in den Schoß, haltet den Mund und macht euch hübsch.

Dass gerade weibliche Autoren bisher klar erkennen, wie sich die Überwachungstechnik tatsächlich auf die *conditio humana* auswirkt, liegt vielleicht daran, dass Frauen damit aufwachsen, überwacht zu werden. Wir lernen, dass uns immer jemand ansieht, beobachtet, ob wir uns daneben benehmen, kontrolliert, ob die Oberschenkel geschlossen sind, der Rock lang genug ist, die Noten gut genug, die Stimme leise genug. Ob uns in einem gegebenen Moment wirklich jemand inspiziert und kontrolliert, ist nicht so wichtig wie die Tatsache, dass es so sein könnte, und bei einem Fehltritt wird die Strafe schrecklich sein.

Die patriarchale Überwachung gehörte schon jahrhundertelang zum Alltag von Frauen und Mädchen, ehe der Computer an jedem Arbeitsplatz, die Kamera in jedem Handy sie noch vereinfachte. Die emotionale Logik der Überwachung durch Staat und Unternehmen ist wohlbekannt: Die Polizei, unser Arbeitgeber, sogar unsere Eltern lesen zwar, so sie einen Internetzugang haben, nur jeden tausendsten Tweet oder Facebook-Post, sie werten vielleicht nur jede hundertste Überwachungskamera von den Zehntausenden, die in jeder größeren Stadt installiert sind, aus, aber wir müssen uns stets so verhalten, als würden wir beobachtet, und uns entsprechend am Riemen reißen.

Das Internet ist natürlich nur »öffentlicher Raum« in dem Sinne, wie eine Bar, ein Gehweg oder ein Einkaufszentrum öffentlicher Raum sind: Ein reicher, mysteriöser Mensch besitzt diesen Raum und kann uns hinauswerfen, wenn ihm nicht gefällt, was wir dort machen. Dass wir uns der Überwachung bewusst sind, hat Einfluss darauf, wie wir uns verhalten, wie wir leben und lieben, wie wir uns die Schuhe binden und frühstücken, was wir in der Öffentlichkeit sagen, was wir in der U-Bahn lesen.

Die Ersten, denen das auffiel, waren Männer und Jungs, die nicht in dem Bewusstsein aufgewachsen waren, ständig beobachtet zu werden; sie waren entsetzt, wie Spionagesoftware, private und staatliche Überwachungstechnik, Datensammlung und Kameras um sich greifen und dass modernste Polizeikameras das Gesicht eines Menschen, der auf der Straße ein Plakat in die Luft hält, automatisch an eine Datenbank senden. In Nordamerika ist es so gut wie überall verboten, maskiert oder verschleiert auf die Straße zu gehen. Aber das ist ja nichts Neues, zumindest nicht für Frauen.

»Offenbar brauchte es erst die Vormacht der Videoüberwachung«, schreibt die Journalistin Madeline Ashby, »dass manche Männer die Intensität der Beobachtung spürten, unter der Frauen seit jeher stehen. … Es brauchte Facebook. Es brauchte Geotargeting. Der Geist des Performativen, der sich heute mit dem Bürgersein verbindet? Das Gefühl, dass einem jemand über die Schulter sieht, alles beobachtet, was man tut, sagt, denkt und entscheidet? Der Eindruck, dass man beobachtet wird? Das sind keine neuen Facetten des Lebens im 21. Jahrhundert. Für Mädchen fühlt es sich schon immer so an.«[84]

Mädchenfotos zählen zu den wichtigsten Waren, die im Internet gehandelt werden. Melissa Gira Grant, die für die Zeitschrift *Dissent* schreibt, bezeichnet die Selbstvermarktung, die Eigenwerbung und die Aktivitäten in sozialen Netzwerken als neue »zweite Schicht« in der unbezahlten Arbeit von Frauen,[85] aber das ist noch lange nicht alles. Oft müssen wir auch im Job dafür sorgen, dass die Firma gut dasteht und das richtige Image hat; wir sind angehalten, uns vorzustellen, dass diejenigen, die uns bezahlen, beschäftigen oder mit uns leben, uns womöglich ständig überwachen, dass sie beobachten, was wir tun und sagen. Pass auf, dass dein Tweet nicht peinlich für deinen Chef wird. Pass auf, dass deine Mum die Bilder nicht zu sehen bekommt, die du gestern Abend gemacht hast. Ob sie uns nun wirklich überwachen oder nicht, spielt keine Rolle – besser, wir benehmen uns vorsichtshalber anständig. Das ist eine neue Dimension der traditionellen Pose der Paranoia und der krankhaften Selbsthemmung, die seit Jahrhunderten »Weiblichkeit« heißt.

Eine verbreitete Abkürzung dafür ist »NSFW« für *not safe for work*, deutsch »nicht arbeitsplatzsicher«, die in Chat-Foren eingeführt wurde, damit die Teilnehmer nicht versehentlich Links zu Bildern von Mösen oder Hintern öffnen, während ihr Chef ihnen über die Schulter blickt. Mittlerweile bezieht sich »NSFW« auf alles, was auch nur ansatzweise riskant sein könnte. Irgendwie passt das auch wieder, denn wenn es in zwei Jahrzehnten pseudofeministischer Selbstermächtigung ein Projekt gab, so das, Frauen »arbeitsplatzsicher« zu machen und nicht etwa den Arbeitsplatz sicher für Frauen.

Der weibliche Körper gilt als nicht »arbeitsplatzsicher«, im wörtlichen wie im übertragenen Sinne. Online und offline können wir wählen zwischen der bedrängten Paranoia einer »guten Frau«, die Vorgesetzten und Männern Respekt entgegenbringt, ihre Sexualität nicht offen ausspielt, keine Fragen stellt und nie ehrlich über ihre eigenen Erfahrungen spricht, und der düsteren, geschmacklosen Welt der »schlechten Frau«, in der Schlampen, die es wagen, Sex zu haben, gedemütigt und verletzt werden. Die ultimative Macht, die Männer über Frauen zu haben glauben, liegt darin, dass sie sie von einer Kategorie in die andere zerren können. Das Internet mit seinen vielen Speicher- und Veröffentlichungsmöglichkeiten erleichtert das enorm.

Zwar werden Mädchen allerorten dazu aufgefordert, offline zu bleiben, um sich einen paläo-viktorianischen »Ruf« zu erhalten, doch gleichzeitig wird erklärt, Sex und Gewalt seien im Internet nicht »echt«. Ein Roboter, der durch den Bildschirm greifen und rosa Körperteile betatschen kann, ist noch kein Standard-Zubehör für Laptops, daher heißt es, Sex im Netz könne nicht echt sein. Er könne auch nicht mit Zwang verbunden sein.

Doch wie die Jugendlichen, die damit aufgewachsen sind, dass ihr halbes Leben auf dem Bildschirm abläuft, sollten wir alle endlich begreifen, dass Sex im Internet echter Sex ist, echte Lust, echte Leidenschaft, egal, ob er nun »authentisch« ist oder nicht. In einer Welt des gedimmten

Lichtes, des Speed-Datings und der Lustinstrumente, die in einer Million Varianten aus Plastik, Gummi und Stahl pulsieren, summen, stoßen, kitzeln und winseln, in einer Welt der Brustimplantate, der Schwanzimplantate, der rasierten und gefällig geschlitzten Genitalien, in einer Welt, in der Körper trainiert, eingeölt und choreografiert werden, damit sie einander rammen, bis einer von ihnen kapituliert – in dieser Welt sollten wir uns Zeit für ein kleines Bettgeflüster nehmen und genau klären, was wir eigentlich unter »echtem Sex« verstehen.

Wie ist das, mit jemandem zu gehen, zu vögeln, sich zu verlieben, wenn die Hälfte unserer sozialen Interaktionen online abläuft? Glaubt man der Flut von Ratgebern und Selbsthilfebüchern moralisch zutiefst empörter Modepsychologen, ist das durchweg erniedrigend und ausbeuterisch, vor allem für junge Frauen. Bücher und Websites wie *Where Has My Little Girl Gone* oder *Protecting Your Children Online*[86] raten dazu, Mädchen möglichst lang vom Internet fernzuhalten, und zeigen Eltern, wie sie Filter und Zensursysteme installieren können, damit die zarten Gemüter nicht vergiftet werden, die Unschuld der jungen Damen nicht unter die Räder kommt.

Es mag seltsam anmuten, dass ich in einem Kapitel über Genderpolitik im Internet bisher die Pornografie nicht erwähnt habe, obwohl sie doch, wie man uns gern erklärt, die Wurzel allen Sexismus sei. Ich sehe das nicht so. Beim Online-Porno ist wie überall nicht Sex das Problem, sondern Sexismus. Die Misogynie im Netz hat wie jede Art der Frauenfeindlichkeit mit Macht, Ressentiments und Frustration zu tun, nicht mit sexueller Überstimulation, auch wenn sie oft sexuell artikuliert wird. Wer den bösartigen Frauenhass der Männer, die im Internet Mädchen und Frauen attackieren, auf die Pornografie schiebt, lässt die Täter weitgehend ungeschoren.

Der Konsum der sozialen Medien hat den der Internet-Pornografie schon vor langer Zeit überholt. Die sozialen Medien haben, weil sie meist von großen, furchteinflößenden Konzernen mit großen, furchteinflößenden Rechtsabteilungen betrieben werden, große Angst nicht nur vor Pornografie, sondern vor Sexualität im Allgemeinen. Wenn man bedenkt, in welchem Ausmaß Pornografie im Internet verfügbar ist, überrascht nicht so sehr, wie stark sie Eingang in unseren Alltag findet, sondern wie wenig. Im Netz und im richtigen Leben sind Sexualität und Geschlecht noch immer in zwei getrennten Welten zu Hause. Die eine ist die hygienische, sterile, zugeknöpfte »Berufswelt«, in der wir unsere Freizeitaktivitäten im Sinne unseres Arbeitgebers redigieren und panische Angst haben, unsere Kinder könnten einer versehentlich durchblitzenden Brustwarze ausgesetzt werden. Die andere Welt, das Kaninchenloch des heterosexuellen Hardcore-Fickens, verschleiert über ihren schuldbewussten Ruch und halblegalen Status, dass ein deprimierender Anteil ihrer Inhalte bestenfalls langweilig, schlimmstenfalls brutal frauenfeindlich ist. Es ist merkwürdig und schizophren, wie hier die Sexualität von der Oberfläche abgespalten wird, und das in einer Kultur, die angeblich nur aus Oberfläche besteht. Sex ist wie immer nicht das Problem. Das Problem ist, dass es den Leuten so schwerfällt, mit Sex ohne Brutalität, Gewissensbisse und Frauenverachtung umzugehen.

Seit es Pornografie im Netz gibt, wird gefordert, sie mittels staatlicher Zensur zu verbieten. Eine pauschale Zensur der Pornografie, besonders »um der Kinder willen«, wäre aber, auch wenn sie machbar wäre, eine schwache Antwort auf die gestörte Sexualität unserer Gesellschaft. Gemeinsam mit Datendiebstahl und Terrorismus wird Pornografie seit langem als Rechtfertigung dafür herangezogen, den Zugang zum Internet insgesamt einzuschränken, dem Staat mithin die Kontrolle darüber zu geben, wer was sehen darf. Zweck dieser Übung ist aber nicht etwa der Schutz der Frauen. Genau wie bei der Einschränkung der Freiheit von Frauen im Internet geht es um die Kontrolle von Menschen.

Im Jahr 2013 schlug der britische Premierminister David Cameron die Einführung eines für alle Internetdienstleister obligatorischen Filtersystems vor, das jeden Haushalt dazu verpflichtet, sich aus »brutaler Pornografie« und Kinderpornografie »auszuklinken« und bestimmte Suchbegriffe zu sperren. Bald schon stellte sich allerdings heraus, dass das Filtersystem auch »gewalttätiges Material«, »extremistische« und »terroristische« Inhalte, »Web-Foren«, »esoterisches Material« und natürlich »Instrumente zur Umgehung von Sperrmaßnahmen« blockierte – eine breit angelegte Liste, die es dem Staat in Zusammenarbeit mit den Internetdienstleistern erlauben würde, so gut wie jede Website lahmzulegen.

Man beachte, dass dieselbe Koalition im britischen Parlament, die sich mit dem Hinweis auf den »Frauenschutz« für Porno-Sperrmaßnahmen einsetzte – und damit Wechselwähler ansprach –, alleinstehenden Müttern die Sozialhilfe strich und Frauenhäusern im ganzen Land die Mittel kürzte.[87] Mit dem angeblichen Versuch, Menschen vor sich selbst zu schützen, wird reichlich Schaden angerichtet, und es besteht die realistische Gefahr, dass feministische Formeln von Leuten vereinnahmt werden, die nicht die Sorge um die Frauen umtreibt, sondern eine gegen Sex und Transparenz gerichtete Agenda.

Es ist ungeheuer schwierig, mit konservativen Mitteln radikale Ziele zu erreichen, und Zensur ist konservativ. Ich werde immer misstrauisch, wenn die Freiheit von Frauen zu »ihrem eigenen Schutz« eingeschränkt werden soll, genauso, wie ich misstrauisch werde, wenn Erwachsene verhindern wollen, dass Kinder bestimmte Dinge erfahren, weil es dafür noch zu früh sei. Eine Internet-Zensur ist nicht die Lösung, denn das Internet ist nicht die Ursache für die Flut von Sauereien und kommerzieller Sexualität, in der wir angeblich gerade ertrinken – wie schon erwähnt, haben die jungen Leute aktuell weniger Sex als die der Generation ihrer Eltern im selben Alter.

Man muss schon fragen, in welchem Abschnitt der Menschheitsgeschichte das Spektrum sexueller Abenteuer von der Ehe bis zum Schlamm-Wrestling eigentlich *frei* war von Gewinnsucht und Manipulation. Gab es tatsächlich je eine Zeit, in der die Leute ohne Vorurteile oder Hintergedanken miteinander ins Bett gingen, in der es keine Gewalt gab, in der Frauen nicht misshandelt, Kinder nicht missbraucht wurden? Das fing ja schließlich nicht mit dem Internet an. Das Internet hilft uns im Gegenteil dabei, über Netzwerke der Intimität und der Wut, die es vor zwanzig Jahren noch nicht gab, Dinge zu durchschauen und zu diskutieren.

Ich will mich gern outen und eine Lanze für den Online-Sex brechen, für Sex und Liebe im Netz. Ich bin eine digitale Romantikerin. Denn Online-Sex ist echter Sex und Online-Liebe echte Liebe, und alles dazwischen ist auch echt, so echt wie die Hand in der Hose, das Herz auf der Zunge. Ich spreche für alle, die Herzklopfen bekommen, wenn ein bestimmtes User-Bild auf dem Monitor erscheint. Für alle, die staunen, was man mit der Tastatur für wunderschöne Rosen konstruieren kann, die nie verwelken. Für die Kids, die sich mit klebrigen Smartphones feuchtwarme Schweinereien zuschicken, während die Eltern schlafen. Die Fan-Fiction-Autorinnen, die ihre lüsternen Märchen in die Dunkelheit hinausschicken wie parfümierte Briefe. Die Studentin, die spät in der Nacht für ihre Freundin, die in einer anderen Zeitzone wohnt, die Kamera poppt. Für alle, die unter der Craigslist-Rubrik »Missed connections« jemanden suchen, den sie irgendwo mal getroffen haben, und für die, die auf Chatroulette mit fremden Menschen chatten. Für die transsexuellen Teenager, die in Chatrooms lustvoll und neugierig miteinander flüstern, während bigotte Provinzler besoffen durch ihren schrumpfenden Großgrundbesitz brettern. Für die Freunde von World of Warcraft.

Online-Sexualität ist echte Sexualität, und es gehört viel mehr dazu als nur Pornografie. Mädchen, die einander in Selbstverletzungsforen ihre schmerzvollsten Alltagsgeheimnisse zuflüstern, gehören dazu, und wenn eine von ihnen in eine tiefe Krise gerät, rufen die anderen aus aller Welt an, und ihre Stimmen sind so vertraut, als kennten sie sich seit Ewigkeiten persönlich. Die Kontaktbörse OkCupid und die Fetisch-Website Fetlife gehören auch dazu. Webcam Girls, kryptische Kontaktanzeigen und Amateur-Pornografen. Passiv-aggressive Status-Updates, das Entfernen von Bildern und Freunden, Herzschmerz-Blogeinträge. Frisch Verliebte, die sich beim zweiten Date mit Hyperlinks necken, und Paare, die einander Katzenbilder an den Arbeitsplatz schicken. Es gehört jedes Nacktfoto dazu, das ich je einem Jungen geschickt habe, mit dem ich Sex haben wollte.

Dazu gehören auch die Stunden, in denen man sich für die Kamera auf dem Bettlaken in Stellung bringt, die Momente, in denen man sich sanft berührt, während der Laptop herunterfährt. Schüchterne Intellektuelle, die aus Forum-Chats verführerische Zwiegespräche machen, gehören ebenso dazu wie wir alle, die wir begreifen, dass es manchmal nicht so wichtig ist zu wissen, wie man Sex macht, sondern wie man über Sex redet. Der Blogger, der in der Einsamkeit seines Schlafzimmers mit einem Spambot flirtet, gehört auch dazu. Die Bots, die geliebt werden wollen, und die Liebhaber, die Roboter sein wollen. Die Perversen, die Träumer und die Schüchternen, die in den Äther fassen und einander mit klammen Fingern über das Vorderhirn streicheln – es ist kompliziert. Es ist immer kompliziert. Aber das heißt nicht, dass es nicht menschlich wäre.

Frauenhass und Redefreiheit

> »[Der] fehlt nichts, was sich nicht mit ein paar Stunden Mösenstoßen, Erdrosseln und Verbuddeln in einem flachen Grab beheben ließe.«

Wie viele Frauen, die das eine oder andere Online-Profil besitzen, bin ich Nachrichten dieser Art gewöhnt – brutale Vergewaltigungs- und Folterfantasien, Drohungen gegen meine Familie und meine persönliche Sicherheit, angehängte Bilder, in denen mein Gesicht unsauber auf Fotos pornografischer Models gepappt wurde, die unglaublich strapaziöse schließmuskeldehnende Kraftakte vollbringen. Obige Botschaft erschien an einem völlig normalen Wochentag auf einer rassistischen und frauenfeindlichen Hassseite in Großbritannien, die sich der Aufgabe widmet, Persönlichkeiten des öffentlichen Lebens, in der Mehrzahl Frauen, zu bedrohen und durch den Schmutz zu ziehen. »Der Frauenhass ist hier wahrlich atemberaubend [und] schon ziemlich sadistisch«, schrieb die Historikerin Mary Beard, die ebenfalls von den Nutzern der Website *Don't Start Me Off* verfolgt wurde. »Er reicht völlig aus, um viele Frauen von öffentlichen Auftritten und Beiträgen zur politischen Debatte abzuhalten, zumal das alles bei Google auftaucht.«[88]

Und genau darum geht es ja. Es ist egal, ob wir jung sind oder alt, klassisch schön oder stolz auf unsere ungepflegte Erscheinung, ob wir Autorinnen sind oder Politikerinnen, Comedians oder Bloggerinnen oder einfach nur Frauen, die es wagen, ihre Meinung auf Twitter zu äußern. Jede Frau, die online aktiv ist, geht das Risiko ein, solche hasserfüllten Arschlöcher oder schlimmeres Gesocks anzulocken. Stalker haben schon nach meiner Adresse geforscht, da bin ich nicht die Einzige, und vor nicht allzu langer Zeit musste vor einer öffentlichen Lesung ein Sicherheitscheck durchgeführt werden, nachdem mehrere anonyme Trolle gedroht hatten, dort aufzutauchen. Ich konnte die Lesung dann durchziehen.

Es wäre schön, wenn sich dieser widerlich vulgäre Sexismus wenigstens auf Außenseiter-Websites beschränken würde. Wirklich erschreckend aber ist, dass die Leute, die solche Texte schreiben, meist völlig normale Männer mit völlig normalen Jobs sind: Der Mensch, der mir obiges Gegeifer zuschickte und die Website betrieb, auf der es erschien, war ein Immobilienmakler namens Richard White, der mit Frau und Kindern in Sidcup bei London lebte und eben auch eine Hass-Website gegen Frauen und Minderheiten unterhielt.[89] Das Internet baut Offline-Vorurteile nach, verändert sie, verdreht sie, ergänzt sie durch eine voyeuristische Note, und dank der Anonymität und der physischen Distanz können Einzelne mit anderen umspringen, als wären es seelenlose Wesen.

Aber es sind nicht nur Einzelne, die sich daran aufgeilen, mit ihren Trollattacken eine Reaktion zu provozieren. Die Misogynie reicht bis in die »seriösen« Bereiche der Netz-Kommentare und Blogs und ist in den letzten Jahren sogar zu einem alltäglichen Bestandteil der politischen Diskussion im Internet geworden. Hier sind nur zwei Kommentare, die in den letzten Monaten in der Kommentarspalte der Website *Order Order* über mich geschrieben wurden, einem Blog, den Menschen aus Politik und Journalismus im ganzen Land lesen und dessen Herausgeber in Großbritannien als Mainstream der politischen Debatte gelten. Es ist nur eine Auswahl der Kommentare, die zu entfernen die Herausgeber zunächst nicht für wert erachteten.

»Vielleicht wäre die Scharia doch eine tolle Sache; dann dürfte Miss Penny nur aus dem Haus, wenn ein Familienmitglied dabei wäre, und uns bliebe ihre Visage erspart, außerdem könnten wir sie steinigen, am liebsten wäre mir öffentliches Erhängen oder eine Enthauptung, ihren Ansichten nach zu urteilen wäre das ja wohl erlaubt. Oder was wäre mit Beschneiden, nur, dass ihr der Mund zugenäht wird?«

»Nennt mich altmodisch, aber diese junge Dame sollte mit der Peitsche durch die Straßen von London getrieben und gezwungen werden, Ken Livingston den Schwanz zu lutschen, während die Leute die beiden mit Scheiße bewerfen.«[90]

Die letzten Zeilen schrieb offenbar ein Großbürger aus dem 17. Jahrhundert, und man fragt sich, was er auf den onanistischen Kommentar-Threads britischer Politikstreber-Websites zu suchen hat. Es wäre zum Lachen, wenn es nicht Hunderte wie ihn gäbe.

An dieser Stelle will ich betonen, dass ich mit solchen Erfahrungen durchaus nicht allein dastehe – allerdings arbeitete ich auch schon zu einer Zeit als politische Journalistin in Großbritannien, als sich die zornigen alten Männer in Strickjacke, die die meisten Printmedien leiteten, bestimmte Frauen und Mädchen herausklaubten und ein Exempel an ihnen statuierten. Das erlebt nicht jede Frau, die online schreibt, einen Blog betreibt oder Online-Spiele spielt, aber doch viele von uns, und es kann jede von uns treffen. Die Drohung, verletzt, vergewaltigt oder umgebracht zu werden, ist nicht weniger erschütternd, nur weil man nicht davon ausgeht, dass sie auch wirklich in die Tat umgesetzt wird.

Ziel dieser Attacken ist es, Frauen in dieser neuen und immer wichtigeren öffentlichen Domäne durch öffentliche Bloßstellung und Einschüchterung von ihren Internet-Aktivitäten abzuhalten. Wenn wir darauf reagieren, sind wir durchgedrehte hysterische Zicken, Zensoren, keinen Deut besser als Nazis, und wahrscheinlich brauchen wir nur einen »richtigen Mann«, der es uns mal anständig besorgt, einen »richtigen Mann« wie einen von denen, die in den Kommentar-Threads damit drohen, uns den Kopf abzureißen und in den Rumpf zu masturbieren.

Mit der Behauptung, diese Hasstiraden seien normal, muss endlich Schluss sein. Das Internet ist ein öffentlicher Raum, ein echter Raum; in diesem Raum interagieren wir, verrichten unsere Arbeit, organisieren unser Leben, engagieren uns politisch, und Gewalt im Netz ist echte Gewalt. Der Frauenhass in öffentlichen Online-Räumen wächst sich zur Epidemie aus, und es ist höchste Zeit, mit der verlogenen Aussage aufzuräumen, er sei vertretbar und unvermeidbar.

Wir, die wir am häufigsten mit solchen Beleidigungen konfrontiert sind, bekommen oft zu hören: Schluck's runter. Leg dir eine dicke Haut zu. »Fütter den Troll nicht« – als ob das Füttern das Problem wäre. »Frauen, die in der Öffentlichkeit stehen, sind besonders unter Beschuss«, so Cristina Odone vom *Telegraph*. »Eine Frau, die sich aus der Deckung wagt, fordert Schmähungen geradezu heraus.«[91]

Sie fordert es also heraus. Wer es wagt, im öffentlichen Leben sichtbar weiblich aufzutreten, fordert es heraus, beschimpft, schikaniert und eingeschüchtert zu werden, und das gilt für jede Person, die die Frechheit hat, sich zu äußern, obwohl sie im Besitz eines Busens ist.

Diese Haltung ist dermaßen alltäglich, dass sich ihr ganzer Schrecken erst offenbart, wenn man sich die Mühe macht, sie einmal genau unter die Lupe zu nehmen. Wenn nicht täglich, so doch wöchentlich schreiben mir junge Frauen, die sich als Journalistin oder Aktivistin etablieren wollen, aber Angst vor möglichen Gegenreaktionen haben. Jedes Mal, wenn ich einen solchen Brief bekomme, bin ich hin- und hergerissen: Soll ich ihnen die Wahrheit sagen? Soll ich ihnen erzählen, dass mich Trolle und Stalker schon dermaßen in Angst und Schrecken versetzt haben, dass ich es nicht wagte, das Haus zu verlassen, dass ich schon die Polizei rufen musste? Soll ich ihnen ehrlich sagen, dass ihnen Ähnliches sehr wahrscheinlich auch widerfahren wird? Oder soll ich ihnen raten, tapfer zu sein, es mit Fassung zu tragen, keine Angst zu haben, weil ihre Angst, ihr Schweigen genau das ist, was die Trolle erreichen wollen?

Ich bin immer unsicher, ob ich darüber sprechen soll. Zum einen will ich niemandem auf die Nase binden, wie sehr mich das trifft. Wer will das schon? Genau darauf haben es die Trolle ja schließlich abgesehen. Sie wollen den Nachweis dafür, dass sie uns weh tun, damit sie sich groß und stark fühlen können wie Richard White mit seinem lächerlichen Twitter-Profilbild, auf dem er sich mit muskulösen, aggressiv verschränkten Armen präsentiert, das Gesicht von einem Kreuz verdeckt. Wir wollen alle keine Schwäche und Angst zeigen, nicht den Anschein erwecken, dass wir nicht »damit fertig werden« – immerhin beschwert sich ja kaum jemand. Vielleicht sind wir ja wirklich durchgeknallte hysterische Zicken?

Und so schweigen wir, während die Misogynie zur Normalität wird. Man erklärt uns, wir sollten den Mund halten und einsehen, dass Beleidigungen dieser bösartigen und verletzenden Art eben vorkämen, am besten gewöhnten wir uns daran. Frauenhass und Angst vor Frauen ist in traditionell männlichen Räumen, sei es das Internet oder das Parlament, nichts Neues, doch die gezielte sadistische Art der sexistischen und sexuellen Belästigung im Netz ist ungewöhnlich und wird ungewöhnlich einmütig hingenommen – und das können wir ändern.

Nicht immer zielt Sexismus im Netz darauf ab, Frauen zu verletzen. Manchmal sollen auch andere Männer beeindruckt werden, und wenn dabei Frauen verletzt werden, ist das ein bedauerlicher, aber notwendiger Kollateralschaden. Misogynie spielt sich schon immer stark zwischen Männern ab und wird von Männern und Jungs inszeniert, um Gleichgesinnte zu beeindrucken. In Foren, Spielen und Blogs ist das nicht anders.

Wenn Männer behaupten, der gelegentliche Online-Sexismus – im Gegensatz zum persönlichen mordlüsternen Frauenhass, der vielen Frauen entgegenschlägt, wenn sie sich in Online-Räume wagen, die Männer als die ihren betrachten – sei harmloses »Geplänkel«, dann meinen sie das wirklich so.

Germaine Greer schrieb einmal, Frauen hätten »keine Ahnung, wie sehr die Männer sie hassen«.[92] Tja, jetzt wissen wir es. Das Internet hat es so an sich, dass es Verborgenes sichtbar macht und Kontexte sprengt, sodass Sticheleien, die früher vielleicht auf einen Burschenschaftsabend gepasst hätten, auf denselben sozialen Plattformen auftauchen, auf denen Fünfzehnjährige feministische Kampagnen aushecken. Im Verbund mit der Enthemmung, die durch die Zeitverzögerung und die Anonymität eintritt, ergibt sich ein Gebräu aus wütender Frauenfeindlichkeit, Rassismus und Homophobie, das Frauen und Männer, die ins Visier geraten, als extrem beängstigend empfinden.

Teilweise kommt das Internet immer noch daher, als sei es nur für Männer da, obwohl es im Grunde nie so war. Misogynie wird, ebenso wie Rassismus und Homophobie, als eine Art Konvention gepflegt. Sie dient der Markierung des Reviers und der Abschreckung, wenn nicht aller Frauen, so doch all derer, die angeblich schnell beleidigt sind, und das sind in der Praxis selten Männer. Es ist ein Witz, gewiss, ein ziemlich schlechter, dessen Pointe die Ausgrenzung ist und den wir »wegstecken« müssen (Was, du verträgst keinen Spaß?), so wie man einen Faustschlag wegsteckt.

Männer haben unter sich schon immer so über Frauen geredet. Neu wirkt das alles nur, weil Frauen früher, in den Jahrhunderten, in denen sich die Männer für unbeobachtet hielten, nie so unmittelbar wie heute in »ihre« Räume gelangen und sie beobachten konnten. Die Macht, Männer zu beobachten, kriegen die Frauen durch das Internet, aber das haben die Männer bisher noch nicht so richtig erkannt.

Im Moment setzt eine Gegenbewegung zur Misogynie im Netz ein. Frauen, Mädchen und ihre Verbündeten entlarven die geschlechtsspezifische Gewalt im Internet, bekämpfen den strukturellen Sexismus und Rassismus offline und sammeln Erfahrungsberichte unter Hashtags wie #Everydaysexism, #Aufschrei und #Solidarityisforwhitewomen. Dank solcher Projekte müssen Menschen Sexismus und Rassismus nicht mehr allein ertragen, sondern können sie als Waffe gegen die Angreifer richten. Männer, die in Wahrheit nicht so unwissend sind, wie sie gern tun, werden gezwungen, die Erfahrungswelt der Frauen in einem neuen Licht zu sehen und zu begreifen, dass die Geschichten über die Welt, mit denen sie aufwuchsen, nicht die einzigen sind. Wer die eigene Borniertheit durch die Augen anderer sieht, reagiert zum Teil grotesk.

Im Jahr 2012 stellte die Bloggerin Anita Sarkeesian ein Crowd-Funding-Projekt auf die Beine, weil sie eine kleine Filmreihe drehen wollte, *Tropes vs. Women,* in der sie den stereotypen Sexismus vieler Videospiel-Plots dokumentierte.[93] Die selbstzufriedene Welt der Computerfreaks bebte vor Zorn; ein Nutzer bastelte sogar ein Flash-Spiel namens »Beat up Anita Sarkeesian«, in dem die Spieler per Mausklick einem Foto von ihrem Gesicht Schnitte und Schläge beibringen konnten. Sarkeesian ließ sich nicht beirren und drehte die Reihe trotzdem.

Sechs Monate später, als die feministische Aktivistin Caroline Criado-Perez durchsetzte, dass das Konterfei einer

Frau eine britische Banknote zierte, wurde sie in den sozialen Medien mit Vergewaltigungsdrohungen überzogen.[94] Sie veröffentlichte einige Beispiele der sexistischen Trollattacken, die sie innerhalb von fünf Tagen erhalten hatte: »Steigt alle ein in den *rape train* > @CCriadoPerez ist Schaffnerin«, lautete eine; »Dieser Perez muss nur mal richtig der Hintern versohlt werden, dann geht's wieder«, eine andere. Criado-Perez wehrte sich und forderte Twitter auf, für Beleidigungen auf der Plattform die Verantwortung zu übernehmen und eine umfassende Debatte über die Beendigung der brutalen Online-Misogynie anzustoßen. Juristisch ist schon die Androhung von Gewalt und Vergewaltigung strafbar, und viele soziale Netzwerke einschließlich Twitter haben auch schon Regeln gegen Beleidigung und Belästigung. Wie in der Offline-Welt klafft jedoch eine Lücke zwischen dem, was an Gewalt gegen Frauen juristisch verboten ist, und dem, was stillschweigend hingenommen wird; wer sich wehren will, muss deshalb nicht die Verabschiedung neuer, sondern die Einhaltung bestehender Gesetze fordern.

Manchmal hört man, der Kampf gegen Cybersexismus sei »Zensur«. Einige Website-Betreiber behaupten, mit der Unterstützung und Veröffentlichung sadistischer Misogynie wahrten sie ja nur die »Redefreiheit« derer, die sich mit kranken Vergewaltigungsfantasien einen runterholen. Ein solches Geschwafel ist nicht nur verlogen, sondern beleidigt auch alle, die schon echte Erfahrungen mit Internet-Zensur gemacht haben.

Während ich dies schreibe, tobt ein Kampf darum, das Internet dem staatlichen Einfluss zu entziehen und die Rede- und Informationsfreiheit vor der Tyrannei des Staates und der Konzerne zu retten. Ohne allzu tief in die Materie einzutauchen: Das Internet ist voll mit Menschen, die ihr Leben diesem Kampf widmen und es dafür aufs Spiel setzen; manche haben es auch schon verloren. Wer eine Parallele

zwischen dem weltweit abgestimmten Angriff auf die Netz-
neutralität und die digitale Freiheit einerseits und dem
fortgesetzten Frauenhass der Spackos in den Kommentar-
Threads andererseits konstruiert, ist nicht nur auf dem
Holzweg, sondern hat offenbar Sägespäne im Hirn.

Nach der derzeit gängigen Logik der Misogynie im Internet steht das Recht einer Frau auf den Ausdruck der eigenen Persönlichkeit hinter dem Recht eines Mannes zurück,
sie für die Ausübung dieses Rechts zu bestrafen. Besonders
ärgert es viele Männer, dass eine beliebige Frau, ein belie-
biges Mädchen womöglich eine Stimme, Erfolg, sozial mehr
Macht haben könnte als sie selbst – das höre ich jedenfalls
heraus, wenn mir mal wieder mitgeteilt wird, ich nähme
mich ja wohl reichlich wichtig und mein dämlicher kleiner
Mund wäre doch viel besser dazu geeignet, den gigantischen
Penis zu lutschen, den jeder dieser Kommentatoren offenbar
besitzt. Im Jahr 2011 schrieb ich, die Meinung einer Frau sei
der Minirock des Internets: Wenn sie einen hat und es wagt,
ihn in der Öffentlichkeit zu zeigen, hat sie sich jede Beleidigung, die ihres Weges kommt, wahrlich verdient – sie hat
es geradezu herausgefordert.[95]

Seither scheint sich die Lage noch verschlimmert zu haben, nicht nur für Frauen des öffentlichen Lebens, sondern
für Frauen in der Öffentlichkeit schlechthin. Das Internet ist
ein Medium, in dem viele Menschen mit vielen anderen
kommunizieren. Dank dieser Kommunikationsform können die Leserschaft und das Publikum auf Autorinnen und
Autoren, Politikerinnen und Politiker reagieren, die im vor-
digitalen Zeitalter Meinungen oder Ankündigungen ver-
öffentlichen konnten, ohne sich anhören zu müssen, was
die Menschen dazu zu sagen hatten, sehen wir von dem
einen oder anderen erbosten Leserbrief einmal ab. Und das
ist großartig. Ich bin nach wie vor froh, dass ich im Inter-
netzeitalter Journalistin wurde; ich bin es gewohnt, für eine

Leserschaft zu schreiben, die reagiert und sich engagiert, mir konstruktive Kritik anzuhören und sie, wenn sie berechtigt ist, auch anzunehmen. Es besteht jedoch ein himmelweiter Unterschied zwischen dem Recht zu antworten und dem Recht, andere zu beleidigen, zu bedrohen und zum Schweigen zu bringen.

Menschsein beinhaltet für die meisten von uns, dass wir uns nach Intimität und nach Information sehnen. Dass das Internet einen Überfluss an beidem bietet, ist einer der Gründe dafür, dass bestehende Machtstrukturen aus dem Lot geraten. Seien es nun Frauen und Minderheiten, die für das Recht kämpfen, als vollwertige Menschen anerkannt zu werden, oder Bürgerinnen und Bürger, die Informationen einfordern, die ihnen vorenthalten werden: Der erste Impuls ist immer die Zensur oder der Versuch einer Zensur. Es ist deshalb wirklich paradox, wenn frauenfeindliche Trolle, die man wegen ihres Verhaltens zur Ordnung ruft, dies als Angriff auf ihre »Redefreiheit« hinstellen.

Eine solche Scheinheiligkeit ist atemberaubend, eine Beleidigung unserer Intelligenz. Diese Leute verweisen ohne jede Ironie auf ihr Recht auf freie Meinungsäußerung, während sie alles Erdenkliche anstellen, um Frauen, die Macht oder eine Plattform haben, zu verletzen, zu demütigen und zum Schweigen zu bringen: Sie faseln von Zensur, verlieren aber kein Wort darüber, dass sie andere mundtot machen. Als ich auf Twitter einen Troll blockierte, weil er mir Gewalt angedroht hatte, wurde mir in aller Ernsthaftigkeit erklärt, das sei ein Angriff auf die Redefreiheit.

Das Internet hat ernsthafte Probleme mit der Redefreiheit, die nichts mit dem Recht der Männer zu tun hat, Frauen ungestraft zu beleidigen und zu bedrohen. »Stellen Sie sich vor, es wäre nicht das Internet, sondern ein öffentlicher Platz«, schreibt der Journalist Ally Fogg. »Eine Frau steht auf einer Gemüsekiste und äußert eine Idee. Plötzlich ist sie von 5000 wütenden Menschen umringt, die sie aufs Übelste beschimpfen, damit sie endlich den Mund hält. Ja, hier gibt es ein Problem mit der Redefreiheit. Aber ein anderes als vermutet.«[96]

Redefreiheit schließt nicht die Freiheit ein, andere ungestraft zu belästigen und mundtot zu machen. Sie schließt nicht einmal das Recht ein, Aufmerksamkeit zu bekommen. Stellen wir uns vor, wir befänden uns im »richtigen Leben«. Stellen wir uns vor, eine Frau, die im Parlament, in einem Vorlesungssaal oder in einem Zimmer voller Freunde steht und über ihre Erfahrungen spricht, muss mit Gewalt, Drohungen und Spott rechnen, wenn sie dabei zufällig Männer verärgert. Das müssen wir uns nicht einmal vorstellen, denn es geschieht immer noch täglich, auch im angeblich emanzipierten Westen. Für viele Menschen, die zu bequem sind, sich selbst zu hinterfragen, bedeutet Freiheit der Rede schlicht die Freiheit vor Kritik und Verantwortung.

Im Falle des Cybersexismus ist es für die unzähligen Aktivist_innen, Hacker_innen und Entwickler_innen, die Zeit investieren, ihren Job und manchmal sogar ihr Leben aufs Spiel setzen, um zu verhindern, dass Staaten wie die USA die freie Internetnutzung rigoros einschränken, eine glatte Beleidigung, von einer Bedrohung der »Redefreiheit« zu sprechen, wenn Frauen im Netz über Feminismus diskutieren.

Der Sinn des Internets besteht ja darin, dass es viele Stimmen gleichzeitig zulässt. So funktioniert das Netz. Dass plötzlich Frauen in großer und hörbarer Zahl online sind, hindert Männer nicht daran, das Internet zu nutzen. Wir sind hier schließlich nicht in der Grundschule, und niemand braucht allergisch auf Mädchen zu reagieren.

Und der Geek wird die Erde erben

Eines soll doch bitte jeder Nerd begreifen, dem ich in meinem Leben je begegnet bin: Wir waren auch da. Die anderen Geeks und Sonderlinge, für die das Leben in der Schule die Hölle war, die sich in Bücher und Computer flüchteten, die die ganze Nacht aufblieben, das Gesicht erhellt vom flackernden Bildschirm, und auch wir suchten nach Transzendenz, träumten von fernen Orten. Wir waren auch da, aber ihr habt uns nicht gesehen, weil wir Mädchen waren. Für uns war es genauso brutal, ein Geek zu sein, bis aufs i-Tüpfelchen genauso, bis hin zum sexuellen Frust, zur Sehnsucht, zum Ausgelachtwerden, zur Einsamkeit. Dann gingen wir ins Internet, wo angeblich niemand mitbekam, dass wir schüchterne Loser mit Brille und ohne Freunde waren, nur um festzustellen, dass man uns dort, sobald wir preisgaben, dass wir Mädchen sind, niederbrüllte und als Schlampe beschimpfte. Für uns gab es keinen Ausweg. Wir mussten dieselben Schlachten schlagen wie ihr, nur brutaler, weil wir Mädchen waren und uns zusätzlich mit Sexismus herumzuschlagen hatten, der auch von euch kam, und wenn wir nach anderen Sonderlingen für unsere Clique Ausschau hielten, erklärte man uns, als Mädchen seien wir ja keine »echten Geeks«.

Der Hass auf weibliche Geeks ist eine eigene Sorte Schwachsinn und Teil der Infrastruktur der Gender-Ordnung im Internet. Ich verwende die Begriffe »Nerd« und »Geek« auch deshalb synonym, weil viele Menschen, die beides sind, eine klare, aber jeweils abweichende Vorstellung davon haben, wie sich die Begriffe unterscheiden. Im 19. Jahrhundert reiste ein *geek* mit einem Wanderzirkus durch die Lande und biss zur Unterhaltung der Landbevölkerung lebendigen Hühnern den Kopf ab. Heute versteht man darunter eher eine Person, die mit Computern arbeitet und sich für Comics begeistert. Was die beiden Beschäftigungen eint, und das gilt für Geeks und Nerds, sind das Außenseitertum, die Lernbegeisterung und das Spezialwissen.

Beim Spezialwissen kann es sich um ein Händchen fürs Kodieren oder um Literaturkenntnisse handeln oder um das Wissen, an welcher Stelle man einem Hahn genau ins Rückgrat beißen muss, damit das Blut besonders schauderhaft über das T-Shirt spritzt. Egal was es ist: Wahrscheinlich können es die Eltern nicht richtig nachvollziehen.

Wenn es gilt, den Geek-Raum vor Frauen abzuschotten, dann ist eines der hinterhältigsten Mittel die Behauptung, dass eine Frau sowieso kein richtiger Geek oder ein »echter« Nerd sein kann. Wer eine Frau als »Pseudo-Geek« bezeichnet, will damit sagen, dass Frauen, die Science-Fiction, Comics, Computerspiele oder Technik mögen, im Grunde nicht wissen, was sie da faseln. Eine gute Freundin von mir, die als Cheflektorin in einem großen Science-Fiction-Verlag arbeitet, wird auf Konferenzen oder Messen oft für die Freundin von jemandem gehalten oder für eine Promoterin, eine Messemieze.

Wir müssen uns das Wort »Geek« zurückerobern, nicht nur Frauen und Mädchen, sondern alle, die die Nase gestrichen voll haben von der Vorstellung, dass ein Geek Hoodies tragen, im Keller der Eltern ein Start-Up in den Sand setzen und Frauen hassen muss. Besonders ärgerlich an der Vereinnahmung der Nerd-Kultur durch den Mainstream ist – einmal abgesehen von der kindischen Verärgerung darüber, dass etwas, das man seit Ewigkeiten macht, plötzlich cool ist – die Überführung radikaler egalitärer Bestrebungen der traditionellen Nerd-Kultur in ein Stereotyp. Doppelt ärgerlich ist es, wenn dieses Stereotyp einen wahren Kern hat.

Die Geschichte vom erfolgreichen Geek ist der Groschenroman des 21. Jahrhunderts, die triumphale Mär vom siegreichen Underdog, vom Außenseiter, der sich integriert.

Der Triumph in dieser Geschichte vollzieht sich allerdings prinzipiell als Aneignung – besonders als Aneignung heißer Miezen und eines riesigen Geldbergs.

Und so geht die Geschichte vom Triumph des Geeks. Es ist eine kurze Geschichte, und wir finden sie in jedem Comicladen, in jedem DVD-Regal und in jeder Firmendenkschrift. Geek Boy durchleidet eine schreckliche Schulzeit. Er ist einsam. Er hat keine oder nur wenige Freunde, er wird schikaniert. Niemand versteht sein spezielles Genie, und das scharfe, begehrte Mädchen, das Objekt seiner nächtlichen Fantasien, würdigt ihn keines Blickes. Geek Boy hat allerdings etwas, das ihm bei der Flucht aus diesem ansonsten danteschen Albtraum der postpubertären Qual helfen kann: Er hat Grips. Er hat richtig Grips. Also nutzt er seine Intelligenz, macht einen Haufen Geld, kriegt das Mädchen und mutiert zu einem klassischen neokapitalistischen Patriarchen, ohne auch nur sein bedrucktes T-Shirt ausziehen zu müssen.

Dass er das Mädchen kriegt, ist ein zentrales Element der Geschichte. Die Geschichte würde nicht funktionieren, wenn er das Mädchen nicht kriegen würde. Ja, das scharfe Mädchen ist die Motivation, der Preis und die Gefahr – sie ist der Dunkle Kristall, der Eine Ring, der McGuffin, der die Geschichte zusammenhält. Natürlich ist sie keine echte Person, das wäre unpraktisch. In einigen Variationen dieser Geschichte bekommt das hübsche begehrte Mädchen seine verdiente Strafe – meist eine erniedrigende Zurückweisung durch den mittlerweile allseits beliebten Geek Boy – und wird durch ein weniger begehrtes, aber gleichermaßen hübsches Mädchen ersetzt, das schon im ersten Akt für den Protagonisten schwärmte. Das Problem ist: Wenn die Geschichte nicht gut ausgeht, und in einem Wirtschaftssystem, das auf das Scheitern vieler angelegt ist, geht sie nur selten gut aus, dann suchen die Leute nach einem Schuldigen.

»Das Web ist auf die Konstruktion von Subkulturen ausgerichtet und wirkte jahrelang selbst als Subkultur«, so die Journalistin Maha Rafi Atal, die für *Forbes* und andere Websites über Gender und Technik schreibt. »Es stimmt schon, dass die Männer – und damals waren es überwiegend Männer –, die das Netz aufbauten, am Rand der sozialen Macht, abseits der traditionellen Highschool-Cafeteria angesiedelt waren, und weil viele von ihnen jung waren, war ihre Unfähigkeit im Umgang mit Frauen ein Symbol für ihre fehlende soziale Zugehörigkeit.«[97] Heute sind zwar alle online, einschließlich der Sportskanonen, der Cheerleader und der coolen Kids, doch, so erklärt Atal, »die Kultur basiert immer noch auf dem Grundsatz, dass die Frau der unergründliche Feind ist«.

Die Geschichte vom Genie im Keller ist der Schöpfungsmythos vieler sozialer Netzwerke, so wie die Geschichte von den Gründervätern der Schöpfungsmythos des US-Kapitalismus ist: Es mag nur ein Teil der Geschichte sein, aber es ist der Teil, der es den Privilegiertesten leichter macht, auch den Rest zu begreifen. Genau diese Geschichte erzählt der Oscar-prämierte Film *The Social Network* aus dem Jahr 2010. Aus den bockigen prägenden Facebook-Jahren spinnt er die herzerwärmende Geschichte eines intelligenten Losers, der über seinen Liebeskummer triumphiert und zum jüngsten Milliardär der Welt wird.

In der ersten Szene wird der junge Mark Zuckerberg, gespielt von Jesse Eisenberg, von seiner Freundin verlassen. Er rächt sich, indem er mittels seines überragenden technischen Talents eine Website baut, auf der seine – vermutlich männlichen – Mitstudenten anhand von Bildern, die sich Zuckerberg ungefragt vom Server der Harvard-Universität holt, die Attraktivität der Frauen in ihrem College bewerten können; gleichzeitig verbreitet er über seinen Blog sexuelle

Beleidigungen seiner Ex. Die Website FaceMash wird ein Riesenerfolg: Zuckerberg hat sich ein unglaublich cleveres Spielzeug ausgedacht, Codes geknackt, das System geschlagen und ein Instrument geschaffen, das jede Gleichaltrige seiner Umgebung auf ihren Wert als Sexualobjekt reduziert. Er ist der Mann, und sie sind nur Frauen, die er beherrschen kann: Er hat gewonnen. Wir werden Zeuge, wie Zuckerberg anhand der Grundprinzipien dieses Systems eine soziale Plattform konstruiert, auf der zehn Jahre später ein messbarer Anteil der menschlichen Interaktion stattfindet. Willkommen auf Facebook.

Ein Mann, der von einer Frau gedemütigt wurde, so führt es uns der Film vor, zeigt es allen: Mit Grips verwandelt er soziales Kapital in Geld und jede einzelne von uns in ein digitales Produkt, das unablässig eine »zweite Schicht« der Eigenwerbung schiebt, seine Onlinepräsenz organisiert, seine Marke entwickelt und Fotos aktualisiert, die beweisen sollen, dass wir unsere Zeit optimal nutzen – und mit jeder Aktivität machen wir Geld für Facebook und seine Ableger. Der Kapitalismus, die Technik und die Rache des sozialen Außenseiters lassen gemeinsam eine Welt entstehen, in der wir alle, besonders Frauen und Mädchen, Produkte sind, in der sämtliches soziales Kapital kategorisiert und zu Kohle gemacht wird, und in der der Geek am Ende die Erde erbt.

Die Zahl der Frauen, die in der Informationstechnik arbeiten, ist klein und nimmt sogar weiter ab. Nur 7 Prozent der Hochschulabschlüsse im IT-Bereich entfallen auf Mädchen und Frauen, und auf allen Ebenen wenden Frauen der Branche den Rücken zu. Die Yahoo-Chefin Marissa Mayer schätzt, dass 15 bis 17 Prozent der Ingenieure in Silicon Valley Frauen sind. Im Ingenieurwesen und in der Informatik sind in den USA nur 20 Prozent der Studenten weiblich.[98] Mayer, die erst im College das Internet regelmäßig nutzte,[99] widerlegt die Regel, nach der es für eine Mädchen-generation, der in der Grundschule kein Computerwissen vermittelt wurde, zu spät ist. Technikkenntnisse kann man jederzeit erwerben, solange man nicht wie viele Frauen und Mädchen glaubt, das weibliche Gehirn sei von seiner Ver-anlagung her der Aufgabe nicht gewachsen.

In einem Land, das von männlichen Nerds aufgebaut wurde und geführt wird, bewies Mayer allerdings ihre Führungsqualitäten, indem sie den Yahoo-Angestellten das Recht auf Heimarbeit strich;[100] so reihte sie ihr Unter-nehmen in die Riege der Silicon-Valley-Betriebe ein, die von ihrer Struktur her Frauen, die Kinder haben oder einmal welche haben wollen, die vollständige Teilhabe versagen. Menschen, deren Lebensstil nicht dem eines alleinstehenden Mannes mit Zehnstundentag entspricht, steht die IT-Branche ausgesprochen ablehnend gegenüber, und diese Haltung ver-schärft sich eher noch.

Kate Losse war eine der ersten Angestellten bei Face-book und erzählt in ihrem 2012 erschienenen Buch *The Boy Kings* als Insiderin die Aufbauphase des Unternehmens.[101] »Ich habe das Buch geschrieben, weil mir bei meiner Arbeit dort … Dinge auffielen, die nicht ausgesprochen wurden und die wirklich wichtig sind, damit wir verstehen, wie die Technik der sozialen Netzwerke uns beeinflusst«, erklärte mir Losse per Instant Messaging. »Unter anderem merkte ich, wie stark Facebook und andere soziale Techniken von Frauenbildern und der Arbeit in sozialen Medien profitieren. Und das wird von den Unternehmen so gut wie nicht an-erkannt oder belohnt.«

»Es herrschte die Annahme, dass eine sehr spezifische Sorte Mensch Tech-Produkte herstellt und dieser Mensch meist ein junger männlicher Unternehmer mit spezifischen Vorlieben und Werten ist; er ist sozusagen der Genius der sozialen Medien.«

Das entspricht aber eigentlich nicht dem Geist des Internets und auch nicht dem klassischen Bild des Geeks. Ein Geek zu sein, bedeutet nicht, dass man sich an Leuten rächt, die einen in der Schule geärgert haben. Dass man sich frauenhassenderweise in dunklen Schlafzimmern herumtreibt. Ein Geek ist etwas völlig anderes. Ein Geek ist neugierig und klug. Ein Geek macht Dinge, repariert Dinge, nimmt Dinge auseinander, um zu erfahren, wie sie funktionieren, manchmal Programmzeilen, manchmal auch Länder. Ein Geek kann sich für spannende Sachen begeistern, für Geschichten, Spiele, Comics, Bücher und Filme und braucht sich nicht dafür zu entschuldigen. Ein Geek lernt, lässt entstehen, will immer Neues. Ein Geek ist sich grundsätzlich darüber bewusst, dass Klugheit wichtiger ist als Stärke und dass es nicht ins Gewicht fällt, wer man ist oder wo man herkommt, solange man Neugier und Mumm hat.

Eines muss man über den Cybersexismus unbedingt wissen: Er wuchert dort, wo Schmerz, Angst und Verletzung entstehen, die sich in Egomanie und Brutalität niederschlagen. Es liegt natürlich nicht in der Verantwortung der Geschmähten, ihre Peiniger zu trösten, aber Mitgefühl fördert das Verständnis und öffnet einen Weg nach vorn.

Für Geekjungs ist das Internet ein sicherer Raum. Das war schon immer so. Natürlich ist das Netz auch ein düsteres Labyrinth mit gelegentlicher Gewalt und Schikane, aber es ist ihr düsteres Labyrinth mit gelegentlicher Gewalt und Schikane, und anders als im »richtigen Leben«, wie es seine Bewohner gern nennen, kennen sie dort die Regeln. Manche haben sie selbst gemacht. Sie sind im Internet aufgewachsen und stolz darauf, seine Sprache und Sitten besser zu kennen als alle anderen, egal, ob das nun stimmt oder nicht.

Wie so vieles beginnt es in der Schule. Wer Grips hat und ein bisschen seltsam ist, wird leicht zur Zielscheibe von

Gewalt und ist damit schon mal kein richtiger Mann. Es mag ein Klischee sein, aber Geeks, Nerds und Cracks jeder Couleur, jeder, der ein bisschen clever oder unkonventionell oder beides ist und das auch nicht verbergen kann oder will, wer immer schlecht im Sport und im Flirten ist, hat mit täglicher Schikane und Verachtung zu tun, und das meist jahrelang. Das hat schwerwiegende Folgen. Jungs, die von den Sportskanonen getriezt werden, haben mit ihrer Männlichkeit zu kämpfen. Diese angegriffene Männlichkeit findet manchmal im Netz ein Zuhause und in Frauen ein Ziel, vorzugsweise in Frauen, die weit weg sind und sich nicht wehren können.

Ein Mann, der sich seinen sozialen Wert beweisen will, der sich beweisen will, dass er schon ein Mann ist oder es bald sein wird, tut dies gemeinhin durch die Ausübung von Macht über Frauen: sexuelle Macht, körperliche Macht, die Macht zu schikanieren, zu bedrohen, einzuschüchtern, zu kontrollieren. Sexismus ist ein Statusspiel. Dass Geekjungs in der Statushierarchie meist ziemlich weit unten stehen, verleiht ihrer Wut, die vermengt ist mit sexueller Frustration, das einzigartige Aroma, mit der die trübe Suppe der Nerd-Misogynie gewürzt wird.

Den Schöpfungsmythen der Geek-Misogynie zufolge wurde praktisch jede bahnbrechende Technik in der Menschheitsgeschichte von einem Mann erfunden, um eine Frau zu beeindrucken, die es aber leider nicht zu schätzen wusste. In einem erfolgreichen Blogeintrag des Herausgebers von Cracked.com, David Wong, geht es darum, »warum auch die stärkste männliche Dominanz nie genug sein wird«:

»Seht euch mal die Skyline an. Die Wolkenkratzer: Die haben wir gebaut, um euch zu beeindrucken. Der Sport, den ihr im Fernsehen seht: Die Jungs haben nur trainiert, weil in der Schule nur der eine Nummer schieben konnte, der sportlich war. Die Musik, die ihr im Radio hört: Die

Jungs haben alle singen und Gitarre spielen gelernt, weil sie als Teenager mitbekommen haben, dass nichts anderes eine Frau schneller aus dem Höschen treibt. Und genau das brachte die Schauspieler auch zum Schauspielern.

Die vielen Kriege, die wir führen: Klar, an der Oberfläche, in den Hallen der politischen Macht, haben sie komplizierte Ursachen, will einer vom andern ein Stück Land oder Rohstoffe. Aber an der Wurzel? Nun, ich frage euch: Wenn eine Armee eine Stadt einnimmt, was passiert dann, historisch betrachtet, mit den Frauen dort?«[102]

Halt, jetzt mal langsam. Was passiert denn mit den Frauen in eroberten Städten? Genau dasselbe, was auch in einem Online-Rollenspiel mit den Frauen passiert, wenn die Spieler eine Stadt einnehmen: Sie werden vergewaltigt und ermordet. Wong interpretiert das für die männliche Internet-Community, die auf Frauen steht, als großes Kompliment. »Ihr seid alles, woran wir denken, und das gibt euch Macht über uns. Und das nehmen wir euch übel«[103], schreibt Wong und verschweigt damit Erfahrungen von Millionen von Männern, die ein anderes Frauenbild haben. Wie den vielen anderen Männern, die wutschnaubend vor dem Laptop sitzen, ist Wong noch nicht aufgefallen, dass nicht alle »Frauen« diese Macht haben, weil die Kategorie »Frauen« mehr umfasst als »Frauen, mit denen David Wong Sex haben will«.

Die Frauen, die über diese Art von Macht verfügen, wollen sie außerdem womöglich gar nicht haben. Vielleicht empfinden wir es ja als ungerecht, dass uns nur die Macht zugestanden wird, Männer anzutörnen, und dass die uns das auch noch übel nehmen, dass sie uns dafür bestrafen, attackieren, schikanieren, Gewalt antun und umbringen. Kerls, hört zu: Wir haben uns nicht mit eurem Ständer gegen euch verschworen. Wir Frauen sind Menschen, keine wandelnden Pheromonampullen, keine Ansammlung wohlproportionierten Körperfetts, und wir wollen als Menschen behandelt werden.

Im Jahr 2003 sorgte eine Liste mit »Sozialen Geek-Irrtümern« für Furore – der Denke, die in den Kreisen der Nerds, Hacker, Gamer und Spinner vorherrscht –, und zehn Jahre später ist sie immer noch ein wichtiger Bezugspunkt für die Mitglieder der Communities, die an der Internetarchitektur mitgebaut haben.[104] Die erste und wichtigste Regel lautet: »Ausgrenzung ist böse.« Geeks jeden Geschlechtes und jeder Herkunft, die den Schmerz der Ächtung und Isolation erlebt haben, sind nicht bereit, jemand anders auszuschließen, und sei sein Verhalten noch so aggressiv, beklemmend oder brutal. Das kann in Gruppen, die sich ansonsten als progressiv bezeichnen würden, zur Duldung bösartiger Bigotterie führen. In einigen Nerd-Kreisen wird offen zugegeben, dass Sexismus und Homophobie seit langem toleriert oder als »ironisch« abgetan werden, solange die Person, die ihr Gift versprüht, gut programmiert oder spielt. Die in langen Jahren erlernte defensive Haltung bringt Nerds dazu, gemeinsam jedes Mitglied ihrer Gruppe zu beschützen, egal, was es getan hat. Dieser Impuls mag verständlich sein – allerdings grenzt jeder, der Bigotterie toleriert, automatisch all jene aus, die zufällig weiblich oder homosexuell sind, vergrault sie aus sozialen und beruflichen Gruppen, in denen »weiß, männlich, cis und straight« die vorgegebene Spielereinstellung ist.

Man könnte den »Sozialen Geek-Irrtümern« den »Irrtum der Schikane« hinzufügen. Langsam, aber sicher wird die Position des Geeks – insbesondere des IT-Geeks – zu einer Machtposition. Ein Job bei Google oder Facebook ist für junge Leute um die zwanzig heute das, was in den 1980er Jahren ein Job in der Finanzwelt war: Er eröffnet ihnen eine völlig neue elitäre Welt der Pseudo-Meritokratie mit ihren eigenen Gesetzen und Sitten, mit denen ein weißer, heterosexueller Kerl aus gutem Hause gleich viel besser zurechtkommt, auch wenn in den Personalabteilungen etwas anderes behauptet wird.

Das soll nicht heißen, dass ein Geek, ein Nerd oder ein intelligenter Außenseiter es in der Schule heute nur einen Deut leichter hätte als vor zehn Jahren, und auch die Verspottung von Nerds in Comedy-Serien, die das Mainstream-Programm aus Hollywood dominieren, geht unvermindert weiter, von *The Big Bang Theory* über *The IT Crowd* bis hin zu zweitklassigen Filmen, in denen der schreiend komische geschlechtslose Wissenschaftler dem durchtrainierten Helden zum Triumph verhilft. Doch die Szene hat sich grundlegend verändert, und damit meine ich nicht, dass dicke Brillengläser jetzt cool wären.

Teilweise lässt sich das Problem damit erklären, dass immer noch die Ansicht vorherrscht, Mädchen hätten einfach nicht so viel Grips wie Jungs. Jahrzehntelang war es nicht üblich, das laut zu sagen, aber immer, wenn nach einer Rechtfertigung dafür gesucht wird, dass Frauen im Technologiebereich, in der Politik, in Unternehmen und in den höheren Rängen der Universitäten stark unterrepräsentiert sind, wird es zumindest angedeutet. Sehen wir uns nur die Fakten an – obwohl wir doch angeblich gleichberechtigt sind, gibt es viel weniger weibliche »Denkarbeiter« als männliche. Der Feminismus, so heißt es gern, habe alle seine Ziele erreicht, und auch wenn nicht, seien ja Technik und Forschung Bereiche, in denen es nur auf Leistung ankomme, daher müsse das Fehlen der Frauen durch natürliche Auslese zu erklären sein. Wenn Frauen es nicht bis nach oben schaffen, dann, weil sie einfach nicht gut genug sind, nicht schlau genug, nicht engagiert genug.[105]

In ihrem hervorragenden Buch *Die Geschlechterlüge* widerlegt die Neurowissenschaftlerin Cordelia Fine minutiös sämtliche Pseudotheorien, nach denen die soziale Aufspaltung in geschlechtsspezifische Klassen vorprogrammierten Unterschieden im Gehirn zuzuschreiben sei.[106] Egal, wie solide die vielen Studien sind, denen zufolge es in der kognitiven, logischen oder strukturellen Leistung »männlicher« und »weiblicher« Gehirne keinerlei faktischen Unterschied gibt: Meist haben sie ein deutlich geringeres Presseecho und werden öffentlich weniger diskutiert als Studien, die behaupten, die sozialen Sitten der weißen US-Vororte der 1950er Jahre seien schon in prähistorischer Zeit angelegt gewesen. Fine zitiert viele weltweit angesehene Psychiater und Neurowissenschaftler, etwa Professor Simon Baron-Cohen, die mit Stuss wie dem Folgenden hausieren gehen: »Das weibliche Gehirn ist vor allem auf Empathie angelegt. Das männliche Gehirn ist vor allem auf das Verständnis und die Errichtung von Systemen angelegt.«[107]

Diese Wahnidee der sogenannten Evolutionspsychologie hält sich besonders hartnäckig. Frauen sind gut im Fühlen, Männer sind gut im Denken. Frauen haben eine eher »soziale« Intelligenz und sind besser im »Multitasking«, wohingegen Männer in allem besser sind, für das man Konzentration braucht – eine Konzentration, die sie nur aufbringen können, wenn sich die Frau oder die Freundin um das Abendessen kümmert. Frauen können fast so tüchtig sein wie Männer, aber sie können eben andere Dinge besser, zum Beispiel hegen und pflegen, zuhören, soziale Systeme organisieren, Partys schmeißen, Veranstaltungen und Erfindungen von Männern bekannt machen, den Terminplan und das Büro von Männern organisieren, damit die sich auf die wichtige Arbeit konzentrieren können, und natürlich Kinder erziehen. Männer sind, anders ausgedrückt, gut im Handeln, Machen und Bauen; Frauen sind gut darin, Männern das Leben leichter zu machen. Wir sind nicht weniger gut, wir sind nur in anderen Bereichen gut, und das sind Bereiche, in denen uns niemand zuhören muss und wir auch die Welt nicht verändern. Ihr wisst schon, wir sind halt anders gut.

Ging es in diesen Studien um Menschen anderer Hautfarbe, Ethnie oder sexueller Vorlieben, wäre auch dem letzten klar, dass es sich bei dieser Sozialeugenik nur um widerliche Propaganda handelt. Dennoch halten sich diese Mythen, weil sie besänftigend und beruhigend wirken und weil sie für die Vorurteile, die unsere Gesellschaft vergiften, eine scheinbar rationale Basis liefern.

Ansonsten vernünftige Menschen klammern sich an miserable wissenschaftliche Arbeiten, um die anhaltende Herabsetzung von Frauen zu rechtfertigen, so, wie sich die Menschen anno dazumal an die Religion klammerten: Früher gingen Frauen nicht in Forschung und Technik, weil Gott sie angeblich dazu bestimmt hatte, ausschließlich Mutter zu sein; heute meiden Frauen Forschung und Technik, weil sie aufgrund der Evolution schlecht in Mathe und besser im Wickeln von Babys sind. Das ist nicht zuletzt ein schrecklicher Missbrauch einer anerkannten Theorie.

Das Skript umschreiben

Ich bin siebenundzwanzig, und ich arbeite, schreibe, suche meine Geschichten im Netz, und im Moment unterstütze ich die Pirate Party, eine Aktivistengruppe, die sich für Freiheit im Netz einsetzt, mittlerweile eine globale politische Bewegung ist und ihre ersten Vertreter in ein nationales Parlament zu bringen versucht, nämlich in Island. In einer Bar, in der sich alle Kandidaten, Hacker, Gamer und Nerds, Männer und Frauen zur Strategieplanung auf einen Drink treffen, kommt einer auf den Feminismus zu sprechen und was er mit den Gefühlen der Männer anrichtet.

Ich beteilige mich an dem Gespräch. Diese Diskussion habe ich schon geführt. Es geht darum, wie sich die Jungs fühlen, wenn ihre Idole der Vergewaltigung beschuldigt werden, was sie unter »Patriarchat« verstehen, ob Frauen wirklich nur überreagieren – und dass sie fürchten, missverstanden zu werden. Diese Furcht ist berechtigt; es gibt Verletzungen auf beiden Seiten. Da sagt einer von ihnen, ein Hacker namens Jason, der die Frauen am Tisch ständig herabsetzt, etwas, das mich noch lange verfolgt: »Ich glaube, du täuschst dich«, sagt er, »aber ich gebe gern zu, dass ich vielleicht nicht alle Informationen habe.«

Warum glaubt er, dass Frauen sich darin täuschen, wie sie geschlechtsspezifische Gewalt erleben?

»Das sage ich ja nicht. Ich habe nur das Gefühl, du willst mich definieren und überhaupt Männer definieren, und das gefällt mir nicht.«

Hat er sich schon einmal überlegt, ob er womöglich nicht alle Informationen über sich hat?

Jason gelingt es, unter seinem dicken langen Bart den Ausdruck plötzlicher stiller Erleuchtung hervorzuzaubern, und das ist schon eine Leistung. In den nächsten drei Tagen führen wir die Diskussion fort. Der Typ will lernen. Er ist nicht der erste mir bekannte männliche Geek, der zu der plötzlichen Erkenntnis gelangt ist, dass sein Weltwissen möglicherweise fehlerhaft und unvollständig ist, und auch nicht der erste, der das ändern will.

Geeks sind nicht nur das Problem. Geeks sind auch die Lösung. Das Internet mag Vorurteile perpetuieren und geschlechtsspezifische Gewalt erleichtern, aber es hilft uns auch bei der Bekämpfung. Als der Selbstmord der Kanadierin Amanda Todd in die Schlagzeilen geriet, taten sich Anonymous und andere lose Online-Gruppierungen zusammen und spürten Männer auf, die sie beschuldigten, das Mädchen mit Nacktfotos erpresst zu haben. Kurz darauf wurden frauenfeindliche Trolle wie »Violentacrez« – ein gewisser Michael Brutsch, der hinter Reddit-Unterforen wie »jailbait« und »creepshots« steckte – von Journalisten oder Einzelpersonen aufgespürt und enttarnt.[108] Während ich dies schreibe, breitet sich im Netz eine neue Wachsamkeit aus, wollen Menschen, die sich mit Online-Misogynie und ihren Folgen befassen, nicht mehr warten, bis die Gesellschaft es richtet. Man kann schließlich alles hacken, auch Sexismus.

Vigilantismus, also Selbstjustiz, mit all ihren Gefahren des Irrtums, entsteht, wenn die Gesetze eines Landes nicht zielführend sind. Im Moment spüren Menschen im Internet Informationen über Vergewaltiger und andere Sexualstraftäter besser auf als das konventionelle Rechtssystem. Wenn Geeks beschließen, sich die Anliegen des Feminismus zu eigen zu machen, sollte man sie fürchten. Das Internet ist ein neues Land ohne Gesetze oder Grenzen, und es ist nicht einzusehen, warum die alten Regeln – Männer reden, Frauen werden gevögelt – hier noch länger zur Anwendung kommen sollten.

Eine vernetzte Gesellschaft ist nur so gut wie die Netze, die sie zusammenhalten. Ein Netz, das Frauen entmenschlicht und ihnen den vollen und freien Zugang zu den Kanälen verwehrt, die Männern offen stehen, funktioniert ganz einfach nicht. Geeks, Nerds und alle anderen, denen das Internet als freier und offener Raum wichtig ist, müssen begreifen, dass ihr Netz seinem Zweck nicht mehr gerecht wird. Das System ist defekt. Es braucht ein Update.

Wie im Cyberspace, so gilt auch auf dem Fleischmarkt: Die Netze, in denen wir lieben und Sex haben, sind dieselben wie die, in denen wir Politik machen, einander etwas beibringen, Opposition gegen die Regierung machen, die Welt verändern. Wenn das Internet die Politik revolutioniert und gleichzeitig Mädchen vom Netz fernhält oder sie zumindest einschüchtert und klein hält, dann werden wir faktisch von der Revolution ausgeschlossen.

Das Internet ist, wenn es ein Ort ist, ein politischer Ort, und zwar einer, an dem die Politik für alle Zeit verändert wird. Junge Leute, entrechtete Leute, normale Arbeiterinnen und Arbeiter, die abends zu Hause vor dem Laptop sitzen, das müde Gesicht vom Bildschirm erleuchtet, sind dabei, einander in dieser vernetzten Welt zu finden. Sie bauen Plattformen und Kommunikationswege und haben in den letzten zehn Jahren den Staat immer wieder abgehängt und ausgetrickst. Jedes Mal, wenn ein Staat versucht, die Redefreiheit im Netz zu beschneiden, bescheinigt er den Netzbewohnern, dass der im Internet organisierte Aktivismus durchschlagende Wirkung haben kann.

Das Internet ist ein realer Ort. Es ist ein Ort, an dem wir leben und arbeiten, uns befehden, Sex haben, Freunde finden. Wenn Menschen online beleidigt, eingeschüchtert und mundtot gemacht werden, sind das nicht »nur Worte« – und nach meiner Erfahrung kann es auch ein Foto von meinem Kopf sein, auf ein Pornobild montiert und veröffentlicht, oder in einen Cartoon kopiert, der zeigt, wie ich verprügelt werde, manchmal ist es auch ein Anruf, in dem jemand Details aus meiner sexuellen Vergangenheit in den Hörer flüstert. »Stock und Stein brechen mein Gebein, doch Worte bringen keine Pein« – wer diesen Satz bemüht, hat noch nie gehört, dass ein Teenager von Pöbeleien im Netz in den Selbstmord getrieben wurde.

Wenn die Geek-Community im Internet erst erkannt hat, dass Schmähung, Schikane und die Einschüchterung von Frauen im Netz den Prinzipien von Redefreiheit und Gleichheit zuwiderlaufen, wird der soziale Raum des Internets bald völlig anders aussehen. Jungen wachsen in der Überzeugung auf, dass sie der Held ihrer eigenen Geschichte sind. Mädchen müssen noch lernen, dass sie sich nicht als

Nebendarstellerin in der Saga eines anderen besetzen müssen. Zum Glück kann sich im Internet jede und jeder ihr und sein eigenes Abenteuer aussuchen. Systeme können umprogrammiert, Protokolle aktualisiert werden. Mit der sozialen Architektur, die wir heute im Netz errichten, wird die nächste Generation aufwachsen, und wenn sie ungeachtet des futuristischen Geredes allzu sehr aussieht wie die, mit der wir groß wurden, sind wir geliefert. Wir haben noch Zeit, das Ruder herumzuwerfen. Das System passt sich an, wir können es umschreiben, damit es besser funktioniert – oder wir können es zu einem Spielzimmer für die Vorurteile der Vergangenheit machen. Wir haben die Wahl.

5

Liebe und Lügen

»Das Objekt von Begierde zu sein,
bedeutet, passiv bestimmt zu sein.«
Angela Carter, *Sexualität ist Macht*[109]

In New York gleicht eine Liebesaffäre einem Kampf bis aufs
Blut. Wie könnte es auch anders sein in einer Stadt, in der
vom Brunch bis zum Bumsen einfach alles unter der Rubrik
Geschäftliches läuft? Als ich im Alter von fünfundzwanzig
Jahren in die Stadt kam, war ich trotzdem nicht auf das
wahnwitzige Theater gefasst, das sich um abendliche Ein-
ladungen, die Synchronisation des Terminkalenders, One-
Night-Stands, Liebesspiele und Liebeskummer rankt. Ich
kannte das zwar aus zahllosen US-Serien, hatte es dort aber
für eine Übertreibung, wenn nicht gar für eine glatte Lüge
gehalten. Aber das hatte ich von der Frühstückspizza und
vom fundamentalistischen Bible Belt ja auch gedacht.

New York ist die Heilige Stadt der industriellen romantischen Liebe. Das habe ich zuerst in US-Serien gesehen,
diesen strahlenden Altar der erlaubten Leidenschaft, der das
Wohnzimmer eines jeden alleinstehenden Mädels schmückt.
Meine Mutter sieht sich *Sex and the City* mit derselben Begeisterung an, mit der die Katholiken in ihrer Familie früher
die Messe besuchten. Wenn ich mich zu ihr setze, ist es wie
damals in meiner Kindheit, als ich mit Oma in die Kirche
ging, nicht weil ich gläubig war, sondern weil ich mir mit

den Erwachsenen, die ich liebte, die von ihnen geliebten Geschichten anhören wollte.

Sex and the City, die langjährige, mittlerweile angestaubte Serie um das erotische Luxusleben reicher berufstätiger Frauen in Manhattan, stand angeblich für Freiheit, die größte Freiheit, die uns Frauen zugestanden wurde: Schuhe, Shoppen und Sex, der Alltag gesellschaftlich erfolgreicher weißer Frauen – für die meisten von uns eine ferne Fantasiewelt. An der Steckdose neben dem Fenster, aus dem man einen Blick auf die Twin Towers hatte, hing der Vibrator.

Trotzdem hatte sich herzlich wenig geändert. Denn ungeachtet ihres Geldes, ihrer Privilegien, ihrer Freundschaften, dem offenbar fantastischen Sex, dem tollen Arbeitsplatz, den sie allem Anschein nach hatten, an dem sie aber nur selten zu sehen waren, trotz alledem waren die verwöhnten Kindfrauen in *Sex and the City* unglücklich, waren auf der Suche nach etwas – wenn es anders gewesen wäre, hätte es keinen Stoff für eine Serie gegeben. Was sie suchten, war das, was jede Frau und jedes Mädchen noch immer zu suchen hat: Liebe. Sie suchten nach der monogamen, romantischen Liebe zu dem Mann ihrer Träume, mit dem sie schließlich eine Ehe eingingen. Jede Mädchengeschichte ist eine Liebesgeschichte.

Dass sie sich genau diese Art von Liebe wünschten, wurde von den Frauen in *Sex and the City* und von ihren Millionen von Fans in den emanzipierten 2000ern erwartet. Wenn sie diese Liebe nicht bekamen oder wenn sie nicht ihren Erwartungen entsprach, standen sie mit leeren Händen da, und das, obwohl die Serie die starke Frau in ihrer weißen, wohlhabenden westlichen Inkarnation präsentierte, mit 400-Dollar-Stöckelschuhen und einem Job, der noch genügend Raum lässt, um über einem Cosmopolitan ein paar Tränen zu vergießen. Auch die mächtigsten, emanzipiertesten Frauen, die die Welt je gesehen hatte, erlebten in dieser Serie, dass die Liebe sie herunterzog, dass die Suche nach Liebe Frust und Verderben mit sich brachte.

New York ist ein Kolosseum der Dating-Wettkämpfe. In der Stadt gibt es jede Menge ansonsten anständiger junger Männer, die die Jahre zwischen zwanzig und Mitte dreißig damit verbringen wollen, Frauen flachzulegen, und jede Menge ansonsten vernünftiger junger Frauen, die etwas merkwürdig Kaltes und Haifischartiges bekommen, wenn sie völlig ernsthaft von Fünfjahresplänen faseln und offenbar sogar den Kalorienbedarf des menschlichen Herzens berechnen.

Das Geschäft ist in höchstem Maße ritualisiert; ein fester Ablaufplan regelt den ersten Kuss, den ersten Verkehr, das erste Gespräch darüber, ob man noch mit anderen ausgehen soll oder nicht, und vor allem: Wer die Beute nicht verscheuchen will, darf das L-Wort nicht zu früh aussprechen.

Auch Schwulen und Lesben bleibt das nicht unbedingt erspart. In vielen Ländern ist der Kampf um die Homo-Ehe auf moralischer und rechtlicher Ebene gewonnen, was natürlich wunderbar ist, da die Betroffenen nun das Recht haben, ihr Leben auf genau dieselbe Weise zu ruinieren wie Heteros. Queere Menschen mussten schon immer in einer Welt leben und lieben, deren emotionale Ökonomie von und für Heteros gemacht wurde, doch nun stehen sie, insbesondere die weißen, wohlhabenden, urbanen LGBTs unter dem Druck, Rituale zu übernehmen, die die Autorin und Theoretikerin Hannah Black als »Katastrophe der Heterosexualität« bezeichnet.[110]

Die Kolonisierung der Liebe durch das kapitalistische Patriarchat ist extrem unerfreulich. Sie führt dazu, dass struktureller Sexismus und kulturelle Gewalt auf kleinen privaten Bühnen ausgelebt werden. Deshalb ist es auch so schwer, sie zu erkennen und sich dagegen zur Wehr zu setzen.

Die menschliche Liebe ist radikal, und sie ist verheerend. Und die menschliche Liebe wurde vom Neoliberalismus, von Profitdenken und Profitmechanismen völlig vereinnahmt.

Die Sprache der Liebe

Liebe ist per se geschlechtsspezifisch. Sie macht das Leben lebenswert und die Politik interessant. Alle scheinen sich einig zu sein, dass Liebe wichtig ist – aber was für Liebe?

Ein Problem ist, dass unsere Sprache Liebe nur unzureichend beschreiben kann, und das ist ein politisches Problem. Wir haben es mit einer Art semantischem Kontextkollaps zu tun, das heißt, es gibt nur ein einziges Wort für das breite Spektrum aus Leidenschaft und Mitleiden, Freude und Fürsorge, das dafür sorgt, dass unsere Spezies es wert ist, gerettet zu werden: »Liebe«. Die englische und die deutsche Sprache bestehen aus Hunderttausenden von Wörtern, von denen viele Tausend Synonyme sind – Abkürzungen und Akronyme nicht eingerechnet –, doch sie besitzen beide nur ein einziges Wort für das, was angeblich das Allerwichtigste im Leben ist. Unter den möglichen Spielarten der Liebe gilt die romantische Liebe, also die monogame sexuelle und soziale Bindung zwischen zwei Menschen, als die wichtigste. Das ist kein Zufall.

Liebe und Sex bilden den Bereich, in dem Gender sehr persönlich wird. Hier werden Stereotypen in eine Form der Gelüste gegossen und von allen Seiten mit Bitterkeit glasiert. Je mehr ich mich mit Menschen über Liebe, Arbeit, Gender, Sexualität und Macht unterhalte, desto mehr läuft alles auf Leidenschaft und Verlust hinaus, die wiederum auf die

Geschichten hinauslaufen, die wir uns erzählen, und die diese unsere Erfahrungen mit echten Menschen abbilden, die wir alle unser chaotisches, fleischiges Herz in das anatomisch falsche Totem der romantischen Liebe zu pressen versuchen. Und dennoch haben wir die Liebe, die romantische Liebe, nicht infrage zu stellen. Warum eigentlich nicht?

Wenn wir sagen, dass Liebe alle Hindernisse überwindet, wenn wir in einer klebrig kulthaften Sprache die Heilkraft der Liebe beschwören, wenn wir behaupten, dass die Liebe jede Vernunft über Bord werfen und uns von unserem verkrampften und deprimierenden Selbst befreien kann, dann meinen wir nicht die Liebe im weitesten Sinne, sondern die konkrete Beziehung, in der wir eine Person lieben und von ihr geliebt werden oder in der wir uns jemandem hingeben, sei es eine Freundin, ein Familienmitglied, eine Liebhaberin oder ein Fremder. Die ungerichtete Liebe, die Pop-Sternchen beim Playback mit den Lippen formen und die zum kitschig roten Abklatsch unseres lebensspendenden Organs verwurstet wird, ist diese Liebe nicht.

Die romantische Liebe, die zu suchen wir angehalten sind, ist wieder etwas anderes. Sie ist kleiner und spezifischer. Es ist Liebe als Ritual und als Produkt, Liebe nicht als konkretes Tun, sondern als erotisches Objekt. Das höchste Ideal dieser Liebe ist nach wie vor die heterosexuelle, monogame romantische Beziehung, die in eine dauerhafte Ehe mündet. Diese Art von Liebe erfreut sich einer größeren Wertschätzung als jede andere, obwohl sie mittlerweile nur noch von einer Minderheit praktiziert wird und für die vielen Millionen, die glücklich in solchen Partnerschaften leben, die Realität viel komplexer ist, als gemeinhin diskutiert werden darf.

Es wäre hilfreich, dieses Liebesideal, diese Wundertüte aus zuckersüßen semisexuellen heteronormativen romantischen Ritualen, von den anderen möglichen Spielarten der Liebe abzugrenzen. Daher halte ich es für das Beste, diesem engen romantischen Fantasiegebilde seinen ordnungsgemäßen Platz zuzuweisen, nämlich im Reich der Marken: Liebe®.

Liebe® ist das Gegenstück zum Porno-Narrativ Sex®. Liebe® wird bei Licht erzählt, wohingegen das mechanische, rachgierige Drunter und Drüber der Hetero-Pornos im Dunkeln erzählt wird, und die Sache mit Erzählungen ist, dass jemand sie sich ausgedacht hat.

Die beiden Narrative der extrem wettbewerbsorientierten patriarchalen Pornos und der märchenhaften romantischen Liebe sind als diametrale Gegensätze angelegt. Abgesehen von dem zu Unrecht verspotteten Universum der Heftchenromane für Frauen finden sie sich so gut wie nie in derselben Handlung wieder. Aber sie weisen auch ein paar wichtige Ähnlichkeiten auf. Beide Narrative, Liebe® und Sex®, geben uns einen für uns unerreichbaren Maßstab vor. Beide fordern, dass wir in der anderen Person nicht einen vollwertigen Menschen sehen, sondern einen Körper, der in unserem Skript für romantische oder erotische Ekstase eine festgelegte Rolle zu spielen hat. Beide Varianten sind himmelschreiend unrealistisch, und beide verurteilen uns zum Scheitern.

In der realen Welt ist das Leben der meisten Menschen irgendwo auf einem Spektrum zwischen der Einen Großen Liebe und hirnlosem Rammeln angesiedelt. Das wissen sogar die, die sich von den Fantasiegebilden faszinieren lassen, doch ist es verpönt, dieses Spektrum auch nur zu erwähnen. Stattdessen wird uns suggeriert, dass jede Person, jedes Paar, das Liebe® oder Sex® nicht erreicht, zu einem tristen Leben mit kümmernden Keimdrüsen und gebrochenem Herzen verdammt ist.

Auf den Knien rutscht du sowieso

In manchen sozialen Kontexten wird es eher akzeptiert, wenn man zugibt, dass man nicht an Gott glaubt, als wenn man bekundet, dass man nicht an die Liebe glaubt. Liebe® ist sakrosankt, besonders für Frauen. Wir suchen danach, behaupten, daran zu glauben, bringen Opfer dafür. Liebe® gilt als die Leidenschaft, neben der alle anderen verblassen – besonders für Frauen, denen größere Liebe nicht erlaubt ist. »Als Beweis«, so das Tiqqun-Kollektiv, »genügt es, sich daran zu erinnern, wie im Lauf der Entwicklung der ›Zivilisation‹ die Kriminalisierung aller Leidenschaften einherging mit der Heiligung der Liebe als einziger und alleiniger Leidenschaft, als *der* Leidenschaft schlechthin.«[111]

Wenn eine Frau die Große Liebe sucht, dann ist das die ultimative Hingabe, der ultimative Beweis dafür, dass sie eine gute Frau ist und das Interesse der Männer auf sich lenkt. Manche von uns mögen sich dem Klammergriff der religiösen Misogynie entzogen haben, aber auf den Knien sind wir immer noch. Liebe® fordert Glaubensschwüre, die jeder Logik entbehren. »Irgendwo da draußen wartet der ideale Mann für dich«, versichern wir unserer Freundin, die allein und traurig ist, als würde das schon durch die gebetsmühlenartige Wiederholung wahr.

Ein Karl-Marx-Zitat, das besonders oft missverstanden wird, ist der abgedroschene Satz, nach dem Religion »das Opium des Volks« sei. Oft wird er dahingehend interpretiert, dass Religion wie ein Rauschmittel völlig für die Katz sei und dass sich Menschen, die darauf hereinfallen, hinters Licht führen lassen. Marx führte aber aus: »Das *religiöse* Elend ist in einem der *Ausdruck* des wirklichen Elends und in einem die *Protestation* gegen das wirkliche Elend. Die Religion ist der Seufzer der bedrängten Kreatur, das Gemüt einer herzlosen Welt...«[112] Die Sache mit dem Opium ist nämlich die, dass es nicht nur abhängig macht, sondern damals, wie der Autor und Theoretiker James Butler notierte, »eine Medizin und ein Trost und gleichzeitig eine starke Droge« war.[113] Religion bot wie Opium eine Zuflucht vor den Sorgen der Zeit und ersetzte die persönliche Verzweiflung des Einzelnen durch eine Reihe neuer Probleme. Die romantische Liebe, wie wir sie heute kennen, erfüllt eine ganz ähnliche Funktion.

Wir erliegen dem romantischen Firlefanz nicht nur, weil wir dumm, naiv oder schwach wären. Wir erliegen ihm, weil wir es wollen, weil wir glauben wollen, dass da etwas ist, das dem Rest unseres Lebens Sicherheit und Sinn verleiht. Mit den Posen der romantischen Liebe, besonders der heterosexuellen romantischen Liebe in der Ehe, meinen wir uns der bitteren Realität von Arbeit und Tod verweigern zu können – dabei präparieren sie uns genau dafür, verkuppeln uns und stecken uns in lauter kleine Schubladen aus Leid und Leidenschaft: Du und ich gegen den Rest der Welt, Baby. Wir verlieben uns, weil das leichter ist, als wenn wir lernen müssten, uns freizuschwimmen.

Warum fallen wir eigentlich in die Liebe, wie es zumindest das Englische nahelegt: *fall in love*? Ist die Liebe ein Ausrutscher? Geht es nicht positiver? Und schon klinge ich wie eine Fanatikerin, dabei will ich nur einfach Folgendes sagen: Moderne Liebe ist, als stünden wir hungernd auf der Straße und wüssten nicht, wo wir sind. Wir gehen in ein Geschäft, der Hunger rumort tief in unserem Magen, und die Regale sind vollgestopft bis oben hin mit Muffins, pappsüß, bunt verziert, vielleicht mit einem Smiley aus Zuckerguss. Wenn wir Glück haben, sind Muffins genau das, was wir uns gewünscht haben. Wenn wir Pech haben, müssen wir uns notgedrungen mit den Muffins abfinden. Auch wenn wir die Muffins mögen, eben weil es sie überall gibt, klappen wir ohne den Zucker bald zusammen, wenn wir nicht immer weiter essen. Sobald der erste Muffin weg ist, essen wir deshalb den nächsten und dann noch einen und dann so viele Muffins, wie wir uns leisten können, wir stopfen uns voll, bis uns schlecht ist und wir nie wieder einen Scheiß-Muffin sehen wollen, und trotzdem fürchten wir, dass wir ohne Muffins verhungern könnten.

In ihrem hervorragenden Buch *All About Love* schreibt bell hooks:

»Nun, da ... Frauen wirtschaftlich unabhängiger sind, müssen sich Männer, die ihre Dominanz bewahren wollen, subtilerer Strategien der Kolonisierung und Entmachtung bedienen. Ein Mann kann auch die reichste berufstätige Frau in einer Beziehung ›erledigen‹, wenn sie sich nach Liebe sehnt und ständig belogen wird.«[114]

Frauen aller Gesellschaftsschichten wird beigebracht, dass sie sich zuallererst um die Liebe von Männern bemühen müssen, um darüber ihren Wert zu taxieren, ihre Fähigkeit, Männer auf sich aufmerksam zu machen. Und in allen Gesellschaftsschichten wird die romantische Demütigung dazu genutzt, Frauen klein zu machen. Jeder heterosexuelle Mann, mit dem ich mich je über die Partnersuche unterhalten habe, war davon überzeugt, dass Frauen in romantischen Dingen alle Macht haben, auch die ultimative Macht, auf sexuelle Avancen eines Mannes einzugehen oder sie zurückzuweisen und einen Mann in den Kreis ihrer »Freunde« einzureihen, was dieser als völlig schwachsinnig empfindet, denn natürlich will kein echter Mann für eine Frau nur ein Freund sein. Die Macht, nein zum Sex zu sagen, finden Männer ungeheuerlich und erachten es daher nur als gerecht, dass Frauen und Mädchen alle anderen Spielarten der Macht seit vielen trostlosen Generationen vorenthalten werden.

Das hätte etwas für sich, wenn die Macht, nein zum Sex zu sagen, in der Praxis respektiert würde. Viele Männer stachelt die Ablehnung der Frau aber nur an. Sie ereifern sich, stemmen sich gegen das Nein, zersetzen es mit Gewalt. Im Netz hetzen sie feige zu Tausenden gegen die Forderung, dass sie eine Abfuhr zu respektieren hätten.

Aber auch Männer haben in ihren Beziehungen die Macht der Ablehnung in der Hand. Wenn sie die Hingabe verweigern, ist das für Frauen, die einen Mangel an Liebe und Hingabe aufseiten des Mannes als eigenes Versagen zu interpretieren gelernt haben, gleichermaßen demütigend. Und das war's. So macht uns die Heterosexualität unglücklich. So läuft die Privatisierung der Liebe.

Mit dem Wort »Liebe« ist es ähnlich wie mit »Freiheit«, »Sicherheit« und »Demokratie«: Diese Wörter wurden gekapert und gefoltert, bis sie vor ihrem glatten Gegenteil kapitulieren mussten. Liebe ist angeblich das Einzige, was man nicht töten kann. Das mag stimmen, wenn man mit einer Pistole darauf zielt. Aber die Macht der menschlichen Leidenschaft lässt sich auf vielfältige Art aushöhlen. Man kann sie Kindern entreißen, weiterverarbeiten, in rosa und blaue Dosen füllen und dann wieder zurückgeben, gegen Bares natürlich, wie Milchpulver, für das mit dem eigenen Herzblut bezahlt wird. Man kann sie zu einem Produktionsmittel umfunktionieren. Man kann Menschen zu antagonistischen Paaren zusammenspannen und von ihrer Umwelt isolieren, damit sie sich gegenseitig die strukturelle Herzlosigkeit dieser Welt in die Schuhe schieben. Man kann Leidenschaft privatisieren, Zuneigung annektieren. Man kann den Anschein von Mangel erwecken, obwohl es Überfluss geben müsste. Man kann die Suche nach einer einfachen Bindung zu einem elenden, ermüdenden Ritual machen, das eine strenge Geschlechtskonformität voraussetzt und den menschlichen Geist unterdrückt. Und so tötet man die Liebe.

Liebe ist Arbeit

Fast Mitternacht, vor einem besetzten Unigebäude. Die sexuelle Spannung zwischen mir und einem der inoffiziellen Studentenführer ist so stark, dass sie schon fast mit Händen greifbar ist. Mich beschämt, wie sehr ich ihn will. Der blasierte Gockel versucht immer wieder vergebens, in Diskussionen mit mir das letzte Wort zu behalten, und ich werde von anderen oft gefragt, wann es mit uns beiden was wird. Als wäre das schon abgemacht.

Bei einer Uni-Besetzung gibt es kaum Privatsphäre, aber in der Dunkelheit draußen neben den Mülltonnen haben wir welche gefunden. Es ist Dezember, die Luft ist bitterkalt, und die drei Bier, die wir getrunken haben, reichen nicht aus, um uns zu wärmen. Wir kommen uns etwas näher.

Da ist er, der Moment, in dem die Musik anschwillt und wir es unter dem Mond wild miteinander treiben, während schon der Abspann läuft. Das geschieht aber nicht. Stattdessen sagt er: »Tut mir leid. Tut mir echt leid. Aber ich küsse nur sehr hübsche Mädchen.«

Er ist betrunken. Er führt sich nicht absichtlich auf wie das letzte Arschloch. Aber wir wissen beide, was er meint, und ich bin verletzt, weil er recht hat: Ich gehöre nicht zu den Mädchen, die von solchen Jungs geküsst werden. Ich bin keine sexy Knuspertüte. Ich bin rauflustig und rechthaberisch. Ich gehe ganz in meiner Arbeit und meiner Politik auf. Ich habe kurze Haare, trage kunterbunte Kleider und klobige Stiefel und stelle mich nicht dümmer, als ich bin. Es hat nicht nur mit Attraktivität zu tun. Am Schießeisen beißt keiner an.

Trotzdem fühle ich mich, als hätte man mich hinausgezerrt und hinter den Mülltonnen erschossen.

Und einen Augenblick lang, der sich in die Länge dehnt und durch den verletzten Intimbereich meines Herzens tobt, wünschte ich, ich wäre anders. Ich wäre ein Mädchen wie das, das sich mit eben diesem Kerl zwei Stunden später im Matratzenlager unter einer Decke wälzt, ein Mädchen mit sanfter Stimme und langem, weichem Haar. Die Eifersucht frisst mich auf, und so kriegen sie dich. Es ist der Abend vor der großen Demo, und ich tue kein Auge zu.

Stattdessen hole ich meinen Laptop heraus und suche mir ein Fleckchen, wo die Leute zu breit und zu müde sind, als dass ihnen meine jämmerlichen kleinen Tränen auffallen würden. Es ist lachhaft. Es gibt Arbeit. Morgen werden Zehntausende von uns auf die Straße gehen und Bildung für alle fordern, und ein kaputtes kleines Herz darf da keine Rolle spielen. Tut es aber. Die ganze Welt ist im Umbruch, und ich will einfach nur eins dieser Mädchen sein, das jemand in den Arm nimmt. Im Flur üben ein paar Jugendliche, mit selbstgebastelten Kartonschilden die Schlagstöcke der Polizei abzuwehren, eine tolle Methode, sich in der Nacht vor einer großen Demo zuzurichten. Ich überlege, ob ich mir vielleicht die Haare wachsen lassen und öfter einen Rock tragen soll.

Und so kriegen sie dich.

So halten sie dich auf Linie. Immer mal wieder wird mir Gewalt angedroht, weil ich zu selbstbewusst auftrete, zu viel rede und mein Haar trage wie ein Science-Fiction-Robo-Stricher, und diese Drohungen kann man leicht mit einem Lachen abtun. Aber tief in mir ahne ich, dass ich, wenn ich nicht das brave Mädchen spiele, auch nicht so viele Küsse abbekomme, wie ich es gern hätte. Und das ist viel schrecklicher.

So also werden Frauen auf Linie gehalten. Die Androhung von Gewalt ist furchtbar, aber offensichtlich ungerecht, und man muss immer mit einer Rebellion rechnen. Frauen eine Ohrfeige, einen Tritt, eingeschlagene Zähne oder einen gespaltenen Schädel, Vergewaltigung oder Mord anzudrohen, bringt sie nicht zuverlässig dazu, sich für alle Zeiten zu benehmen, wie es von ihnen erwartet wird. Die Androhung von Liebesentzug trifft sie dagegen tiefer und massiver: Kaum jemand würde ein langes, gesundes Leben ohne Liebe einem kurzen, schmerzerfüllten voller Liebe vorziehen. Einer Frau anzukündigen, dass sie nie geliebt werden wird, wenn sie nicht tut wie geheißen, ist eine existenzielle Drohung, die an Seelenmord grenzt. »Wenn du das nicht tust, setzt es Hiebe«, ist letztlich lange nicht so wirksam wie: »Wenn du das nicht tust, wird kein Mensch dich je lieben.«

Genau diese Angst macht uns klein und konformistisch. Es ist die Angst, ungeliebt zu sein.

Dass wir unsere Eigenheiten herunterschrauben und uns hochstylen und unsere Persönlichkeit in eine von der Mainstream-Kultur geschätzte Form gießen, liegt nicht daran, dass wir dumm oder auch nur feige wären. Wir tun es, weil wir den Liebesverlust fürchten. Wir tun es, weil wir, sofern unsere Eltern nicht besonders aufgeklärt waren, gelernt haben, dass wir der Liebe nur wert sind, wenn wir bestimmten Vorgaben entsprechen, wie man auszusehen, sich zu kleiden, sich zu benehmen hat. Und schon stecken wir in der Zwickmühle.

Denn wenn wir alle Regeln befolgen, wenn wir alles richtig machen, dann sind wir natürlich eine doofe Tussi, ein hirnloses Püppchen, das den Respekt der Männer ebenso wenig verdient wie die anderen, die es nicht tun. Wir sind ein Pappdummy von einer Freundin, den man jederzeit in die Ecke stellen kann. Eine Frau kann man nicht einfach so abtun, aber manchmal, wenn wir wollen, dass Männer uns lieben, müssen wir uns so verhalten, als ginge das – und wollen nicht alle braven Mädchen, dass Männer sie lieben?

Liebesobjekte

Wir haben alle eine Prinzessin im Kopf – und die muss zerstört werden. Während ich dies schreibe, betreibt die Weltpresse schon geschlagene drei Jahre einen Kult um Kate Middleton, und Unternehmen machen fröhlich Kasse mit der unstillbaren Gier junger Frauen nach Prinzessinnen-Firlefanz. Nachgemachte Tiaras und Modetipps füttern die kollektive Fantasievorstellung, nach der ein Mädchen, wenn es nur schön und brav genug ist, eines Tages den inzüchtigen Ururenkel eines blutleeren Aristokraten heiraten kann, dessen Mischpoke das massenhafte Meucheln von Bauernvolk besser beherrschte als andere blutleere Aristokraten ihrer Zeit.

Mit dem Zusammenbruch der sozialen Mobilität erlebt die Prinzessinnenpropaganda eine schockierende rosa Renaissance und erwärmt auch erwachsene Frauen, die es besser wissen müssten, für die uralte Mär von der Einen Wahren Liebe, die unaufhaltsam auf den Titel einer Herzogin von Lancaster zusteuert. Für erwachsene Frauen wird aus der Prinzessin die gute Freundin. Die Wahrscheinlichkeit, dass wir Cornwall noch erben, ist gering, aber wir können immer noch die hübsche Vertraute sein, das Beste, was ein Mädchen leisten kann.

Über Frauen als Sexobjekte wird oft diskutiert, doch die Reduzierung von Frauen auf Liebesobjekte richtet genauso viel Schaden an, nur dass die Degradierung intimer und nachhaltiger ist. Das Liebesobjekt wird gleichzeitig begehrt und bemitleidet. Sie ist die Gefährtin, die Heilige, das Fantasiebild. Nie ist sie eine vollständige Person. Egal, welche Eigenschaften sie interessant machen – vielleicht kann sie kochen oder nähen oder schießen oder Verbrechen aufklären –, letztlich existiert sie nur zur Erbauung des Helden. Ohne ihn ist sie nichts.

Was man unter einem Sexobjekt versteht, ist bekannt. Doch nicht wenige von uns verbringen ihr Leben damit, ein Liebesobjekt aus sich zu machen. So gut wie jede weibliche Figur in so gut wie jeder Geschichte, die Männer geschrieben oder sich ausgedacht haben, ist ein Liebesobjekt: eine Kreatur, eigens dafür geschaffen, eine Rolle in der großartigen Geschichte eines anderen zu spielen. Das Liebesobjekt ist immer eine Nebenrolle, auch wenn ihr auf der Leinwand viel Raum zugestanden wird. Sie entzückt, sie lockt, sie ist schlank und wunderschön und launisch und immer banal, und viele von uns bemühen sich nach Kräften, zu sein wie sie.

Geschichten prägen uns, auch die miesen und sogar die, die absichtlich simplifizieren und unsere Alltagserfahrungen ausblenden. Über Geschichten organisieren wir unser Leben, optimieren wir unsere Wünsche, und manchmal greifen sie zu kurz, manchmal enttäuschen sie uns, aber immer sind sie wichtig. Für Frauen sind Liebesgeschichten diejenigen, in denen wir uns besetzen dürfen, und diese Geschichten formen dann unsere Sehnsüchte und Identität.

Wir können die süße Prinzessin sein, die gerettet werden muss. Wir können die Femme fatale sein, die blonde Luxusgattin oder das süße Mädchen, das den grübelnden jungen Helden von seinem Trübsinn erlöst und ihm dazu verhilft, an die Schönheit des Lebens zu glauben. Frauen lernen, dass die einzigen Geschichten, in denen sie ernsthaft mitspielen dürfen, von *Stolz und Vorurteil* über *Matrix* bis hin zu *Bridget Jones*, Liebesgeschichten sind – und nicht einmal in denen bekommen wir die Heldenrolle. Im frühen Leben einer Frau ist Liebe® das übermächtige Ziel; ihre Geschichte endet, wenn sie sie erlangt hat oder auch nicht. Hauptsache, ihre Geschichte endet.

Hin und wieder trifft man in romantischen Komödien und Sommer-Blockbustern auch einen Mann als Liebesobjekt an, mit Wuschelhaar und leuchtenden Augen anstelle einer Persönlichkeit, dessen einziger Fehler es ist, dass er völlig in unsere Heldin vernarrt ist. Wie seicht diese zweidimensionalen Pin-up-Boys sind, ist auf den ersten Blick erkennbar: Zwar geht die Geschichte immer glücklich aus, doch im richtigen Leben will kaum ein junger Mann diese Rolle spielen, wo doch so viele andere Geschichten zur Auswahl stehen. Warum sollte ein kleiner Junge den hübschen Prinzen spielen wollen, wenn er ein Ritter oder ein Zauberer sein kann, ein Held oder ein Schurke, Superman oder Batman? Kleine Mädchen dagegen haben nur zwei Möglichkeiten: Wir können die Prinzessin geben oder die Hexe. Und wir wissen doch, was mit Frauen passiert, die unkontrolliert hexen. Geschichten zeigen Wirkung. Mädchen, die sich in der Welt orientieren, lernen nach wie vor, dass ihnen, sofern sie nicht das Liebesobjekt spielen wollen, nur die Ofentür offen steht.

Aus diesem Grund schlägt Künstlerinnen und Autorinnen Misstrauen entgegen. Männer dürfen ihre Arbeit, ihr Tun, zur wichtigsten Romanze ihres Lebens erheben. Männer dürfen ihre Kunst, ihr Schreiben, ihre Leidenschaft etwas mehr lieben als alles andere. Wir Frauen dürfen das nicht, und wenn wir es doch tun, dann fehlt uns etwas, oder wir reißen die Männerrolle an uns oder beides. Egal, was wir sonst noch anstellen mit unserem Leben, einen Teil unseres Herzens müssen wir für den Dienst am Mitmenschen reservieren, sonst sind wir keine richtigen Frauen. Wir dürfen die Ehefrau oder Geliebte eines großen Mannes sein, aber wenn wir selbst groß sein wollen, kann etwas nicht stimmen mit uns – das ist bis heute so, obwohl uns immer weniger rechtliche Schranken im Weg stehen. Manchmal muss man entscheiden, ob man tut, was man liebt, oder ob man liebenswert ist, und diese Entscheidung ist immer eine Qual.

Ich war ein ausgeflipptes Traum-Elfchen

Manic Pixie Dream Girls (Ausgeflippte Elfen-Traum-Mädchen) waren wie die Krätze und die Syphilis schon lange da, ehe ihnen jemand einen Namen gab. Dieser Jemand war der Kritiker Nathan Rabin, der in einer Kritik des Films *Elizabethtown* den Begriff prägte und erklärte, die Figur des Manic Pixie Dream Girls existiere »ausschließlich in den Fieberträumen sensibler Autoren-Regisseure, die grüblerisch schwermütigen jungen Männern beibringen wollen, das Leben mit seinen unendlichen Mysterien und Abenteuern zu genießen«.[115] Heutzutage kreuzt die Figur überall auf, in Filmen, Comics, Romanen, im Fernsehen. Sie begeistert mit ihrer magischen Lebensfreude einsame Geekjungs und langweilt alle zu Tode, die ihre Frauencharaktere lieber drei- als nur zweidimensional hätten. Eine eigene Geschichte bekommt sie nicht. Sie ist Teil einer Geschichte, die anderen zustößt. Das ist bei Mädchen eben so.

Jungs wachsen mit der Erwartung auf, Held ihrer eigenen Geschichte zu sein. Mädchen wachsen mit der Erwartung auf, eine Nebenrolle in der Geschichte eines anderen zu spielen. Da ich als Kind mit Büchern, Filmen und Geschichten statt mit Freunden aufwuchs, ärgerte mich nichts mehr als diese narrative Ungerechtigkeit. Manchmal spürte ich es wie ein Stechen im Brustkorb – die Sorte Schmerz, die Minuten oder auch Stunden andauern kann und nichts bedeuten kann oder auch, dass man langsam einen banalen, aber schrecklichen Tod stirbt. Dieses Gefühl überkam mich, als mir klar wurde, dass Mädchen so gut wie nie auf Abenteuer ausziehen dürfen. Ich las Science-Fiction und Fantasy schon vor *Harry Potter* und den *Tributen von Panem*, als die eine oder andere weibliche Mainstream-Hauptfigur am Ende der Geschichte auch mal mehr abbekam als den Protagonisten. Natürlich kam hier und da ein Wildfang oder ein böses

Mädchen vor, aber das waren Sonderlinge, die meist den Tod fanden oder schnell unter die Haube gebracht wurden. Jedenfalls brachten keine weiblichen Hobbits den Ring nach Mordor. Die blieben schön zu Hause im Shire.

In seinem Buch *Present Shock* beschreibt Doug Rushkoff das Phänomen des »narrativen Kollapses«:[116] In den Jahren zwischen dem 11. September 2001 und der Finanzkrise 2008, so Rushkoff, lösten sich sämtliche Geschichten rund um Gott, Geld, Familie, Pflichten, Amerika und das Schicksal des Westens auf. So blieben uns kaum noch Märchen, die uns ausreichend Mut machten, um dafür zu sterben, geschweige denn zu leben.

Das ist plausibel, aber wie die Zukunft ist auch die Zukunftsangst ungleichmäßig verteilt. Wenn Menschen nicht mehr genau wissen, in was für einer Geschichte sie sich befinden, so hängt ihre Reaktion auf diese Erfahrung davon ab, ob sie erwartet haben, der Held dieser Geschichte zu sein oder nicht. Frauen, Mädchen und statusniedere Männer haben diese Erwartung häufig nicht. Wir gehen davon aus, Nebenfiguren zu sein, die schnell wieder vergessen sind, oder, wenn wir Glück haben, ein Objekt, das sich der Held im letzten Absatz des Buches über die Schulter wirft und davonträgt. Wir gelangen nur in Geschichten, indem wir selbst Geschichten sind. Wenn wir wollen, dass uns etwas Interessantes zustößt, müssen wir eine Geschichte sein, die jemand anders erlebt, und ein junges Mädchen, das nach einem Skript sucht, hat nur eine begrenzte Auswahl an Rollen zur Verfügung.

Manic Pixies tauchen wie andere weibliche Archetypen auch im echten Leben auf, weil Fiktion echtes Leben schafft, vor allem für all jene, die in ihrer Jugend tief in die Fiktion abgetaucht sind. Frauen verhalten sich so, wie es von den Geschichten – verfasst von Männern, die es besser wissen – sanktioniert wird, und Männer und Frauen suchen sich Freunde und Partnerinnen aus, weil sie sie an eine Figur in einem Buch erinnern, das sie lasen, als sie jung waren und Sehnsüchte hatten.

Für mich war das Manic Pixie Dream Girl die passende Geschichte. Natürlich dachte ich nicht in diesen Kategorien. In den Büchern und Serien, die ich liebte – überwiegend Science-Fiction, Comics und ausgefallene Sachen, nicht die Mainstream-Filme, die die MPDG-Trope später berühmt machten –, gab es eben bestimmte Mädchen, mit denen ich mich identifizieren konnte. Die boten jemandem wie mir, die ich keine vollbusige Sexbombe war und vielleicht ein paar Macken, Grips und dunkle Haare hatte, eine Alternative.

So wurde ich zum Manic Pixie Dream Girl. Die körperlichen Grundmerkmale und Charaktereigenschaften hatte ich schon, zum Teil wohl aus dem erlernten mädchenhaften Wunsch heraus zu gefallen, denn diese Pose gefällt den Menschen tatsächlich, besonders den traurigen, schlauen, belesenen jungen Männern, die ich dann auch häufig zum Freund und Liebhaber hatte. Das Rohmaterial war da: Ich bin nur gut einen Meter fünfzig groß und zierlich, habe keine markanten Gesichtszüge, einen blassen Teint, als hätte ich zu lang am Grund eines Teichs gelegen, und wildes Haar, das ich manchmal in einem knalligen Rot- oder Rosaton färbte, ehe ich letztes Jahr die Farbe herauswusch, auch aus dem Wunsch heraus, dass mir keine schmachtenden Zach Braffs mehr hinterherlaufen sollten.

Und tatsächlich bin ich ein bisschen seltsam, sensibel und versonnen, bewahre mir den etwas peinlichen Glauben an den menschlichen Anstand und an die transformative Macht der Musik, obwohl ich nicht recht weiß, wie ich zu den Shins stehe. Ich tanze gern, spiele schlecht Gitarre und verflucht noch mal – da ich gerade beim Beichten bin, liebe Leserin, lieber Leser, nimm es zur Kenntnis, und vergib mir – sogar die Ukulele. Wirklich. Aber das Manic

Pixie ist niemals eine subjektive Figur, sie wird nicht von ihrem Innern her begriffen, sondern sie ist eine weibliche Trope, der kein Innenleben zugestanden wird. Statt einer Persönlichkeit hat sie Spleens, eine eher abwegige Lieblingsband und eine flippige Frisur.

Die meisten klassischen Manic Pixie Dream Girls sind angeblich als ironische Umdeutung einer Figurentrope angelegt, ohne dass diese je hinterfragt würde. Ironie ist natürlich der letzte Überbleibsel der modernen Krypto-Misogynie: Plumpe Stereotype und verletzende Herabsetzungen sind ein Witz bis zu dem Punkt, an dem sie es eben nicht mehr sind, und selbstverständlich brauchen wir einen Mann, der uns sagt, wann und ob wir Sexismus ernst nehmen sollen.

Einer dieser vorgeblich ironischen Filme ist *(500) Days of Summer.* Schon der Vorspann nimmt Bezug auf den echten Herzschmerz, der dem Drehbuchschreiber und Regisseur Scott Neustadter als Grundlage für die Figur der Summer diente: »Jede Ähnlichkeit mit lebenden oder toten Personen ist rein zufällig. Vor allem mit dir, Jenny Beckman. Schlampe.«[117]

Männer schreiben Frauen, und sie schreiben uns um, aus Rache. Das hat mit fixen Ideen und Kontrolle zu tun. Das vielleicht interessanteste Beispiel ist daher der Film *Ruby Sparks*, dessen Drehbuch von einer Frau verfasst wurde, Zoe Kazan, die auch die Titelrolle spielt. In dem Film schreibt ein frustrierter junger Autor ein Buch über die perfekte Freundin, die eines Tages tatsächlich vor ihm steht. Zunächst kommentiert der Bruder des Schriftstellers: »Du hast ein Mädchen geschrieben, keinen Menschen.« Doch dann geschieht das Unvermeidliche und der Umgang mit ihr ist in der Realität viel schwieriger als in seiner Fantasie.

»Wenn man ein Mädchen so definiert, dass es wegen ihres Musikgeschmacks oder ihrer süßen Klamotten liebenswert ist, dann, finde ich, ist das ein sehr oberflächliches Frauenbild. Das wollte ich thematisieren«, sagte Kazan gegenüber der *Huffington Post*. »Jeder nimmt sich vor, eine richtige Charakterfigur zu entwickeln. Aber leider können sich manche Leute nur begrenzt vorstellen, was ein Mädchen ist.«[118]

Diese begrenzte Vorstellungskraft, dieses Scheitern des Narrativs, kommt auch abseits der Fiktion zum Tragen, und da wird es sehr persönlich. Ich legte das Manic Pixie Dream Girl etwa um die Zeit ab, als ich die letzten Reste meiner Essstörung über Bord warf und mich in meine (berufliche) Karriere kniete. Es ist viel leichter, keine Persönlichkeit, sondern ein Mädchen zu sein, wenn man die Möglichkeit hat. Es ist definitiv leichter, ein Mädchen zu sein, als sich abzurackern und eine erwachsene Frau zu werden, wo wir doch wissen, dass Männer, deren Anerkennung für unser Glück anscheinend so wichtig ist, vor erwachsenen Frauen Angst haben. Trotzdem rebellierte etwas in mir dagegen, eine Figur in der Geschichte eines anderen zu sein. Ich wollte meine eigene Geschichte schreiben.

Als ich dann, zumindest in bescheidenem Rahmen, Erfolg hatte, veränderte sich das Bild, das andere von mir hatten, gründlich und plötzlich. Ich war nicht mehr *das* Mädchen. Ich hatte keine Zeit mehr, Jungs zu retten. Anderes ging vor, und dazu gehörte das Schreiben. Schriftsteller kann man nur sein, wenn das Schreiben die wichtigste Romanze im Leben ist, und deshalb erfährt man auch nichts über das Leben einer Schriftstellerin – das ist eine besondere Form der Einsamkeit. Männern lässt man es durchgehen, wenn sie das Schreiben etwas mehr lieben als alles andere. Frauen nicht: Der Partner und später die Kinder gehen vor. Und ich schrieb ja nicht einmal Gedichte oder Kinderbücher, sondern Reportagen und politische Kommentare. Ich habe kürzlich einmal ausprobiert, was passiert, wenn ich auf die beiläufige Frage, über was ich denn so schreibe, »Mode« antworte statt »Politik«. Die Zahl der Männer, die mir ihre Telefonnummer oder Visitenkarte gaben oder mich auf einen Drink einluden, stieg um 100 Prozent. Es waren allerdings noch erheblich weniger als in früheren Jahren, in denen ich auf die Frage, was ich so schreibe, wahrheitsgemäß antwortete: »Ich führe Tagebuch, nur für mich selbst.«

In letzter Zeit beschäftige ich mich intensiver mit Vorstellungen von Sexismus, Klasse und Macht und kehre dabei immer wieder zur Liebe zurück, zum Fleisch, zur Intimität der Sexualität, die so häufig und heimtückisch zum Küssen führt. Ich hatte mich darauf eingestellt, dass das Persönliche politisch ist. Was ich erst vor kurzem begriffen habe, ist, dass das Politische sehr, sehr persönlich sein kann.

Es gab in meinem Leben nicht den einen Augenblick, in dem ich entschieden hätte, Schriftstellerin zu sein. Ich kann mich nicht daran erinnern, mir jemals nicht sicher gewesen zu sein, dass ich schreiben wollte, und zwar für immer. Aber es gab Zeiten, in denen ich nicht schrieb, weil ich zu deprimiert oder zu unsicher war oder vor etwas wegrannte, und diese Zeiten fielen ziemlich genau mit denen zusammen, in denen ich die größte sexuelle Aufmerksamkeit von Männern hatte. Ich wünschte, ich hätte mit einundzwanzig, als ich mir ernsthaft vornahm, vom Schreiben zu leben, schon gewusst, dass ich mit dieser Entscheidung auch die Männer, die mir gefielen, einschüchtern würde, dass ich damit an Attraktivität einbüßen und nicht mehr *das* Mädchen sein würde, sondern eine erwachsene Frau – das ist das Grauenhafteste, was ein Mädchen tun kann, weshalb so viele Manic-Pixie-Dream-Girl-Figuren, die von männlichen Geeks und Drehbuchautoren erdacht werden, entweder einen tragisch frühen Tod finden oder für alle Zeiten körperlich und geistig im

Alter von neunzehneinhalb Jahren eingefroren werden. Das Schlimmste am MPDG-Dasein in der echten Welt ist der enttäuschte Gesichtsausdruck eines geliebten Menschen, wenn er merkt, dass man seinem Fantasiebild nicht entspricht – dass man aus Fleisch und Blut ist, arbeiten geht und auch mal einen fahren lässt.

Hätte ich gewusst, was Frauen opfern müssen, um zu schreiben, dann hätte es mich möglicherweise nicht so schlimm verletzt, wenn Jungs, deren Arbeit und Texte mich begeisterten, genau diese Eigenschaften in mir als bedrohlich empfanden. Ich hätte verstanden, was Kate Zambreno meinte, als sie in ihrem hervorragenden Buch *Heroines* schrieb: »Ich will keine hässliche Frau sein, und wenn ich schreibe, dann bin ich eine hässliche Frau.«[119] Ich wäre nicht so überrascht gewesen, als Männer mir rieten, höflicher zu sein und mir das Haar wachsen zu lassen, während ich ihnen bei ihrer Medien-Karriere behilflich war. Unter meinen Facebook-Freunden sind lauter junge Autoren, denen ich Mut zugesprochen und Kontakte verschafft habe, mit denen ich mich Hals über Kopf in Abenteuer gestürzt und bis tief in die Nacht über den Sinn des Journalismus diskutiert habe und die jetzt mit einer Frau zusammenleben, die sich damit zufrieden gibt, *das* Mädchen zu sein. Ich hätte wohl begriffen, was für eine Wahl ich da traf, als ich zwei Koffer packte und *Garden-State*-Boy Zach Braff in den Wind schlug, um eine eigenständige Person zu sein, die ihre eigenen Geschichten schreibt statt einer Geschichte, die anderen Menschen passiert.

Heutzutage bemühe ich mich, im Umgang mit den Männern in meinem Leben möglichst wenig wie ein Manic Pixie und stattdessen entschlossen echt aufzutreten, weil ich nicht den falschen Eindruck vermitteln will.

Und das ist gar nicht so leicht. Denn ich bleibe eine kleine, freundliche, leicht erregbare Person, die gern Hexenschwarz trägt und einen Hang zum Putzigen hat. Wenn ich wollte, könnte ich die verlorenen hübschen Nerd-Jungs, für die ich eine solche Schwäche habe, umgarnen, indem ich das Putzige herauf- und das Schlaue herunterschraube, aber ich will nie wieder diesen verletzten Blick sehen, wenn sie merken, dass ich ein echter Mensch bin. Ich ziehe noch gern um die Häuser, gehe auf Abenteuer, aber heute habe ich keine schwermütigen Mannskinder mehr im Schlepptau, weil mir das, ehrlich gesagt, zu anstrengend ist. Ich spiele noch die Ukulele – das mit der blöden Ukulele war kein Witz. Aber nie wieder will ich Energie dafür verbrennen, dass ich mehr Magie und Glanz in das Leben anderer bringe, damit sie mich lieben. Ich bin voll und ganz mit meinen eigenen Hexereien beschäftigt.

Folgendes also habe ich gelernt in den siebenundzwanzig Jahren, in denen ich Bücher gelesen und Jungs geküsst habe: Erstens sind durchschnittlich hübsche weiße Frauen um die zwanzig nicht das größte unlösbare Rätsel des Universums. Vertraut mir. Ich muss es wissen. Auch wenn wir reichlich Lebenslust in uns haben, sind wir weniger interessant als mit fünfunddreißig oder fünfundvierzig. Das einzige bleibende Mysterium, das uns umgibt, ist, dass wir keine Fantasiebilder sind und nicht dazu gemacht wurden, euch Jungs zu retten. Wir sind echte Menschen mit Fehlern und Macken und großen Träumen und einem Verdauungsapparat. Das ist im Grunde kein Geheimnis, ist und bleibt aber ein Faktum, das die Hälfte der Menschheit partout nicht wahrhaben will, weil sie beharrlich von einem unterwürfigen, ausbeutbaren, transzendenten Ideal der anderen Hälfte der Menschheit träumt.

Zweitens können wir unser ganzes Leben in einer Geschichte verbringen, die jemand anderem widerfährt. Wir können die Teile unserer Persönlichkeit, die nicht so recht in die von den Jungs erwartete Geschichte passen wollen, verbiegen, stutzen und tilgen, aber eines Tages wachen wir auf und wollen etwas anderes, und dann müssen wir uns entscheiden.

Denn Geschichten haben es so an sich, dass sie ein Ende haben. Ein Buch hat ein Ende, und dann sitzt man mit sich allein da, einer erwachsenen Frau, der nicht das kleinste kulturelle Fitzelchen bleibt, aus dem sie eine Persönlichkeit konstruieren könnte. Ich habe versucht, eine Figur in der Geschichte zu sein, die jemand anders für mich schrieb, und bin gescheitert. Mir ist jetzt wichtig, neue Geschichten zu verfassen, einen Raum in der kollektiven Fantasie für Frauen zu öffnen, denen ein solcher Raum bisher nicht zugestanden wurde, für Frauen, die nicht existieren, um Männer zu erfreuen, zu entzücken und zu gewinnen, für Frauen, die mehr auf dem Herzen haben. Schreiben ist eine andere Art der Hexerei, und wir wissen ja, was mit Frauen passiert, die hexen – aber dieses Risiko müssen wir eingehen.

Liebe (:) deine Arbeit

Unter dem Spätkapitalismus ist Liebe wie alles andere auch ein Preis, den man ergattern, ein Objekt, das man erwerben, eine Ware, die man horten kann, bis sie ihren Wert verliert oder man sie gegen etwas Lohnenderes eintauscht. Andererseits ist Liebe®, wenn wir der überwältigenden Popkultur-Propaganda glauben können, von Natur aus kostenlos: Wenn sie als »wahre« Liebe gelten soll, darf Geld oder ein Warenwert, egal welcher Art, keine Rolle spielen.

Das Diktum, dass Liebe immer kostenlos ist – dass es Liebe® nicht gegen Geld oder einen anderen Tauschwert geben darf –, ist unglaublich praktisch. Denn Liebe® ist ja auch die theoretische Grundlage für Arbeit, die kostenlos überwiegend von Frauen verrichtet wird, damit die Profit- und Produktionsmechanismen unserer Gesellschaft erhalten bleiben. Die meisten Arbeiten wie Kindererziehung, Kochen, Putzen, Körperpflege, das Aufmotzen des Egos des Ehemanns, der nach einem harten Tag der Lohnarbeit nach Hause kommt, werden nicht als »echte Arbeit« anerkannt, weil sie »aus Liebe« verrichtet werden. Wenn eine Liebesarbeiterin ihre Arbeitsbedingungen hinterfragen würde, wäre ihre Liebe automatisch weniger wert und weniger echt als die Liebe all der Freundinnen, Ehefrauen, Mütter und Töchter, die ihre Pflichten schweigend, lächelnd und mit einem Fläschchen Valium in der Schublade verrichten.

Liebe kann auch Arbeit sein. Liebe ist so schwierig und anspruchsvoll, wie sie lohnend ist, und auch, wenn sie noch so aufregend ist, hat sie immer mit Geld zu tun. Ich will damit nicht fordern, dass Kindererziehen, Hausarbeit und die Unterstützung berufstätiger Partner unbedingt bezahlt werden müsste, obwohl ich nicht die Erste wäre, die diese Forderung tatsächlich stellt. Wir müssen uns aber bewusst machen, dass viele Arbeiten, die Frauen verrichten, unbezahlt oder unterbezahlt sind, weil sie unter »Liebe« eingestuft werden, dass sie als moralischer Ausdruck von Gefühlen gelten statt als praktische Aufgabe von immensem greifbarem Wert. Diese »zweite Schicht« der Fürsorge, die jedes Jahr Milliarden wert ist und nach wie vor überwiegend von Frauen geleistet wird, bleibt unberücksichtigt und unerwähnt, weil sie als »Liebe« begriffen wird, und »Liebe« ist immer kostenlos.[120] Und es geht wie geschmiert, denn andernfalls würde eine gigantische Rechnung auflaufen.

Für Männer bringt Liebe® traditionell nicht so viel Arbeit mit sich wie für Frauen. Für einen Mann bedeutet Liebe® meist, dass er die Betätigung seiner Wahl fortführen kann, unterstützt von einer Partnerin, die ihn schätzt und an ihn glaubt, die sich um ihn kümmert, wenn er erschöpft von der Arbeit kommt, die alles für die Pflege und Erziehung der Kinder organisiert und ihn nach einem anstrengenden Arbeitstag mit der von ihm bevorzugten Form der sexuellen Entspannung versorgt. Dass es sich bei diesem Ideal um ein Fantasiekonstrukt handelt, verhindert nicht, dass es echtem Fortschritt an der häuslichen Front im Wege steht und viele Männer und Frauen unglücklich macht.

Eine wachsende Zahl von Männern schultert mittlerweile einen Teil der häuslichen Arbeitsbelastung, und eine Minderheit übernimmt sogar den Hauptanteil der Kinderbetreuung; allerdings ist diese Minderheit noch klein und kulturell dermaßen unterrepräsentiert, dass ein solches Arrangement in der Lebensplanung der meisten jungen Männer noch nicht auftaucht. Das leidige Narrativ vom »männlichen Ernährer« und »Brotverdiener« ist und bleibt für viele Männer ein Quell des Unbehagens, und das, obwohl es praktisch jeder historischen Grundlage entbehrt, gab es in der Geschichte doch so gut wie keine Epoche, in der die Arbeit der Frauen auf das Haus beschränkt war. Dennoch sind für Männer die Grenzen zwischen Liebe und Arbeit klar gezogen. Für Männer soll Liebe die Belohnung sein, die sie für ihre Arbeit bekommen; für Frauen soll Liebe Arbeit sein.

Die Ehe galt früher grundsätzlich als ein wirtschaftliches Arrangement. Ein wirtschaftliches Arrangement ist die Ehe auch in unserem Zeitalter der Disney-Prinzessinnen und der Einen Wahren Liebe. Sie nützt jedem Staat, dessen Wohlstand auf Eigentum gründet – das beweisen die intensiven Bemühungen der Staaten, dieses Arrangement im Steuersystem zu formalisieren und zu belohnen. Das ist einer der Gründe dafür, dass auch Queers, die prinzipiell gegen die Ehe sind, trotzdem beharrlich das Recht einfordern, auch ihr

Leben zu ruinieren, wie es Heterosexuelle seit Jahrhunderten tun: Es geht um Geld.

Die Partnersuche im Netz hat vielen einsamen Menschen Glück beschert – 20 bis 35 Prozent aller neuen Beziehungen nehmen heute ihren Anfang im Internet –, aber sie hat auch den beruflichen und den romantischen Lebenslauf einander angenähert. Ob sich jemand um eine Stelle im Büro oder im Schlafzimmer bewirbt, lässt sich oft nur daran unterscheiden, ob sie oder er ein Passfoto anhängt oder das Bild mit dem aufblasbaren Krokodil vom letzten feuchtfröhlichen Volksfestbesuch, das als Beweis für überschäumende Lebensfreude herhalten soll. Dem potenziellen Freund tischt man dieselben Lügen auf wie dem potenziellen Chef: Ich bin locker, flexibel, stressfrei, freundlich – genau so, wie du mich haben willst.

Liebe ist angeblich das, was uns menschlich macht. Warum aber ist dann das, was wir gemeinhin für Liebe halten, maschinell so leicht zu simulieren? Valentins-Bots pirschen durch Online-Partnerportale und betrügen verzweifelte Menschen – oft, wenn auch nicht ausschließlich, Frauen –, indem sie das Programm der Liebesleidenschaft abspulen. Romantische Liebe ist alles Mögliche, aber gewiss kein Turing-Test: Sprache und Rituale sind so leicht zu verstehen, dass ein einfaches Computerprogramm sie problemlos imitieren kann.

So wie die romantische Liebe einem Job mit Terminplänen, Bewerbungsgesprächen und Beförderungsstufen immer ähnlicher wird, so nähert sich der Job immer mehr der romantischen Liebe an. Sozialwissenschaftler sprechen heute ernsthaft von »Emotionsarbeit«: Der Kundenservice, das Beglücken von Menschen, das rituelle Besänftigen von Egos, das alles gehört heutzutage zur täglichen Routine der meisten Scheißjobs. Der Chef will nicht nur, dass die Arbeit gemacht wird: Er will, dass man dabei auch lächelt.

Die romantische Liebe wurde unter dem Neoliberalismus auch in anderer Hinsicht der Erwerbsarbeit immer ähnlicher: Sie ist gleichzeitig alles verzehrend und prekär. Wir sollen unsere gesamte Energie, Leidenschaft, Zeit und Begeisterung in eine Unternehmung stecken, von der wir wissen, dass jederzeit Schluss damit sein kann, wenn die Magie verpufft ist oder die Wirtschaft einbricht.

Unsere Erwartungen an Liebe und Ehe sind immer weiter gestiegen, obwohl die Lebenspartnerschaft schon jetzt nicht mehr die Norm ist. Während früher die Menschen die romantische Lebenspartnerschaft durchaus auch als zweckmäßig betrachteten, weil man gemeinsam Rechnungen begleichen kann und jemanden im Haus hat, der ein Regal aufhängen kann, haben wir heute abstraktere und akutere Erwartungen: echte Nähe und Jahrzehnte des erotischen Abenteuers und der geistigen Erfüllung.[121]

Mit den ins Unermessliche gesteigerten Erwartungen an die Liebe® nimmt auch der Druck zu, dass diese ideale Bindung die Menschenliebe ersetzt, die in der Arbeitswelt verloren geht. Zweck der Partnersuche ist aus Sicht des Marktes, Haushalte zu kreieren. Wir werden in Paare aufgeteilt, um die Produktion und Reproduktion »menschlichen Kapitals« zu erleichtern – selbstreproduzierende Familieneinheiten, jede isoliert in ihrem jeweiligen Kampf. Die romantische Liebe bietet Trost und Rückzug vor den Entbehrungen der Arbeitswelt und dient gleichzeitig der Aufrechterhaltung dieser Arbeitswelt. Frauen, ob sie nun in einer romantischen Beziehung stehen oder nicht, tragen die Last der Emotionsarbeit. Sie verrichten wie eh und je die Heil- und Flickarbeiten.

Unter dem Spätkapitalismus sind wir so gut wie alle beschädigte Ware, doch es sind am Ende immer die Frauen, die versuchen, den Schaden zu beheben oder zumindest den Motor zu ölen, damit die Maschine weiterläuft. Ich sehe so viele blitzgescheite Frauen, die ihre Kraft darauf verwenden, den Schmerz der Männer zu lindern, weil diese nicht in der Lage sind, sich gegenseitig zu trösten. Wir tun es als Schwester, als Mutter, als Freundin und besonders als Liebhaberin und Ehefrau, und das nur, weil so ungeheuer vielen Männern und Jungs die Intimität mit Menschen, mit denen sie keinen Sex haben, aberzogen wurde.

Wir zahlen mit unserer Zeit, mit unserer emotionalen Kraft, mit unserer Aufmerksamkeit und Fürsorge, denn Frauen machen das eben, und das ist eben Liebe: der Versuch, den Schmerz und die Anspannung eines anderen Menschen zu lindern, obwohl er oft genau das übelnimmt. Wie schon gesagt: Wir können die Welt nicht Mann für Mann retten. Viele von uns probieren es trotzdem.

Vor dreißig Jahren war es völlig selbstverständlich, dass Frauen nach jeder Zusammenkunft den Abwasch machten. Heute dürfen wir den emotionalen Schmutz des modernen Lebens abwaschen – und der Spätkapitalismus versorgt uns mit einem nicht enden wollenden Nachschub an schmutzigem Geschirr. Viele der klügsten und couragiertesten Frauen, die ich kenne, stecken ständig bis zum Ellbogen im Dreck des stillen Leids von Männern. Das wäre schon schlimm genug, aber wir müssen uns ja auch noch um unseren eigenen Dreck kümmern.

In Zeiten, in denen Erwerbsarbeit und Wohnen immer prekärer werden, ist es schon fast normal, für eine Anstellung Hunderte von Kilometern zurückzulegen. Während die Bindungen an das geografische Umfeld durch staatliche Sparmaßnahmen erodiert werden, entwickelt sich die romantische Partnerschaft zur Hauptquelle der emotionalen und der wirtschaftlichen Unterstützung. Von der romantischen Liebe und der Ehe wird heutzutage immer mehr erwartet, so Richard Kim und Lisa Duggan in ihrem bahnbrechenden Aufsatz »Beyond Gay Marriage«, weil »die neoliberale Wirtschaftspolitik der letzten Jahrzehnte im Nettoergebnis dazu führte, dass die wirtschaftliche und soziale Verantwortung vom Arbeitgeber auf die privaten Haushalte verlagert wurde. Die Belastung der Haushalte nimmt zu, und die Menschen versuchen, mit weniger auszukommen … Immer häufiger ist die einzige verbleibende Ressource die Kooperation und gegenseitige Hilfe im Haushalt oder im Familiennetzwerk. Aber wenn die Ehe, der symbolische und gesetzliche Anker für Haushalte und Familiennetzwerke, zunehmend an Stabilität verliert, wie verlässlich ist dann dieser Quell der Unterstützung?«[122]

In ihrem Buch *Liebe: Eine Abrechnung* erklärt Laura Kipnis: »Die Bedingungen, die die Liebe an uns stellt, decken sich erstaunlich genau mit den Anforderungen, die eingeschüchterte Arbeitnehmer und willfährige Wähler zu erfüllen haben … Wie praktisch, dass wir bereit sind, uns selbst und unsere Lieben zu überwachen. So leben wir glücklich bis ans Ende unserer Tage.«[123] Die Angst vor Liebesverlust macht uns zögerlich. Sie erstickt den Freiheitsimpuls tief in der Kehle, ehe wir ihn überhaupt aussprechen. Wenn wir uns anständig benehmen müssen, um geliebt zu werden, wenn wir anders keine Erfüllung finden, dann tun wir natürlich für die Liebe, was notwendig ist – und sei es auf Kosten unserer Persönlichkeit.

Dein Job ist jetzt dein Freund: Bei beiden kannst du dich nicht darauf verlassen, dass sie bei dir bleiben, deshalb zeigst du ihnen besser, wie sehr du sie liebst. Du musst deine Arbeit mit Leidenschaft verrichten, auch wenn du nur Nudelpackungen in ein Regal räumst. Du musst so tun, als hättest du schon als Kind davon geträumt, Nudeln einzuräumen; du wolltest nie etwas anderes, als im Supermarkt Kohlehydrate stapeln, und obwohl du genau wie dein Vorgesetzter weißt, dass das nicht stimmt, musst du es sagen und immer lächeln. Du musst deinen Job lieben, als ob du ihn auch ohne Bezahlung machen würdest – jede entlohnte Arbeit eine *Girlfriend Experience*.

Liebe und andere Abenteuer

Gibt es ein bedauernswerteres Geschöpf als eine alleinstehende Frau? Wohl eher nicht, so Samhita Mukhopadhyay in ihrem Buch *Outdated*: »Wenn sie nicht dem stereotypen Popkulturklischee des alleinstehenden Stadtmädels entspricht, gehört sie zur besonders verschmähten und gefürchteten Sorte: Sozialhilfeempfängerin, der Inbegriff der gescheiterten Weiblichkeit, eine Bedrohung für die Männlichkeit, eine Gefahr für die Familie, eine alte Jungfer, eine Katzen-Oma, verbittert, einsam, neidisch, ungeküsst, und so weiter und so fort.«[124] Es ist nach wie vor Realität, dass »Frauen, die allein bleiben, den finanziellen, sozialen und emotionalen Preis für das Single-Dasein tragen in dieser Gesellschaft, die nicht willens ist, sie wirklich zu unterstützen«.[125] Frauen lernen, sich davor zu fürchten, dass man sie »links liegen lässt«, und assoziieren das mit Armut und Isolation.

Allen Alleinstehenden wird suggeriert, sie sollen sich leidtun, sich für unvollständig halten, doch besonders von Frauen wird erwartet, dass sie sich zudem minderwertig fühlen, wenn sie ihre Zeit nicht damit verbringen, einen Mann und idealerweise auch Kinder zu verwöhnen und zu verhätscheln. Ich bin streng genommen seit ein paar Jahren Single, und obwohl mir keine Kinder am Rockschoß hängen, erlebe ich das als wunderbares Abenteuer.

Im Sommer 2011, dem Sommer der Krawalle und der Randale, küsse ich ein Mädchen, sie schmeckt nach Zigaretten und Gin, und das gefällt mir. Sie sagt, sie will für alle

Zeiten eine Geliebte sein. Wir kennen uns, weil wir mit demselben Jungen geschlafen haben, dem nun nicht ganz wohl dabei ist, wie gut wir mittlerweile befreundet sind. Ich besorge ihr in einem schicken Sexshop einen Muffin. Der Muffin hat eine Zuckergussdeko in Form einer Möse, aus deren Hautfalten obszön klare Glasur tröpfelt. Sie lacht und isst den Muffin auf der Stelle, weil sie Hunger hat.

Dann, Monate später, im Spätsommer, sitzen wir auf meinem Balkon bei Tee und Kippen, in zerrissenen Strumpfhosen wie schmuddelige alte Ladys, und ich sage ihr, ich hätte gern, dass wir alle zusammen sind. Ich liebe sie, und ich liebe ihn, und ich sehe sie gern zusammen, und wenn wir nur zu zweit sind, haben wir etwas, das nicht für ihn bestimmt ist, etwas Privates. Wir trafen uns auf einer Demo, und ich schnorrte bei ihr eine Zigarette; das war und ist meine Art, ihr zu sagen, dass ich sie brauche. Wir gehören nicht zu denen, die heiraten. Doch er sagt nein. Er sagt, das geht nicht, es funktioniert nicht zu dritt, obwohl es zwischen uns bisher nur so funktioniert hat. Es ist gegen die Regeln.

Und so endet es: Er brüllt mich an, ich verlasse ihn, rufe sie an und weine, und sie sagt, es wird alles gut. Nach der Arbeit sitze ich in einem Café, die Hände zu Fäusten geballt, schildere ihr verstört per E-Mail meine existenzielle Krise in der Hoffnung, dass sie es nicht miteinander treiben, fühle mich ausgeschlossen, schlage die Beine übereinander, vermisse seine Berührungen, vermisse ihre Berührungen. Dann hat er uns beide satt, also sind wir wieder zusammen, Eyeliner, Zigaretten, Busfahrkarte, ziehen los, junge Leute verderben und die seltsame Taubheit in unserer Brust loswerden, dort, wo der Herzmuskel sich nicht zu bewegen scheint. Wir sind die Bang Gang, eine unaufhaltsame Perversion: Wir zerren fremde kleine Hipster in fremde Betten, machen sie heiß auf Selbstgedrehte und Feminismus. Es ist wahre Liebe, nicht wie in den Geschichten, aber trotzdem wahr.

Ich bin wieder älter, Monate älter, Laub und Graupel fallen, sieben Uhr morgens im Bus, der jetzt kein Nachtbus mehr ist, auf dem Heimweg durch Angel, blaues Licht kriecht durch den Vorhang einer berauschenden Nacht und schiebt seine eiskalten Finger unter die Haut, ungeduscht, schlaflos, schweißverklebt. Ich sitze auf dem Selbstmördersitz, oben an der Frontscheibe, und die Stadt rauscht unten an mir vorbei. Mein Handy hat noch ein paar Balken Saft, und ich texte einem der Jungs, die ich auf dem Fußboden schlafend in einem besetzten Haus zurückgelassen habe, viele Kilometer weit weg.

Dann rufe ich meine beruflichen E-Mails ab, antworte meinem Lektor, die Finger steif vor Kälte, ich grabe unter meinem Herzen eine kleine Höhle für die Scham, die sich einfach nicht einstellen will. Stattdessen speichere ich diese Erinnerung für eine spätere Nutzung ab.

Liebe® ist nicht *die* wahre Liebe, denn viele andere Arten der Liebe sind auch wahr. In meinen wilden Jahren habe ich mich ziemlich viel Zeit mit Mehrfach-Herzensbrechern, queeren Nicht-Monogamisten und selbsternannten »Liebes-Anarchisten« herumgetrieben, was meist bedeutet, dass sie eine Fanzine-Sammlung besitzen und sich nicht rasieren, und das ist ja auch ganz wunderbar. Ich habe genügend nichtmonogame Beziehungen gehabt und um mich herum beobachtet, um zu wissen, dass Liebe sehr unterschiedlich organisiert werden kann und muss – und dass keine dieser Organisationsformen *die* Lösung ist.

Es liegt nicht daran, dass ich nicht an die romantische Liebe, an Liebe®, glaube. Offenkundig gibt es sie. Die Menschen richten ihr Leben an Geschichten aus, und manchmal funktioniert das auch. Es gibt sie tatsächlich, die Leute, für die nur das Mädchen, das in der sechsten Klasse in Französisch neben ihnen saß, oder der Junge, den sie in einer schmierigen Indie-Disco kennengelernt haben, die oder der Richtige ist, und keine andere Beziehung wäre auch nur annähernd vergleichbar. Ich kenne solche Paare, und ich freue mich für sie.

Aber die relativ junge Kulturgeschichte der Einen Liebe – die Vorstellung, dass jeder Mensch eine verwandte Seele hat, die in alle Ewigkeit zu lieben ihm bestimmt ist, und dass das Leben erst vollständig sein kann, wenn man mit dieser Person Tisch und Bett teilt – ist nicht nur unglaubwürdig, sondern grausam. Diese Vorstellung impliziert, dass diejenigen, die die Eine Liebe nicht gefunden haben, immer unvollständig sein werden, dass die, die sich scheiden lassen, die allein Kinder erziehen oder andere Wege zum Glück finden, als Menschen irgendwie versagt haben. In meinen Augen ist das eine furchtbar unromantische Vorstellung.

Das Feld zwischen leidenschaftlicher, ewiger, alles verzehrender romantischer Liebe und hirnlosem Rammeln bleibt in der Zeitungs- und Filmbranche weitgehend unerforscht, aber, um mit John Lennon zu sprechen, »a great many people live in that gap«, viele Menschen leben in dieser Lücke. Im echten Leben gibt es romantische Liebe, Freundschaft, Partnerschaft, Sex und Abenteuer im Überfluss, und das wirklich Schreckliche an der sauber verpackten Liebe ist, dass sie so tut, als wären menschliche Gefühle Mangelware. Auch in dieser Hinsicht macht der Neoliberalismus alles nur kaputt.

Im echten Leben ist menschliche Liebe keine Mangelware. Ich will hier nicht Gelegenheitssex, Wohnkollektive und nächtliches Wodkasaufen mit bisexuellen Aktivisten als mögliche Alternative für alle hinstellen, nur weil es für mich eine war. Aber die drei großen E – Ehe, Einfamilienhaus und

Ewige Treue – gehen auch nicht für jede und jeden auf, und es gibt auch keinen Grund, warum es so sein sollte.

Die Menschen, die mit Liebe® zurechtkommen – und wenn ich das sage, muss ich wohl damit rechnen, dass mir die Liebespolizei mit einem herzchenverzierten Taser einen kräftigen Schlag versetzt –, sind in der Minderheit. Heute, da wir uns nicht mehr entscheiden müssen zwischen zölibatärer Einsamkeit und dem Ehejoch mit einer Person, die wir möglicherweise schon bald verachten, pflegen die meisten Menschen in ihrem Leben eine ganze Reihe wichtiger Beziehungen, von denen manche abkühlen oder im Sande verlaufen. Das mag nicht in die vorherrschende Ideologie passen, nach der Menschen nur in der monogamen Ehe leben, lieben und Sozialleistungen beziehen können, entspricht aber recht genau dem menschlichen Herz, das eben kein Comic-Symbol ist, sondern ein kompliziertes Gebilde aus Fleisch und Blut.

Die Generation, die derzeit in Europa und Amerika aufwächst, ist die erste, deren Eltern statistisch betrachtet ebenso oft geschieden oder unverheiratet wie verheiratet sind.[126] Bei einem verheirateten Paar aufzuwachsen, ist nicht mehr die Norm. Kein Wunder, dass immer mehr junge Leute andere Möglichkeiten ausprobieren – Polyamorie, offene Beziehungen, größere Kreise aus Angehörigen und Sexualpartnern. Diese Bestrebungen unterscheiden sich grundlegend von den Liebesexperimenten der Vergangenheit, denn diesmal geht es mehr um Ethik als um drogenbenebelte Sexpartys, auch wenn Letztere am rechten Ort durchaus etwas für sich haben.

Ich für meinen Teil glaube an Monogamie in etwa so, wie ich an Käsetoast glaube. Ich esse ihn, aber nicht dreimal täglich. Es gibt noch andere interessante und leckere Toastvariationen, und ich setze mich für das Recht der Menschen ein, diese Variationen straffrei zu kosten.

Nicht-Monogamie ist nicht dasselbe wie wildes Herumvögeln, und beide sind keine Grundbedingungen für die Freiheit der Liebe. Das Konzept einer »freien Liebe« wurde von den Klischees der Nachhippiezeit verzerrt, vom ewigen Bild des Flowerpower-Chauvis der Sechziger, der mit offenem Hemd und Blumen im Haar Frauen in sein Bett lockte, ohne sich über eine Bindung Gedanken machen zu müssen. Das ist keine freie Liebe. Freie Liebe ist Liebe, die ohne Besitzansprüche, Zwang und Unterdrückung auskommt, Liebe, die nicht gleichbedeutend mit Arbeit, Pflicht und Konformität ist.

Wenn wir wollen, dass Liebe frei ist, und wenn wir wollen, dass Frauen frei sind, dürfen wir uns nicht weiter über die romantische Liebe, über Liebe® oder deren Ausbleiben definieren. Das kapitalistische Konzept von der romantischen Liebe hat eine solche Macht, dass die Feministinnen schon fast seit einem Jahrhundert regelmäßig seine Allmacht hinterfragen. Mädchen von heute tun gut daran, sich die Worte der russischen Revolutionärin Alexandra Kollontai vom Anfang des 20. Jahrhunderts ins Gedächtnis zu rufen:

»Ich gehöre ja noch zu der Generation der Frauen, die auf dem Wendepunkt der Geschichte aufgewachsen sind. Die Liebe mit ihren vielen Enttäuschungen, mit ihren Tragödien und ewigen Forderungen nach vollkommenem Glück spielte noch die größte Rolle in meinem Dasein. Eine viel, viel zu große Rolle! Denn dadurch verbrauchten sich resultatlos und letzten Endes wertlos viel kostbare Zeit und Energie. [...] aber – die Liebe zum Manne konnte noch so groß sein – sobald sie in Bezug auf meine frauliche Opferwilligkeit eine gewisse Grenze überschritt, brach die Auflehnung in mir von Neuem hervor. Ich musste fort, musste mit dem Manne meiner Wahl brechen, sonst (das war ein unterbewusstes Gefühl in mir) hätte ich mich der Gefahr ausgesetzt, mein eigenes Ich zu verlieren.«[127]

Mitgefangene

Liebe wird schon so lange mit Konformität gleichgesetzt, dass wir völlig vergessen haben, dass sie auch Renitenz bedeutet. Leidenschaft und Mitleid. Eros und Philos. Aufrührerische Drinks, atemlose Texte und das Hämmern des Herzens um drei Uhr morgens. Ist es nicht das, woran wir uns klammern, wenn alles andere wegbricht?

An manchen Tagen schreibe ich nur Liebesbriefe. An Freunde und Partnerinnen und Jungs, die ich mal in einem schummrigen Hotel in einer fremden Stadt gebumst und nie wieder gesehen habe. Ich schreibe Liebesbriefe als Twitter-Nachrichten mit zehn Wörtern oder als zwanzigseitige E-Mail. Ich schreibe sie in Echtzeit, einhändig, hektisch, erfinde Geschichten für Männer, die viele hundert Kilometer weit weg sind, schreibe Erinnerungen für Mädchen nieder, die ich für immer im Herzen behalten werde. Je mehr ich die romantische Liebe als Ware satthabe, desto mehr Liebesbriefe schicke ich auf den Weg.

Mit der Kunst des Verfassens von Liebesbriefen beschäftigte ich mich überhaupt erst, als ich meine ersten handschriftlichen Briefe an Freunde im Gefängnis schickte. Dann erhielt ich auch einen Brief, in dem mir geraten wurde, den Essay »Fellow Prisoners« von John Berger zu lesen. Berger schreibt:

»Das Gefängnis ist jetzt so groß wie der Planet, und die zugewiesenen Zonen können variieren, können Arbeitsplatz heißen, Flüchtlingslager, Einkaufszentrum, Stadtrand, Ghetto, Bürogebäude, Favela, Vorort. Entscheidend ist, dass diejenigen, die in diesen Zonen inhaftiert sind, Mitgefangene sind. Zellen haben Wände, die sich auf der ganzen Welt berühren. […] Freiheit lässt sich langsam finden, nicht außerhalb, sondern in den Tiefen des Gefängnisses.«[128]

Wenn wir alle Mitgefangene sind, ist jeder Brief, den wir verfassen, ein Gefängnisbrief, ein Sendschreiben an eine Seele in einer angrenzenden Zelle, die ein Fremder sein könnte oder der beste Liebhaber, den wir kennen. Kopf hoch, dann werden sie nicht gewinnen.

Wir kommen dahin, dass wir uns aussuchen, welche Leidenschaften wir zensieren, mit welcher Art von Konformität wir konform gehen wollen. Sie können uns viel nehmen, aber das nicht. Das Geld, die Hegemonie und die Katastrophe der neoliberalen Heterosexualität mögen uns so weit gebracht haben, dass es Männern, Frauen und allen anderen so gut wie unmöglich ist, einander ehrlich zu lieben, aber es ist nur so gut wie unmöglich. Es ist nicht zu spät.

Frauen und Mädchen im Besonderen müssen den Mut aufbringen, in ihrem Leben nach etwas anderem zu suchen als nach Liebe®. Dass man Mädchen erklärt, sie hätten keine Kontrolle darüber, wen sie lieben und wie sie das ändern könnten, ist eine besondere Form der Entmachtung. Einsamkeit ist etwas Schreckliches. Aber ein Leben, in dem man einen Menschen sucht, der einen vervollständigt, ist genauso schrecklich. Wer sich ohne Partner, seine »bessre Hälfte«, als unvollständig empfindet, wird immer einsam sein, auch in einer Partnerschaft. Ich habe siebenundzwanzig Jahre gebraucht, um es wirklich zu begreifen: Nur, weil wir jeden Traum, den wir je hatten, aufgeben würden, um einen besonderen Menschen lächeln zu sehen, heißt das noch lange nicht, dass wir das tun sollten.

Ich habe Liebe® schon erlebt. Ich war mehrfach schwer in jemanden verliebt, weil ich etwas Wertvolles und Unaussprechliches mit ihm teilte, das weit über Sex hinausging. Ich überflog Kontinente, nahm irgendwelche Jobs an, stieg mitten in der Nacht in einen Zug, im Rucksack alle meine Hoffnungen und ein paar Hosen zum Wechseln, um mit diesem Menschen zusammen zu sein. Ich fuhr die unangenehmen hässlichen Seiten meiner Persönlichkeit herunter, weil ich dachte, es würde ihm gefallen. Vorübergehend fühlte ich mich sogar wie das strahlende Mädchen, von dem ich wusste, dass ich es hätte sein sollen. Ich fühlte mich schön und einzigartig und geschätzt und tat mein Bestes, meinem Gegenüber dasselbe Gefühl zu vermitteln. Es war fantastisch. Aber nach einer Weile raubte es mir die Luft.

Verliebtsein ist toll, aber es ist nicht das größte Glück, das ich je kennengelernt habe. Wenn ich ehrlich sein soll, hecke ich mit meinen Freunden lieber eine Revolution aus. Jedes Mal, wenn ich richtig verliebt war, endete es damit, dass ich meine Sachen packte, ein paar Zeilen hinterließ und weiterzog, weil ich es satthatte, ein Liebesobjekt zu sein. Und durch meine Flucht lernte ich, dass außerhalb von Märchen Liebe sehr oft vorkommt.

Liebe ist keine Mangelware. Liebe ist kein Preis, den man ergattern und eifersüchtig hüten muss. Liebe ist kein Produktionsbereich, kein Arbeitsfeld. Die menschliche Liebe mag von den Erfordernissen der Arbeit und des Kapitals kolonisiert und usurpiert worden sein, aber wir können sie uns zurückholen. Im Jahr 1910 schrieb die Philosophin Emma Goldman:

»Der Mensch hat Körper unterworfen, aber keine Macht der Welt kann die Liebe unterwerfen. Der Mensch hat ganze Nationen erobert, aber keine Armee konnte die Liebe erobern. Der Mensch hat den Geist in Ketten und Fesseln gelegt, aber angesichts der Liebe ist er schlichtweg hilflos. … Ja, Liebe ist frei; anders kann sie nicht existieren. In der Freiheit zeigt sie sich uneingeschränkt, reichlich und in ihrer ganzen Schönheit. Keine Gesetze, keine Vorschriften, keine Gerichte im ganzen Universum können die Liebe aus der Erde reißen, wenn sie einmal Wurzeln geschlagen hat.«[129]

Jenseits des »...bis ans Ende ihrer Tage«, jenseits der einzig gültigen Geschichte, wie Leben, Arbeit und Partnerschaft beschaffen sein sollen, war die Liebe immer frei. Wenn das Märchen zu Ende ist, können wir noch viele Seiten umblättern in dieser langen, mühevollen Saga von der menschlichen Liebe, und es gibt immer noch eine Geschichte zu erzählen.

Nachwort

Man bat mich, dieses Buch zusammenzufassen, es ordentlich zu einem Päckchen mit Antworten zu verschnüren. Welches Programm, welche Politik könnte für Frauen, Queers und ihre Verbündete das Leben unter dem Neoliberalismus erträglicher machen? Bei den Occupy-Protesten in aller Welt und den Demonstrationen im Arabischen Frühling fragte man Frauen immer wieder nach ihren Forderungen, nur um sie anschließend abzukanzeln. Unsere erste Forderung war, dass wir dieses Spiel nicht mitmachen wollten. Wir wollten uns nicht in ihre Diskussionsrunden oder auf den Grund ihrer Wahlurnen stecken lassen. Eine Politik der hohlen Phrasen lehnten wir ab. Wir wussten, dass es keine einfachen Antworten gibt.

Die Revolution beginnt in der menschlichen Fantasie. Sie können getrost mit Knüppeln und Hunden auf uns losgehen, aber solange wir weiter davon träumen, anders zu leben, anders zu lieben, zu kämpfen und zusammen alt zu werden, können sie nicht gewinnen. Es steckt Macht in den Communities der Exilanten und Ausgestoßenen. Es steckt Macht in den kaputten Kids, die groß werden und die Welt verändern wollen, und im Grunde genommen sind wir alle kaputte Kids, abgefuckte Mädchen und verlorene Jungs, die nur darauf warten, dass uns jemand findet. Wir finden einander in den unbeobachteten Räumen, an den geheimen Orten, solange es sie gibt. Wir haben das Werkzeug in der Hand, um auf den Trümmern der alten eine bessere neue Welt zu errichten.

Eines dieser Werkzeuge ist der Feminismus. Die geschlechtsspezifische Unterdrückung ist Teil der strukturellen sozialen Kontrolle, die uns aufreibt und gefügig macht und verhindert, dass Männer und Frauen Machtverhältnisse infrage stellen.

Wenn wir die neoliberale Gender-Zwangsjacke abwerfen wollen, dürfen wir uns und andere nicht weiter nach einem völlig überholten Maßstab messen, einem Maßstab, den wir nicht selbst festgelegt haben. Wir müssen uns der inneren Stimme unserer Erziehung widersetzen, die uns sagt, wir sollen ein braves Mädchen sein, ein harter Junge, eine perfekte Frau, ein starker Mann. Wenn wir mehr kollektive Menschlichkeit erreichen wollen, müssen wir lernen, einander zuallererst als Menschen zu sehen.

Die rohe Menschlichkeit der anderen ist die unsagbare Wahrheit, die der moderne Sexismus mit seinen Mechanismen zu verschleiern sucht. Wenn wir den Mut haben, sie einzufordern, wird eine Bewusstseinsänderung einsetzen und eine sexuelle und soziale Revolution in Gang bringen, die uns die Freiheit geben wird, erfüllter zu leben und zu lieben, und das wird genauso furchterregend sein, wie es klingt.

Diese Bewusstseinsänderung kommt von unten. Sie wird von Frauen, Queers, Außenseitern und ihren Verbündeten ausgehen. Sie wird von hässlichen Mädchen ausgehen. Von dicken Mädchen. Von Mädchen, die nicht dünn genug, nicht reich genug, nicht weiß genug sind. Mädchen mit dicken Oberschenkeln, wabbeligem Bauch und einer Stimme, die trägt, die nachhallt. Mädchen, die stinkwütend sind. Mädchen, die für Geld ficken. Alten Frauen. Transgender-Frauen. Alleinstehenden Müttern. Schlecht bezahlten Arbeiterinnen. Sexarbeiterinnen. Es gibt unzählige Möglichkeiten, von dem Sockel zu stürzen, den das Patriarchat der idealen Frau errichtet hat. Im Grunde müssen wir nur entscheiden, ob wir warten, bis wir stürzen, oder ob wir lieber springen.

Die schlimmsten Schimpfworte für eine Frau sind: hässlich, nuttig, dick, verbittert, Schlampe, Fotze. Das Schlimmste, was man einer Frau sagen kann, ist also, dass sie einem nicht gefällt. Darauf müssen wir uns eine patzige Antwort angewöhnen: »Was anderes hast du nicht zu bieten?«

Ich habe mich schon immer gern mit denen verbündet, die sich gegenseitig bei patzigen Antworten behilflich sind.

Noch leben wir in einer brutalen bigotten Welt, einer Welt des neoliberalen Patriarchats, das uns genüsslich dazu bringt, uns selbst zu hassen, zumal wenn wir jung oder arm, anders oder eine Frau sind. Uns selbst zu verletzen. Andere zu überwachen, damit sie genauso verängstigt sind wie wir. Dem intimen Terror des neoliberalen Patriarchats kommen wir nur bei, wenn wir uns einen Scheißdreck darum kümmern. Wenn wir uns nicht mehr schämen, denn wir brauchen uns nicht zu schämen, keine von uns, es sei denn, wir tun jemand anderem weh. Wir müssen uns daran gewöhnen, dass wir viel wissen, aber nie wissen, wo unser Platz ist.

Wir müssen aufhören, uns unsere Träume von ranzigen alten Männern vorbeten zu lassen. Wir müssen uns weigern, uns unserer Wünsche, unseres Ehrgeizes, unserer Energie zu schämen. Wir dürfen andere nur noch nach Maßstäben beurteilen, die sich an Freundlichkeit und Anstand orientieren. Wir dürfen uns nicht dauernd dafür entschuldigen, was wir sind.

Es geht darum, dass wir nein sagen und erwarten dürfen, dass ein Nein auch respektiert wird. Es geht darum, dass wir selbst darüber verfügen, ob wir Ja sagen, und zwar aktiv, immer und immer wieder – nicht nur in sexueller, sondern auch in politischer Hinsicht.

Denn wenn wir damit aufhören, uns selbst zu hassen und einander weh zu tun, können wir endlich fordern, was uns eigentlich zusteht.

Das neoliberale Patriarchat lässt uns die Wahl, aber keine Freiheit. Wenn wir in einer unfreien Gesellschaft die Wahl haben, ist das keine wirklich freie Wahl. Die Wahl zwischen diesem Chef und jenem, die Wahl zwischen Ehe und Elend, die Wahl zwischen Scham und Selbstverleugnung, die Wahl zwischen entwürdigender Arbeit und entmutigender Armut: Das mag etwas zu bedeuten haben, aber es ist keine Freiheit. Der Feminismus und eine radikale Politik fordern mehr als die Wahl zwischen zwei Arten der Unterwürfigkeit. Sie fordern unser Recht auf ein würdevolles Leben, das Recht auf Unterkunft, Unterhalt, Bildung und die Mittel, uns umeinander zu kümmern.

Heute ist Neujahr. Der Ort, wo ich dies schreibe, war früher eine Fabrik. Das zugige alte Lager wurde ausgeräumt und mit einer provisorischen Heizung ausgestattet, und heute leben hier acht queere Kids und dazu in wechselnder Besetzung obdachlose Aktivistinnen und junge Leute, die vor ihrem Freund oder den Londoner Mieten geflohen sind. In den leeren Büros wurden Betten aufgestellt, es gibt eine Küche mit Herd. Das Teewasser kocht. Um mich herum schwellen die Atemgeräusche an und ab. Zwischen den Kabeln liegen lauter Schlafsäcke. Das ist jetzt unsere Fabrik.

Ich sitze mit gekreuzten Beinen auf meinem roten Koffer. Ich habe mein Hab und Gut auf zwei Kontinenten immer wieder ausgepackt, in besetzten Häusern, in Dachateliers, in Hotels, in Wohnungen mir fremder Menschen, im Zeltlager unter Planen, in der Umkleide einer Kleinkunstbühne. Jedes Mal, wenn ich denke, ich hätte einen Ort gefunden, an dem ich meine Sachen lassen kann, geht mein

Herz auf die Jagd nach etwas Neuem. Und jedes Mal, wenn ich die Hoffnung gerade aufgeben will, finde ich wieder so einen Ort. Räume für Leute, die aus freien Stücken oder umständehalber aus der Welt der Anständigen verbannt wurden, Räume, in denen sie in so etwas wie Freiheit zusammenleben können, solange sie es dürfen. Hier sind wir also, restlos fertig, im globalen Dorf. In der stillen morgendlichen Euphorie schlafen um mich herum junge Leute, atmen tief ein und aus, berauscht, träumend. Man meint immer, dass man alleine träumt. In einer Welt, in der die Mächtigen, abgesehen vom kollektiven Widerstand, kaum etwas fürchten, hat man leicht das Gefühl, dass man die Einzige ist, die anders leben will. Freiheit kann beängstigend sein. Wenn man Freiheit will, kommt man sich schnell vor, als hätte man sie nicht mehr alle.

Aber heute haben wir die Technik. Wir haben das Werkzeug, uns von den Beschränkungen der Biologie zu befreien und ohne Vermittlung durch die Mächtigen und ihre bezahlten Sprachrohre zu kommunizieren. Wir haben die Technik, der Macht Widerworte zu geben, nicht einstimmig, sondern vielstimmig.

Es naht eine Zeit, in der Frauen, Mädchen, Queers und unseren Verbündeten das Menschsein nicht mehr nur beiläufig zuerkannt wird, sondern in der es praktisch begriffen wird. Ich bin überzeugt, dass wir gemeinsam den Mut aufbringen, das ermüdende alte Skript von Arbeit, Macht, Sex und Liebe umzuschreiben, die alten Geschichten über schöne Frauen, starke Männer, anständige Menschen. Ich bin überzeugt, dass eines Tages zu viele Menschen ihre Geschichten vortragen, als dass man sie noch zum Schweigen bringen könnte. Das große Umschreiben hat schon begonnen. Schließt die Augen. Blättert um. Fangt an.

Anmerkungen

Einleitung

1 David D. Friedman, *Das Räderwerk der Freiheit: Für einen radikalen Kapitalismus*, übersetzt von Marc-Felix Otto, Grevenbroich: Lichtschlag, 2003.

2 Diese Interpretation der neoliberalen Ideologie verdanke ich Richard Seymours Analyse in *Against Austerity*, London: Pluto Press, 2014.

3 Valentine M. Moghadam, SHS/HRS/GED, ›The Feminization of Poverty‹, UNESCO, Juli 2005, http://www.cpahq.org/cpa hq/cpadocs/Feminization_of_Poverty.pdf

4 Siehe Natasha Walter, *The New Feminism,* London: Virago, 1999; siehe auch Sarah Jaffe, »Trickle Down Feminism«, in: *Dissent*, Winter 2013.

5 Z. B. die Object!-Kampagnen in Großbritannien oder Alice Schwarzers Aktion gegen die Prostitution.

6 Zitat Foster Friess, Großspender der Republikaner in der US-Präsidentschaftswahl 2012: »Wisst ihr, damals, zu meiner Zeit, nahm man Aspirin von Bayer zur Verhütung. Die Mädchen steckten es sich zwischen die Knie, und das war gar nicht teuer.« http://www.politico.com/blogs/burns-haberman/2012/02/foster-friess-in-my-day-gals-put-aspirin-between-their-114730.html

7 Nina Power spricht in ihrer hervorragenden Studie *Die eindimensionale Frau* (übersetzt von Sophie Springer, Berlin: Merve, 2010; Original: London: Zero Books, 2009) von »Feminismus®«.

8 Cisgender oder Cis bedeutet »nicht transsexuell oder transgender«; »cis« ist gegenüber »trans«, was hetero gegenüber
homo ist, und natürlich sind nicht wenige Menschen irgendwo dazwischen angeordnet.

9 Diese Aussage geht auf einen gleichnamigen Aufsatz Carol
Hanischs zurück, der in der Zeitschrift *Notes from the Second
Year: Women's Liberation* 1970 erschien; siehe http://www
.carolhanisch.org/CHwritings/PIP.html.

10 Sarah Menkedick, »It's Not Personal«, http://velamag.com/
blog/its-not-personal

11 *Alles über Eve* (1950), Süddeutsche Zeitung Cinemathek, 15,
1:20.

12 Quinn Norton verdient Anerkennung für diese Worte; siehe
»Feminism's Twist Ending: Women and the Internet: Part
Four«, https://medium.com/@quinnnorton/feminisms-twist-
ending-e057ed6bb9e0, 30. November 2013.

13 http://www.who.int/gender/documents/en/whopaper6.pdf

14 Betty Friedan, *Der Weiblichkeitswahn oder Die Mystifizierung der Frau,* übersetzt von Margaret Carroux, Reinbek:
Rowohlt, 1966.

15 Catherine Hakim, *Erotisches Kapital: Das Geheimnis erfolgreicher Menschen*, übersetzt von Susanne Kuhlmann-Krieg,
Frankfurt a. M.: Campus, 2011.

16 Francis Fukuyamas Buch *Das Ende der Geschichte* (übersetzt
von Helmut Dierlamm, Ute Mihr und Karlheinz Dürr, München: Kindler 1992) basiert auf seinem Essay »The End of
History?«, den er in Reaktion auf das Ende des Kalten Krie-
ges verfasste; er erschien 1989 in *The National Interest.*

Kapitel 1: Abgefuckte Mädchen

17 http://www.gallup.com/poll/158417/poverty-comes-depressio
n-illness.aspx?utm_source=alert&utm_medium=email&utm

18 Siehe *DSM-V*, 2013.

19 Siehe Marya Hornbacher, *Alice im Hungerland: Leben mit Bulimie und Magersucht – eine Autobiografie,* übersetzt von Nicole Hölsken, Frankfurt a. M.: Campus, 1999; Lynn Ruth Miller, *Starving Hearts*, Excentrix Press, 2000.

20 http://www.theguardian.com/commentisfree/2014/jan/31/edu cation-gender-gap-girls-schools-university

21 http://www.spectator.co.uk/features/5244693/harriet-harman-is-either-thick-or-criminally-disingenuous

22 Naomi Wolf, *Der Mythos Schönheit,* übersetzt von Cornelia Holfelder-von der Tann, Sabine Hübner und Ursula Locke-Groß, Reinbek: Rowohlt, 1993, S. 33.

23 http://news.bbc.co.uk/2/hi/uk_news/politics/8255909.stm

24 RuPaul: »Du kommst nackt zur Welt, der Rest ist Fummel«; siehe http://www.goodreads.com/quotes/218170-we-re-born-naked-and-the-rest-is-drag; aus der Autobiografie *Letting it all hang out*, London: Sphere, 1995.

25 www.anred.com

26 »Beauty Bill of a Lifetime«, in: *Daily Mail,* 21.2.2011.

27 »The Lipstick Effect«, in: *Journal of Personality and Social Psychology,* 28. Mai 2012.

28 *Open Democrary,* 6. März 2012, https://www.opendemocra cy.net/5050/kate-donald/feminisation-of-poverty-and-myth-of-welfare-queen

29 T. A. Judge, D. M. Cable, »When it comes to pay, do the thin win?«, http://www.ncbi.nlm.nih.gov/pubmed/20853946

30 http://greatist.com/fitness/15-olympic-inspired-exercises-try-today, 10. August 2012.

31 Über den »unglaublichen Anstieg des Antidepressivakonsums der Amerikaner« schreibt Peter Wehrwein auf Harvard Health, gepostet am 20. Oktober 2011 um 12.46 Uhr, http://www.health.harvard.edu/blog/astounding-increase-in-antidepressant-use-by-americans-201110203624.

32 Stephen Scobie, »A Report from Naropa«, in: *Beats and Rebel Angels: A Tribute to Allen Ginsberg*, Boulder, Colorado, Naro-

pa Institute 2.-9. Juli 1994, www.litkicks.com/Topics/Naro-
paReport.html

33 http://libcom.org/files/lies-final-download-single-page.pdf

Kapitel 2: Verlorene Jungs

34 Die Antwort darauf lautet natürlich: Ja, klar schmier ich dir
ein Brot. Und zwar mit dem Staub der Geschichte, und ich
hoffe, du erstickst daran.

35 Susan Faludi, *Männer: Das betrogene Geschlecht*, übersetzt
von Ursula Locke-Groß, Sabine Hübner und Angela Schu-
mitz, Reinbek: Rowohlt, 2001, S. 13.

36 Barbara Ehrenreich, *Die Herzen der Männer: Auf der Suche
nach einer neuen Rolle*, übersetzt von Liane Ücker, Reinbek:
Rowohlt, 1983, S. 61.

37 Ebd., S. 62.

38 Simone de Beauvoir, *Das andere Geschlecht: Sitte und Sexus
der Frau,* übersetzt von Uli Aumüller und Grete Osterwald,
Reinbek 1968, S. 17.

39 Émile Durkheim, *Der Selbstmord*, übersetzt von Sebastian
und Hanne Herkommer, Frankfurt 1995.

40 Ebd.

41 Dan Savage, »It Gets Better«, http://www.youtube.com/user/
itgetsbetterproject

42 http://npr.org/2011/03/23/134628750/san-savage-for-gay-tee
ns-life-gets-better

43 Tamara L. Lomax, »Occupy Rape Culture«, 5. November 2011,
http://thefeministwire.com/2011/11/occupy-rape-culture

44 NPR.org, 23. März 2011, http://www.theguardian.com/uk/20
13/apr/26/anonymous-uk-founder-asscused-rape

45 http://www.pdf-archive.com/2011/10/26/anonymous-survival-
guide-for-citizens-in-a-revolution/

46 http://amptoons.com/blog/2004/05/05/how-many-men-are-ra
pists/

47 http://www.oneinfourusa.org/statistics.php

48 Jackson Katz, TED Talk, http://www.ted.com/talks/jackson_katz_violence_against_women_it_s_a_men_s_issue.html

Kapitel 3: Anticlimax

49 Shulamith Firestone, *Frauenbefreiung und sexuelle Revolution*, übersetzt von Gesine Strempel-Frohner, Frankfurt a. M.: S. Fischer, 1975, S. 41.

50 Vgl. Adam Ants Song »Ligotage«: »Don't say you like it. You're not allowed to like it.«

51 http://www.bbc.co.uk/news/world-us-canada-13320785

52 http://www.apa.org/pi/women/programs/girls/report.aspx

53 Ebd.

54 Der berühmt-berüchtigte Begriff der »Vergewaltigung nach dem Gesetz« stammt vom Kongressabgeordneten Todd Akin, der behauptete, eine Schwangerschaft sei nach einer solchen »echten« Vergewaltigung extrem selten: http://www.nytimes.com/2012/08/20/us/politics/todd-akin-provokes-ire-with-legitimate-rape-comment.html?_r=1&

55 Shere Hite, *Hite-Report: Das sexuelle Erleben der Frau*, übersetzt von Karin Peters, München: Bertelsmann, 1977.

56 http://news.bbc.co.uk/1/hi/uk/7528652.stm

57 Zum Beispiel in der Irischen Republik.

58 Cynthia A. Freeland, *Feminist Interpretations of Aristotle,* Penn State University Press, 1998.

59 Zur Beratungspflicht in Großbritannien siehe http://www.reproductivereview.org/

60 http://www.rapecrisis.org.uk/Statistics2.php

61 Jean Jacques Rousseau, *Bekenntnisse*, übersetzt von Hermann Denhardt, Leipzig 1921; einsehbar unter: http://gutenberg.spiegel.de/buch/rousseaus-bekenntnisse-erster-theil-3813/2

62 Ders., *Emil oder Über die Erziehung,* übersetzt von Hermann Denhardt, Leipzig 1922; einsehbar unter http://www.zeno.

org/Philosophie/M/Rousseau,+Jean-Jacques/Emil+oder+
Ueber+die+Erziehung/Zweiter+Band/F%C3%BCnftes+Buch

63 Katie Roiphe, *Newsweek*, 16. April 2012, www.thedaily-
beast.com/newsweek/2012/04/15/working-women-s-fantasies
.html

64 Valerie Tanico, Alternet, 25. Juli 2005, http://www.alternet
.org/america-place-where-doctors-need-bullet-proof-vests-
protect-themselves-christian-fundamentalists

65 Andrew Goldman, »Our Lady of Contraception«, in: *New
York Times*, 22. Juni 2012.

66 Dan Almira, *NY Magazine*, »Rick Santorum Preaches Evils of
Contraception«, http://nymag.com/daily/intelligencer/2012/
02/ rick-santorum-contraception-birth-control-sex.html

67 Rousseau, *Emil*, einsehbar unter http://www.zeno.org/Philo
sophie/M/Rousseau,+Jean-Jacques/Emil+oder+Ueber+die+
Erziehung/Zweiter+Band/F%C3%BCnftes+Buch

68 Caitlin Moran, *How to be a Woman*, Ebury Press, 2012.

69 http://www.alternet.org/sex-amp-relationships/adolescents-
arent-having-much-sex-despite-all-hype-contrary

70 Viele Frauen sind natürlich beides.

71 Britisches Arbeitsministerium, »Households below Average
Income: an Analysis of the Income Distribution 1994–5/2009
–11«, Bericht 2011; https://www.gov.uk/government/uploads/
system/uploads/attachment_data/file/325416/households-
below-average-income-1994-1995-2012-2013.pdf

72 Man sehe sich nur an, mit welchem Spott die Familien in US-
Sendungen wie *Honey Boo Boo* oder *Octomom* überschüttet
werden.

73 Ann Rossiter, *Ireland's Hidden Diaspora: The Abortion Trail
and the Making of a London-Irish Underground, 1980–2000,*
New York: IASC Publishing, 2009.

74 Der UNO-Publikation *UN World Abortion Policies 2011* zufolge wird die Abtreibung nach Vergewaltigung oder Inzest
in 49 Prozent aller Länder akzeptiert, die Abtreibung aus

sozio-ökonomischen Gründen aber nur in einem Drittel aller Länder.

75 Zum Beispiel Spanien und die Republik Irland.

76 Zum Beispiel Papst Franziskus, http://worldnews.nbcnews .com/_news/2014/01/13/22288490-pope-francis-makes-tou ghest- remarks-yet-on-horrific-abortion?lite

77 Dieses sogenannte Post-Abortion-Syndrom entbehrt jeder wissenschaftlichen Grundlage, siehe http://prochoice.org/ post-abortion-syndrome-myth-based-on-faulty-science/

78 Statistik des US-amerikanischen Rape, Abuse and Incest Nation Network, www.rainn.org/statistics

79 Jessica Valenti in *The Nation* über Woody Allen, Januar 2014, http://www.thenation.com/blog/178203/choosing-comfort-over-truth-what-it-means-defend-woody-allen

Kapitel 4: Cybersexismus

80 Donna Haraway, *Ein* Manifest für *Cyborgs,* in: Dies., *Die Neuerfindung der Natur: Primaten, Cyborgs und Frauen,* übersetzt von Dagmar Fink u. a., Frankfurt a. M. / New York: Campus,1995, S. 1, S. 2, S. 16.

81 Interview der Autorin mit Clay Shirky von 2013.

82 Ebd.

83 http://www.newstatesman.com/blogs/helen-lewis-hasteley/ 2011/11/comments-rape-abuse-women

84 5 http://madelineashby.com/?p=1198

85 www.dissentmagazine.org/article/girl-geeks-and-boy-kings

86 Tanith Carey, *Where Has My Little Girl Gone?,* Oxford: Lion Books, 2011; https://www.getsafeonline.org/safeguarding-children/#.Uw26z_l_tN8

87 http://www.telegraph.co.uk/women/womens-life/10489265/ Domestic-violence-death-toll-will-rise-due-to-funding-cuts .html

88 http://www.telegraph.co.uk/culture/tvandradio/9816860/Vileonline-misogyny-is-enough-to-put-women-off-appearing-in-public-says-Mary-Beard.html

89 Helen Lewis, »What it's like to be a victim of Don't Start Me Off's internet hate mob«, in: *New Statesman*, 27. Januar 2013.

90 Siehe http://www.francisbeckett.co.uk/latest-blog/5-general/118-why-right-wing-internet-thugs-threaten-our-freedom; siehe auch Ben Dowell, »Mary Beard row: website owner says sorry but accuses friends of ›trolling‹«, in: *Guardian*, 25. Januar 2013.

91 Cristina Odone, »Mary Beard is clever. So how can she be cross that Question Time viewers mocked her looks?«, in: *Daily Telegraph*, 22. Januar 2013.

92 Germaine Greer, *Der weibliche Eunuch: Aufruf zur Befreiung der Frau,* übersetzt von Marianne Dommermuth, Frankfurt a. M.: S. Fischer, 1974, S. 241.

93 http://www.feministfrequency.com/2013/11/ms-male-character-tropes-vs-women

94 http://www.newstatesman.com/internet/2013/08/diary-internet-trolls-twitter-rape-threats-and-putting-jane-austen-our-banknotes

95 http://www.independent.co.uk/voices/commentators/laurie-penny-a-womans-opinion-is-the-miniskirt-of-the-internet-6256946.html

96 http://www.newstatesman.com/blogs/internet/2012/07/what-online-harassment-looks

97 Gespräch der Autorin mit Maha Rafi Atal im Sommer 2013.

98 Katherine Losse, *The Boy Kings: A Journey Into the Heart of the Social Network*, New York: Free Press, 2005.

99 Ebd.

100 http://www.wired.com/opinion/2013/05/fa_thompson/

101 Interview mit der Autorin; siehe auch Katherine Losse, *The Boy Kings: A Journey into the Heart oft he Social Network.* New York: Free Press, 2012,

102 http://www.cracked.com/article_19785_5-ways-modern-men-are-trained-to-hate-women_p2.html

103 Ebd.

104 http://coalescent.dreamwidth.org/431233.html

105 http://www.wired.com/2013/11/silicon-valley-isnt-a-merito cracy-and-the-cult-of-the-entrepreneur-holds-people-back

106 Cordelia Fine, *Die Geschlechterlüge: Die Macht der Vorurteile über Mann und Frau*, übersetzt von Susanne Held, Stuttgart: Klett-Cotta 2012.

107 Simon Baron-Cohen, *Frauen denken anders – Männer auch: Wie das Geschlecht ins Gehirn kommt*, übersetzt von Maren Klostermann, München: Heyne, 2009, zitiert in Fine, *Die Geschlechterlüge*, S. 16; siehe auch http://www/theguardian .com/education 2003/apr/17/research.highereducation.

108 http://gawker.com/tag/violentacrez

Kapitel 5: Liebe und Lügen

109 Angela Carter, *Sexualität ist Macht,* übersetzt von Lieselotte Mietzner, Reinbek: Rowohlt, 1983, S. 99.

110 http://www.dazeddigital.com/artsandculture/article/17926/1/ what-doris-taught-us

111 Tiqqun, *Anleitung zum Bürgerkrieg*, übersetzt von Renée Verdan, Hamburg: Laika, 2012, S. 23.

112 Karl Marx: *Zur Kritik der Hegelschen Rechtsphilosophie,* in: Karl Marx / Friedrich Engels, *Werke*, Berlin: Dietz Verlag, 1976, Bd. 1, S. 378.

113 http://novaramedia.com/2013/08/marx-contra-dawkins

114 bell hooks, *All About Love*, London: Harper Perennial, 2001.

115 http://www.avclub.com/article/the-bataan-death-march-of-whimsy-case-file-1-emeli-15577

116 Douglas Rushkoff, *Present Shock: When Everything Happens Now*, New York: Current, 2013.

117 Scott Neustadter, *(500) Days of Summer* (2009).

118 http://www.huffingtonpost.com/2012/07/18/zoe-kazan-ruby-sparks-manic-pixie-dream-girl_n_1683841.html

119 Kate Zambreno, *Heroines*, Los Angeles: Semiotext(e), 2012.

120 *The World's Women 2010: Trends and Statistics*, UN-Bericht.

121 Eli J. Finkel, »The All or Nothing Marriage«, in: *New York Times*, 14. Februar 2014; http://www.nytimes.com/2014/02/15/opinion/sunday/the-all-or-nothing-marriage.html?_r=0.

122 »Beyond Gay Marriage«, in: *Nation*, 29. Juni 2005.

123 Laura Kipnis, *Liebe: Eine Abrechnung*, übersetzt von Sonja Schuhmacher und Thomas Wollermann, Frankfurt a. M.: Campus, 2004, S. 94 f.

124 Samhita Mukhopadhyay, *Outdated: Why Dating Is Ruining Your Life*, Berkeley: Seal Press, 2012, S. 111.

125 Ebd., S. 113.

126 http://www.telegraph.co.uk/news/politics/10172627/Most-children-will-be-born-out-of-wedlock-by-2016.html

127 Alexandra Kollontai, »Ziel und Wert meines Lebens«, in: *Autobiographie einer sexuell emanzipierten Kommunistin*, hg. von Carolin Amlinger und Christian Baron, Hamburg: Laika, 2012, S. 32, S. 37.

128 http://www.guernicamag.com/features/john_berger_7_15_11/

129 Emma Goldman, »Ehe und Liebe«, in: *Anarchismus und andere Essays*, übersetzt von Katja Rameil, Münster: Unrast 2013, S. 199.

Danksagung

Wenn ich bedenke, wie viele Menschen Zeit und Energie in dieses Projekt gesteckt haben, kann ich nur hoffen, dass es die Mühe auch nur halbwegs wert ist. Mein Dank geht an erster Stelle an meine Agentin, die magische Juliet Pickering bei Blake Friedmann, für ihre Schwerstarbeit. Ich danke auch Bill Swainson, der immer an dieses Buch glaubte, Sophia, Oliver und den anderen Mitarbeitern bei Bloomsbury, Helen Lewis vom *New Statesman* und Jason Cowley, die mich auf den Weg brachten.

Unendlich dankbar bin ich meinen Freundinnen und Freunden Cath Howdle, Charlie Hallam, Zoe Stavri, Adrian Bott, Natasha Lennard, James Butler, Nick Lezard, Richard Seymour, Maria Dahvana Headley, Mariya Protzenko, China Miéville, Rachel Rosenfelt, Jed Weightman, Leigh Alexander, Kitty Stryker, Willow Brugh, Clay Shirky, G. Balfe, Jo Afiya W, Benjamin Baker, Katrina Duncan, Neil Girling, Kiera James, Eleanor Saitta, Meredith Yayanos und Emma Felber, die mich in schweren Zeiten gestützt und zu den ersten Entwürfen wichtige Hinweise gegeben haben. Dasselbe gilt für Janice Cable, die mir ein Zuhause gab, als ich zum Schreiben nach New York ausriss – ich danke ihr für ihre Klugheit, Schönheit und dafür, dass sie mein lautstarkes nächtliches Teekochen ertrug. Paul Mason war der Freund und Mentor, von dem alle jungen Journalisten träumen, den aber nur wenige das Glück haben zu finden.

Stoya, Buck Angel, Akynos Shekera, Cindy Gallop, Meg Barker und Kate Bornstein schenkten mir als Interviewpartnerinnen ihre Zeit und ihre Erkenntnisse. Mit Molly Crabapple, meiner Muse und Heldin, durfte ich viele Nächte lang Espresso trinken und über Sex und Syntax streiten, und als wahre Freundin erlaubte sie mir nie aufzugeben. Dasselbe gilt für Roz Kavaney, Dichterin, Philosophin, Aktivistin, böse Tante, gute Fee, der diese Seiten gewidmet sind. Meine Mutter hat mir Mut beigebracht und sich damit abgefunden, dass ich an Weihnachten nicht beim Abwasch half, weil ich Abgabetermine einhalten musste. Meine kleinen Schwestern befeuern meinen Kampf, jeden Tag. Unser Dad Raymond Barnett (1948–2013) hat dieses Buch nicht mehr in der Hand gehabt, aber ich verdanke ihm alles. Danke, Dad. Ich liebe dich.

Bibliografie

Anders, Charlie Jane: »Mama Cash. Buying and Selling Genders«. In: Joel Schalit (Hg.): *The Anti-Capitalism Reader. Imagining a Geography of Opposition*. New York: Akashic Books, 2002.

Banyard, Kat: *The Equality Illusion. The Truth about Women and Men Today*. London: Faber & Faber, 2010.

Barker, Meg: *Rewriting The Rules. An Integrative Guide to Love, Sex and Relationships*. New York: Routledge, 2012.

Beauvoir, Simone de: *Das andere Geschlecht. Sitte und Sexus der Frau*. Übersetzt von Uli Aumüller und Grete Osterwald. Reinbek: Rowohlt, 1968.

Black Girl Dangerous, http://www.blackgirldangerous.org/

Black, Hannah: »Value, Measure, Love«. In: *New Inquiry*, 30. Juli 2012.

Dies.: »K in Love«. In: *New Inquiry*, 14. Februar 2013.

Bordo, Susan: *Unbearable Weight. Feminism, Western Culture, and the Body*. Berkeley: University of California Press, 1993.

Bornstein, Kate: *My Gender Workbook: How to Become a Real Man, a Real Woman, the Real You, or Something Else Entirely*. Oxford: Routledge, 1997.

Dies.: *Ein schädlicher Einfluss – mein mutiges Leben. Die wahre Geschichte eines netten jüdischen Knaben, der bei Scientology landete und zwölf Jahre später zu der hinreißenden Lady wurde, die sie heute ist*. Übersetzt von Nico Laubisch. Hamburg: Eden Books, 2013.

Butler, Judith: *Das Unbehagen der Geschlechter*. Übersetzt von Kathrina Menke. Frankfurt a.M.: Suhrkamp, 1991.

Butler, Octavia: *Bloodchild And Other Stories*. New York: Four Walls Eight Windows, 1995.

Carter, Angela: *Sexualität ist Macht*. Übersetzt von Lieselotte Mietzner. Reinbek: Rowohlt, 1983.

Chapadjiev, Sabrina (Hg.): *Live Through This. On Creativity and Self-Destruction*. New York: Seven Stories Press, 2008.

Chen, Ching-In (Hg.): *The Revolution Starts at Home. A Reader on Activism and Intimate Abuse,* Cambridge, MA: South End Press, 2011.

Coates, Ta-Nehisi: *The Beautiful Struggle. A Father, Two Sons, and an Unlikely Road to Manhood*. New York: Spiegel & Grau, 2008.

Collins, Suzanne, *Die Tribute von Panem. Tödliche Spiele*. Übersetzt von Sylke Hachmeister und Peter Klöss. Hamburg: Oetinger, 2009.

Cyborgology, http://thesocietypages.org/cyborgology/

Davis, Angela Y.: *Rassismus und Sexismus. Schwarze Frauen und Klassenkampf in den USA*. Übersetzt von Erika Stöppler. Berlin: Elefanten Press, 1982.

Deleuze, Gilles und Félix Guattari: *Anti-Ödipus*. Übersetzt von Bernd Schwibs. Frankfurt a. M.: Suhrkamp, 1974.

Despentes, Virginie: *King Kong Theorie*. Übersetzt von Kerstin Krolak. Berlin: Berliner Taschenbuch-Verlag, 2009.

Dworkin, Andrea: *Geschlechtsverkehr*. Übersetzt von Christel Dormagen. Hamburg: Klein, 1993.

Dies.: Heartbreak. *The Political Memoir of a Feminist Militant*. New York: Basic Books, 2002.

Dziuria, Jen: »Bullish«, http://www.getbullish.com/

Easton, Dossie und Janet W. Hardy: *Schlampen mit Moral. Eine praktische Anleitung für Polyamorie, offene Beziehungen und andere Abenteuer*. Übersetzt von Martin Bauer. München: mgv, 2014.

Ehrenreich, Barbara: *Die Herzen der Männer. Auf der Suche nach*

einer neuen Rolle. Übersetzt von Liane Ücker. Reinbek: Rowohlt, 1983.

Feministing, http://feministing.com/

Fine, Cordelia: *Die Geschlechterlüge. Die Macht der Vorurteile
über Mann und Frau.* Übersetzt von Susanne Held. Stuttgart:
Klett-Cotta, 2012.

Firestone, Shulamith: *Frauenbefreiung und sexuelle Revolution.*
Übersetzt von Gesine Strempel-Frohner. Frankfurt a. M.:
S. Fischer, 1975.

Fisher, Mark: *Kapitalistischer Realismus ohne Alternative?* Übersetzt von Christian Werthschulte, Peter Scheiffele und Johan-
nes Springer. Hamburg: VSA, 2013.

Friedan, Betty: *Der Weiblichkeitswahn oder Die Mystifizierung der
Frau.* Übersetzt von Margaret Carroux, Reinbek: Rowohlt,
1966.

Foucault, Michel: *Die Geschichte der Sexualität. Bd. 1: Der Wille
zum Wissen.* Übersetzt von Ulrich Raulf und Walter Seitter.
Frankfurt a. M.: Suhrkamp, 1977.

Ders.: *Die Geschichte der Sexualität. Bd. 2: Der Gebrauch der
Lüste.* Übersetzt von Ulrich Raulf und Walter Seitter. Frankfurt a. M.: Suhrkamp, 1986.

Emma Goldman: *Anarchismus und andere Essays.* Übersetzt von
Katja Rameil. Münster: Unrast, 2013.

Dies.: *Gelebtes Leben. Autobiografie.* Übersetzt von Marlen Brei-
tinger, überarbeitet von Tina Petersen. Hamburg: Edition Nautilus, 2010.

Gira Grant, Melissa: *Hure spielen: Die Arbeit der Sexarbeit.* Übersetzt von Georg Felix Harsch. Hamburg: Edition Nautilus,
2014.

Dies. (Hg.): *Coming and Crying.* New York: Glass Houses,
2010.

Graeber, David: *Schulden. Die ersten 5000 Jahre.* Übersetzt von
Ursel Schäfer, Hans Freundl und Stephan Gebauer. Stuttgart:
Klett-Cotta, 2012.

Ders.: *The Democracy Project: A History, a Crisis, a Movement.* London: Allen Lane, 2012.

Greer, Germaine: *Der weibliche Eunuch. Aufruf zur Befreiung der Frau.* Übersetzt von Marianne Dommermuth. Frankfurt a.M.: S. Fischer, 1971.

Hakim, Katherin: *Erotisches Kapital. Das Geheimnis erfolgreicher Menschen.* Übersetzt von Susanne Kuhlmann-Krieg. Frankfurt a.M.: Campus, 2011.

Haraway, Donna: »Ein Manifest für Cyborgs.« In: Dies.: *Die Neuerfindung der Natur. Primaten, Cyborgs und Frauen.* Übersetzt von Dagmar Fink u.a., Frankfurt a.M. / New York: Campus, 1995. S. 33-72.

Hite, Shere: *Hite-Report. Das sexuelle Erleben der Frau.* Übersetzt von Karin Peters. München: Bertelsmann, 1977.

Holloway, John: *Die Welt verändern, ohne die Macht zu übernehmen.* Übersetzt von Lars Stubbe. Münster: Westfälisches Dampfboot, 2002.

hooks, bell: *Wounds of Passion: A Writing Life.* New York: Henry Holt & Co., 1997.

Dies.: *Feminism Is for Everybody. Passionate Politics.* Cambridge, MA: South End Press, 2000.

Dies.: *All About Love.* New York: Harper Perennial, 2001.

Dies.: *We Real Cool. Black Men and Masculinity.* Oxford: Routledge, 2003.

Hornbacher, Marya: *Alice im Hungerland. Leben mit Bulimie und Magersucht – eine Autobiografie.* Übersetzt von Nicole Hölsken. Frankfurt a.M.: Campus, 1999.

James, Selma: *Sex, Race and Class. The Perspective of Winning – A Selection of Writings 1952–2012.* Oakland: PM Press, 2012.

Jones, Rhian E.: *Clampdown. Pop-Cultural Wars on Class and Gender.* Ropley: Zero Books, 2013.

Kipnis, Laura: *Liebe. Eine Abrechnung.* Übersetzt von Sonja Schuhmacher und Thomas Wollermann. Frankfurt a.M.: Campus, 2004.

Dies.: *Autobiographie einer sexuell emanzipierten Kommunistin.* Hg. von Carolin Amlinger und Christian Baron. Hamburg: Laika, 2012.

Le Guin, Ursula K.: *Winterplanet.* Übersetzt von Gisela Stege. München: Heyne, 1974.

Lenin's Tomb, http://www.leninology.com/

Lessing, Doris: *Das goldene Notizbuch.* Übersetzt von Iris Wagner. Frankfurt a. M.: Goverts, 1978.

Lies Journal. A Journal of Materialist Feminism, http://liesjournal .net/

Losse, Kate: *The Boy Kings. A Journey into the Heart of the Social Network.* New York: Free Press, 2012.

Lunch, Lydia: *Lydia Lunch.* San Francisco: Re/Search Publications, 2013.

Martin, Courtney E.: *Perfect Girls, Starving Daughters. The Frightening New Normality of Hating Your Body.* New York: Free Press, 2007.

Mason, Paul: *Why It's Still Kicking Off Everywhere.* London: Verso, 2012.

Metcalfe, Andy (Hg.): *Sexuality of Men.* London: Pluto Press, 1985.

Moran, Caitlin, *How to Be a Woman.* London: Ebury Press, 2011.

Norton, Quinn: Quinn Nortons feministische Reihe auf *Medium*, https://medium.com/@quinnnorton

Orbach, Susie: *Antidiätbuch.* Bd. 1: *Über die Psychologie der Dickleibigkeit.* Übersetzt von Inge Wacker. München: Frauenoffensive, 1979.

Dies.: *Antidiätbuch.* Bd. 2: *Eine praktische Anleitung zur Überwindung der Esssucht.* Übersetzt von Cornelia Holfelder-von der Tann. München: Frauenoffensive, 1984.

Dies.: *Bodies.* Übersetzt von Cornelia Holfelder-von der Tann. Zürich/Hamburg: Arche, 2010.

Pateman, Carole: *The Sexual Contract*, Stanford: Stanford University Press, 1988.

Power, Nina: *Die eindimensionale Frau*. Übersetzt von Anna-Sophie Springer. Berlin: Merve, 2011.

Prickett, Sarah Nicole: »Where Are All the Women?«. In: *Vice*, 9. Februar 2013.

Riding Jackson, Laura: *The Word Woman and Other Related Writings*. New York: Persea Books, 1993.

Rose, Gillian: *Die Arbeit der Liebe*. Übersetzt von Andris Breitling. München: Kunstmann, 1996.

Rosin, Hanna: *Das Ende der Männer und der Aufstieg der Frauen*. Übersetzt von Heike Schlatterer und Helmut Dierlamm. Berlin: Berlin Verlag, 2013.

Rossiter, Ann: *Ireland's Hidden Diaspora. The »Abortion Trail« and the Making of a London-Irish Underground, 1980–2000*. Inter-Agency Standing Committee Publishing, IASC, 2009.

Sandberg, Sheryl: *Lean In. Frauen und der Wille zum Erfolg*. Übersetzt von Barbara Kunz. Berlin: Econ, 2013.

Scott, James C.: *Seeing Like a State. How Certain Schemes to Improve the Human Condition Have Failed*. New Haven: Yale University Press, 1998.

Serano, Julia: *Whipping Girl. A Transsexual Woman on Sexism and the Scapegoating of Femininity*. Berkeley: Seal Press, 2007.

Shirky, Clay: *Here Comes Everyone. The Power of Organizing Without Organizations*. London: Penguin, 2008.

Slaughter, Anne-Marie: »Why Women Still Can't Have It All«. In: *Atlantic*, 13. Juli 2012.

Sontag, Susan: *Über Fotografie*. Übersetzt von Mark W. Rien und Gertrud Baruch. München / Wien: Hanser, 1978.

Stross, Charles: *Glashaus*. Übersetzt von Ursula Kiausch. München: Heyne, 2008.

Susann, Jacqueline: *Das Tal der Puppen*. Übersetzt von Gretl Friedmann. Bern / München: Scherz, 1967.

Tea, Michelle (Hg.): *Without A Net. The Female Experience of Growing Up Working Class*. Berkeley: Seal Press, 2004,

The F Word, http://www.thefword.org.uk/

Tiger Beatdown, http://tigerbeatdown.com/

Tiqqun: *Anleitung zum Bürgerkrieg*. Übersetzt von Renée Verdan. Hamburg: Laika, 2012.

Turner, Jenny: »As Many Pairs of Shoes as She Wants«. In: *London Review of Books* 33, Nr. 24, 2011.

Unsichtbares Komitee: *Der kommende Aufstand*. Übersetzt von Elmar Schmeda. Hamburg: Edition Nautilus, 2010.

Valenti, Jessica: *The Purity Myth. How America's Obsession with Virginity is Hurting Young Women*. Berkeley: Seal Press, 2009.

Weeks, Kathi: *The Problem with Work. Feminism, Marxism, Antiwork Politics, and Postwork Imaginaries*. Durham: Duke University Press Books, 2011.

Weigel, Moira und Mal Ahern: »Further Materials Toward a Theory of the Man-Child.« In: *New Inquiry*, 9. Juli 2013.

Willis, Ellen: *No More Nice Girls. Countercultural Essays*. Middletown: Wesleyan University Press, 1992.

Winterson, Jeanette: *Written on the Body*. New York: Jonathan Cape, 1992.

Wolf, Naomi: *Der Mythos Schönheit*. Übersetzt von Cornelia Holfelder-von der Tann, Sabine Hübner und Ursula Locke-Groß. Reinbek: Rowohlt, 1993.

Zambreno, Kate: *Heroines*. Los Angeles: Semiotext(e), 2012.

Inhalt

WAS TUN? WAS LESEN!

Laurie Penny : FLEISCHMARKT
Weibliche Körper im Kapitalismus
Broschiert, 128 Seiten, ISBN 978-3-89401-755-2
Fleischmarkt ist ein Stück feministischer Dialektik,
das den Körper der Frau als sexuellen Stützpunkt des
kapitalistischen Kannibalismus offenlegt.
»Es ist befreiend, Laurie Penny zu lesen.« DIE ZEIT

Laurie Penny : BABYS MACHEN & ANDERE STORYS
Gebunden mit SU, 176 Seiten, ISBN 978-3-96054-000-7
Babyroboter, Mord als bildende Kunst, Hexen
im Wahlkampf, Gebetsannahme im Callcenter – willkommen
im Universum der Laurie Penny!
»Mit ihren düsteren bis grellen, lustigen oder tieftraurigen
Szenen sprengen Pennys Geschichten jeden biederen Realismus,
schwingen in ihrem eigenen, popkulturell geerdeten Takt.
Sabine Rohlf, Berliner Zeitung

Melissa Gira Grant
HURE SPIELEN. Die Arbeit der Sexarbeit
Broschiert, 192 Seiten, ISBN 978-3-89401-799-6
»Ein wichtiger Beitrag zur Debatte um Sex und Arbeit,
der von allen gelesen werden sollte, die sattsam bekannte
und zerstörerische Vorstellungen von beidem hinter
sich lassen wollen.« Nina Power

Annie Sprinkle
HARDCORE VON HERZEN
Gebunden, 160 Seiten, illustriert, ISBN 978-3-89401-444-5
Annie Sprinkle gibt uns einen Einblick in ihr Dasein
als Multi-Media-Hure. Humorvoll unterhält uns der ehemalige
Pornostar, während sie gleichzeitig als ernstzunehmende
Performance-Künstlerin vorgestellt wird.

EDITION NAUTILUS

WAS TUN? WAS LESEN!

Emma Goldman
GELEBTES LEBEN. Autobiografie
Großformatige Broschur, 944 Seiten, mit 48 Fotografien
ISBN 978-3-89401-810-8
Gelebtes Leben ist das Zeugnis einer kämpferischen,
unabhängigen Frau. Emma Goldman (1870–1940) blickt zurück
auf ein langes rebellisches Leben, in dem sie kompromisslos
für das Selbstbestimmungsrecht des Individuums eintrat.
Die »rote Emma« war zu ihren Lebzeiten eine gleichermaßen
verehrte wie gefürchtete Symbolfigur des Anarchismus.
Ihre Erinnerungen spiegeln fast ein ganzes Jahrhundert des
Aufruhrs und der Emanzipation.

Unsichtbares Komitee
AN UNSERE FREUNDE
Broschur, ca. 160 Seiten, ISBN 978-3-89401-818-4
An unsere Freunde ist ein Bericht über den Zustand der Welt
und der Bewegung, ein wesentlich strategischer und offen
parteiischer Text. Sein politischer Ehrgeiz ist maßlos: Er will eine
von unserer gesamten Epoche geteilte Verständlichkeit schaffen,
trotz der gegenwärtigen äußersten Verwirrung.

Isabelle Fremeaux / John Jordan
PFADE DURCH UTOPIA · Ein Buch/Film
Klappenbroschur im Querformat, 320 Seiten, Mit DVD
(109 Minuten Film, dt. Untertitel), ISBN 978-3-89401-763-7
Isabelle Fremeaux und John Jordan reisten sieben Monate
lang durch Europa, durch elf Kollektive und Projekte in England,
Frankreich, Spanien, Serbien, Dänemark und Deutschland.
Sie haben Menschen besucht, die es wagen, die Zukunft in der
Gegenwart zu leben. Ihre Eindrücke dokumentieren sie
in einem Film und einem Buch, die einander ergänzen
und kommentieren.

EDITION NAUTILUS